RASGUEADOS
by Angelo Gialamas

RASGUEADOS

by Angelo Gialamas

Graphic Design: Konstantakopoulou Panagiota

Copyright © 2020 by Angelos Gialamas. All rights reserved.

No part of this publication may be reproduced, stored in a retrieval system or transmitted in any form or by any means, electronic, mechanical, photocopying, recording or otherwise, without the prior written permission of the publisher.

Permissions may be sought directly from Angelos Gialamas. Brief quotations embodied in critical articles or reviews are permitted.

Part of this work is protected under USPTO application no. 62/326,830 *(Enhancing Stringed Instrument Learning With A Wearable Device)* and others.

Angelos Gialamas
3 Giannitson Street
Kalamata, 24100
Greece
https://www.guitartecnica.com

Sent feedback to feedback@guitartecnica.com
Visit online store at https://www.guitartecnica.com

Printed in United States of America
10 9 8 7 6 5 4 3 2 1

To place orders through Guitartecnica:
Tel: (0030) 27210 82838
Mob: (0030) 697 722 1180
E-mail: orders@guitartecnica.com

ISBN-13: 978-1-947596-00-9

Significant discounts for bulk and educational institutions are available.
Please contact Angelos Gialamas at info@guitartecnica.com or (0030) 697 722 1180

Acknowledgments

This work would not have been possible without the loving support and contribution of many of you which I am very grateful. Your warmth and consistent encouragement throughout the years has truly been a lightning rod of creativity and hope for me and my music.

On this first ever publication endeavor, I would like to offer my sincere gratitude to my graphic designer Giota Konstantakopoulou for years of excellent collaboration and cooperation. Giota has been instrumental in organizing and presenting all graphical book elements since inception.

Special thanks to my dear friend, Niki Sakareli for her laborious translations. Eamonn Clerkin on his mechanical engineering contribution of the accompanied Rasgueados wearable device. Nikos Avraam for content curation. Petros Tsapralis, Christos Katsireas, Dimitra Margariti, Francesco Santini for their musical editorial review and assessment. Maria Baka, Gioula Nikitea and Kostantina Vraka for their positive attribution of book authoring. A heartfelt thank you to Giorgos Gialamas and Eleni Asproudi for teaching and instilling in me strong music foundations. Early introduced influences by Giorgos and Eleni resonate strongly in me. Their warmth and tenderness, their countless hours of instruction, commitment and dedication to their pupil, have inspired me to produce this volume of work. I am and always be indebted to them, for the love and consideration I have received.

I would like to also thank my loving spouse Amalia, daughters Christina and Fotini. Throughout the years, their discreet presence, patience and tolerance has cultivated an environment of tranquility and serenity for me to exist and work uninterrupted. Their consistent encouragement and attention is a true testament of selfless love.

Angelo Gialamas

Kalamata,
August 1, 2017

RASGUEADOS

A totally distinctive technique that characterizes and constitutes the essence of Flamenco. Anybody who attempts mastering this technique will note that there many books that contain elements of this technique but they do not offer adequate material for practice - sufficient number of exercises.

The history of the book you are holding on your hands goes 20 years back when I made my first steps in the art of Flamenco on my own. The books that came into my hands made a simple reference and description of the various RASGUEADOS such as double, triple, quad stroke etc. But how will the fingers acquire strength, independence and speed? In other words how will we master RASGUEADOS?

This book comes to cover this big gap. It contains sufficient practice material so that the learner does not get tired by the monotonous repetition of one or few exercises. The book extends from the simple strokes of one finger (or finger combinations -(im) (ia) etc) to the complex strokes with all of the right hand fingers. Special attention has been also paid on the RASGUEADOS on pulgar practice.

Finally it would be great satisfaction for me if this book on RASGUEADOS practice contributes in the mastering of this art.

The position of the left hand is stable on a chord of four notes, on the first, second, third and fourth string.

Example:

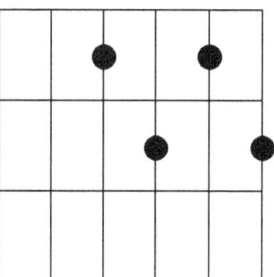

Of course any chord of four notes or switching of different chords can be used during the exercises.

*It is advisable to use only one chord in the initial stage of the exercises and concentrate on the fingers of the right hand.

The symbol > means strong stroke with the corresponding finger

The symbol ↑ means movement of the finger or of the finger combination from the 6th to the 1st string

The symbol ↓ means the oposite of the previous movement from the 1st to the 6th string

The symbol **G** means Golpe

RASGUEADO is one of the most difficult but essential parts of FLAMENCO technique. It requires persistent effort and practice of right hand fingers so that the fingers can strike one after the other independently, strongly, quickly and on time. The study of the exercises of the present book is based on symbols which are described below. RASGUEADOS are played with the right hand fingers either alone or in finger combinations which are called right hand elements.

RIGHT HAND ELEMENTS
SINGLE FINGERS

i - index
m - middle finger
a - ring finger
x - little finger
p - thumb

FINGER COMBINATIONS

(im)

(ia)

(ix)

(ma)

(mx)

(ax)

The finger combinations are enclosed in a small circle which means that the two fingers strike as one unit.

About The Wearable Device

This book is accompanied by a wearable apparatus (device) that can accelerate learning, help buid finger agility and indepedence must faster than without. Typically, a student will experience a tenfold improvement in his ability to accurately perform the designated exercises.

Since in Rasgueados strumming techniques, finger dexterity is particularly critical, the reader is encouraged to carefully utilize the offered wearable apparatus 5 to 10 minutes each time, followed by half an hour mandatory break. The rest period is essential, since it helps extremities recover from stiffness.

Each hand palm icon on the left or right margin of an exercise page denotes finger immobilization combination to be fitted for each particular exercise.

You may order the wearable device directly from Guitar Tecnica website (https://www.guitartecnica.com).

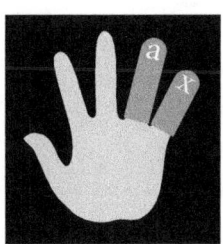

Introducing The Rasgueados Wearable Device

Available Online at https://www.guitartecnica.com

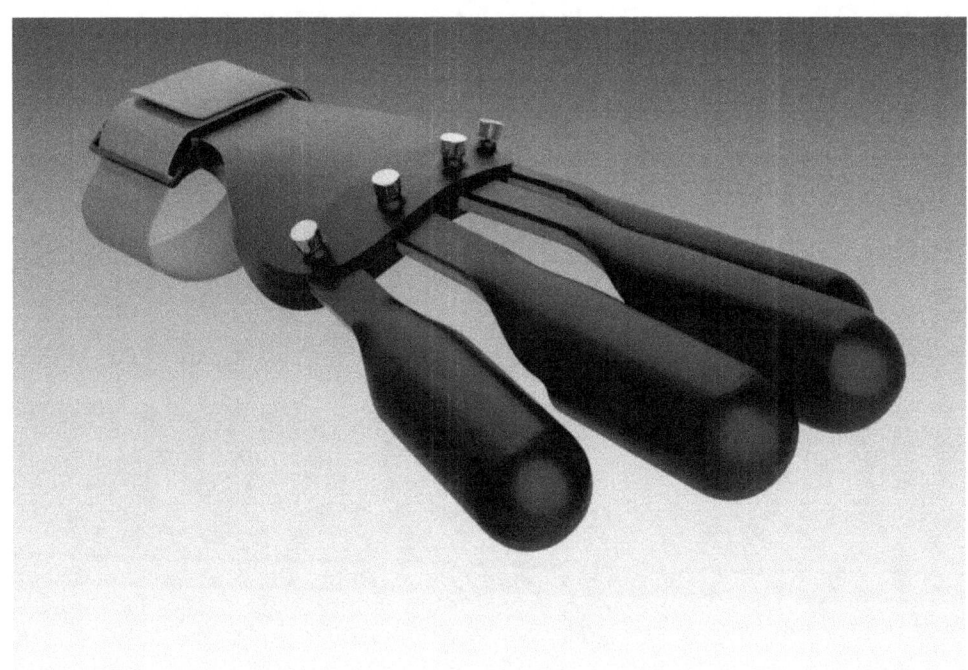

TABLE OF CONTENTS

CHAPTER 1 page...1
One Element Stroke (Single Finger or Finger Combinations)
Four categories of Rasgueados

CHAPTER 2 page...11
Double Rasgueado stroke

CHAPTER 3 page...25
Triple Rasgueado stroke

CHAPTER 3-1 page...27
Triple stroke of three elements - Two of them the same

CHAPTER 3-2 page...269
Triple stroke of three different elements

CHAPTER 4 page...437
Four Rasgueado stroke

UNIT I page...439
Four Rasgueados stroke consisting of two different elements
which are repeated in various combinations

UNIT II page...489
Four Rasgueados stroke consisting of three different elements
one of which is repeated

UNIT III page...515
Four Rasgueados stroke consisting of four different elements

CHAPTER 5 page...531
Four Rasgueado stroke in 16 formulas
with different combinations

CHAPTER 1
ONE ELEMENT STROKE
(SINGLE FINGERS OR FINGER COMBINATIONS)
FOUR CATEGORIES ON RASGUEADOS

1st CATEGORY
Double Stroke - 4 Formulas

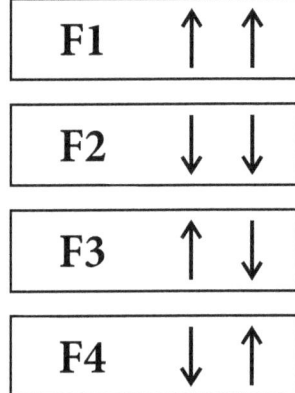

2nd CATEGORY
Triple Stroke - 8 Formulas

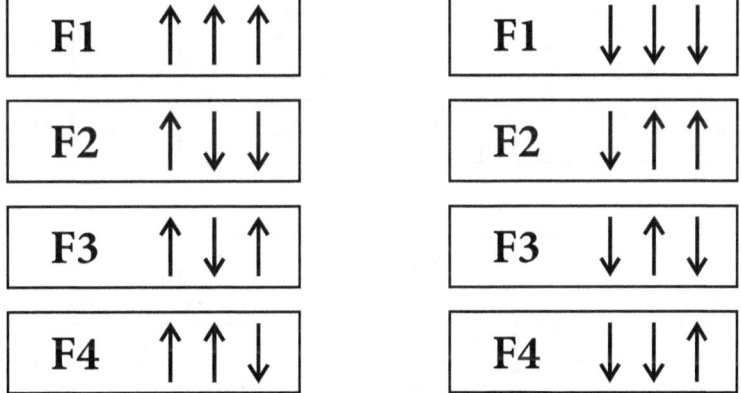

3rd CATEGORY
Two Triple Strokes - 32 Formulas

F1	↑↓↑ - ↑↓↑
F2	↑↓↑ - ↓↑↓
F3	↓↑↓ - ↓↑↓
F4	↓↑↓ - ↑↓↑

F1	↑↓↑ - ↑↑↓
F2	↓↑↓ - ↑↑↓
F3	↓↑↓ - ↑↓↓
F4	↓↑↓ - ↓↑↑

F1	↑↑↓ - ↑↓↑
F2	↑↑↓ - ↓↑↓
F3	↑↓↓ - ↑↓↑
F4	↑↓↓ - ↓↑↓

F1	↑↓↓ - ↑↓↑
F2	↑↓↓ - ↓↑↓
F3	↓↑↑ - ↑↓↑
F4	↓↑↑ - ↓↑↓

F1	↑↓↓ - ↑↓↓
F2	↑↓↓ - ↓↑↑
F3	↓↑↑ - ↓↑↑
F4	↓↑↑ - ↑↓↓

F1	↑↑↓ - ↑↑↓
F2	↑↑↓ - ↓↓↑
F3	↓↓↑ - ↓↓↑
F4	↓↓↑ - ↑↑↓

F1	↑↓↓ - ↑↑↓
F2	↑↓↓ - ↓↓↑
F3	↓↑↑ - ↓↓↑
F4	↓↑↑ - ↑↑↓

F1	↑↑↓ - ↑↓↓
F2	↑↑↓ - ↓↑↑
F3	↓↓↑ - ↓↑↑
F4	↓↓↑ - ↑↓↓

4th CATEGORY

Three Variations With Combinations Of
One Double And Two Triple Strokes

VARIATION 1

F1	↑↓ - ↑↓↑ - ↑↓↑
F2	↑↓ - ↑↓↑ - ↓↑↓
F3	↓↑ - ↓↑↓ - ↓↑↓
F4	↓↑ - ↓↑↓ - ↑↓↑

VARIATION 2

F1	↑↓↑ - ↑↓ - ↑↓↑
F2	↑↓↑ - ↓↑ - ↓↑↓
F3	↓↑↓ - ↓↑ - ↓↑↓
F4	↓↑↓ - ↑↓ - ↑↓↑

VARIATION 3

F1	↑↓↑ - ↑↓↑ - ↑↓
F2	↑↓↑ - ↓↑↓ - ↑↓
F3	↓↑↓ - ↓↑↓ - ↓↑
F4	↓↑↓ - ↑↓↑ - ↓↑

SINGLE FINGER
OR FINGER COMBINATION STROKE

It includes the practice of each finger or of the finger combinations on the four already mentioned RASGUEADOS categories.

In the exercise there are strokes of only one element on all Formulas.

ELEMENTS
(single Fingers Or Finger Combination)

p

i

m

a

x

(i m)

(m x)

(i x)

(i a)

(a x)

(m a)

SINGLE ELEMENTS
1st CATEGORY
Single Fingers And Finger Combinations

ELEMENTS

p	(i m)	(i a)
i		
m	(m x)	(a x)
a		
x	(i x)	(m a)

RASGUEADOS

F1	↑ ↑
F2	↓ ↓
F3	↑ ↓
F4	↓ ↑

Practice of all fingers and their combinations on F1, F2, F3 and F4.

Four RASGUEADOS formulas in total.

SINGLE ELEMENTS
2nd CATEGORY
Single Fingers And Finger Combinations

ELEMENTS

p	(i m)	(i a)
i		
m	(m x)	(a x)
a		
x	(i x)	(m a)

RASGUEADOS

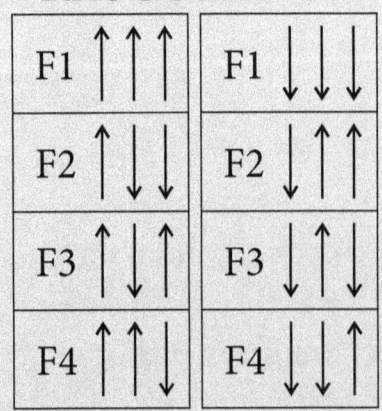

Practice of all fingers and their combinations on all RASGUEADOS Formulas.
Eight RASGUEADOS formulas in total.

SINGLE ELEMENTS
3rd CATEGORY
Single Fingers And Finger Combinations

ELEMENTS

p   (i m)   (i a)

i

m   (m x)   (a x)

a

x   (i x)   (m a)

RASGUEADOS

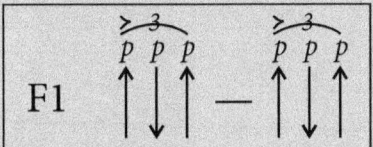

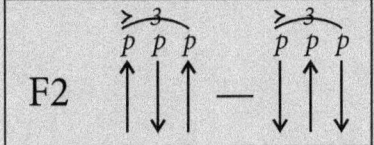

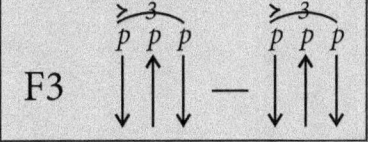

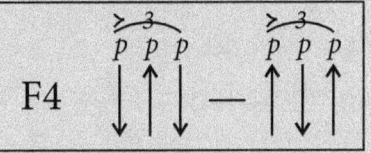

Each Formula that is enclosed in a square is one united Formula.
Practice with all fingers and their combinations on these four RASGUEADOS Formulas.

Attention:
Insist on the practice of the thumb with all the above RASGUEADOS formulas. During the performance of the thumb exercise the forearm of the right hand makes a slightly circular movement.

SINGLE ELEMENTS
4th CATEGORY
Single Fingers And Finger Combinations

ELEMENTS

p	(i m)	(i a)
i		
m	(m x)	(a x)
a		
x	(i x)	(m a)

RASGUEADOS

	> p p	>⌒3 p p p	>⌒3 p p p
F1	↑↓	↑↓↑	↑↓↑
F2	↑↓	↑↓↑	↓↑↓
F3	↓↑	↓↑↓	↓↑↓
F4	↓↑	↓↑↓	↑↓↑

	>⌒3 p p p	> p p	>⌒3 p p p
F1	↑↓↑	↑↓	↑↓↑
F2	↑↓↑	↓↑	↓↑↓
F3	↓↑↓	↓↑	↓↑↓
F4	↓↑↓	↑↓	↑↓↑

	>⌒3 p p p	>⌒3 p p p	> p p
F1	↑↓↑	↑↓↑	↑↓
F2	↑↓↑	↓↑↓	↑↓
F3	↓↑↓	↓↑↓	↓↑
F4	↓↑↓	↑↓↑	↓↑

Combination of double and triple stroke of one element of the right hand.
(finger or finger combinations).

CHAPTER 2
DOUBLE RASGUEADOS STROKE
(OF TWO DIFFERENT ELEMENTS)
FOUR FORMULAS OF DOUBLE RASGUEADOS

RASGUEADOS WAYS

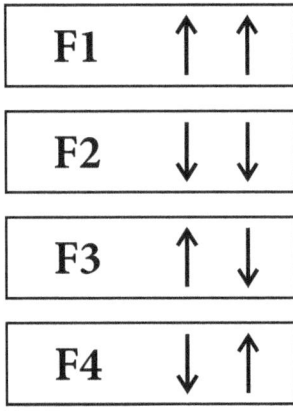

The four groups of elements in the following pages should be practiced on these four RASGUADOS formulas.
The four RASGUADOS formulas are cited next to each group of elements because in this way their performance is visually facilitated.

GROUP 1:
Single Fingers

a and **x** stable

i	m
m	i

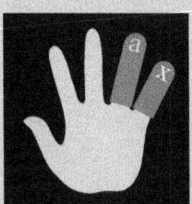

m and **a** stable

i	x
x	i

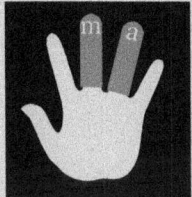

m and **x** stable

i	a
a	i

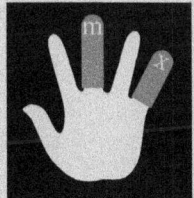

i and **a** stable

m	x
x	m

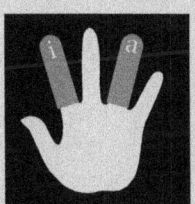

i and **x** stable

m	a
a	m

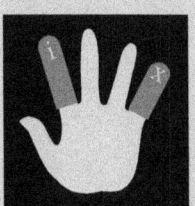

i and **m** stable

a	x
x	a

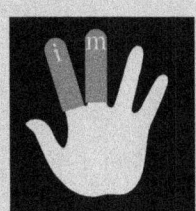

GROUP 2:
Single Fingers And Finger Combinations

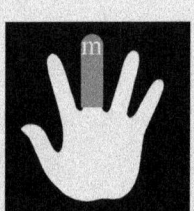

a stable   **m** stable

i	(m x)	i	(a x)
m	(i x)	a	(i x)
x	(i m)	x	(i a)
(m x)	i	(a x)	i
(i x)	m	(i x)	a
(i m)	x	(i a)	x

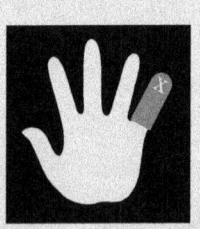

x stable   **i** stable

i	(m a)	m	(a x)
m	(i a)	a	(m x)
a	(i m)	x	(m a)
(m a)	i	(a x)	m
(i a)	m	(m x)	a
(i m)	a	(m a)	x

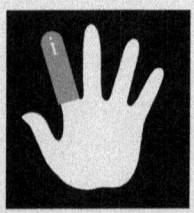

GROUP 3:
Finger Combinations

i m	a x	a x	i m
i a	m x	m x	i a
i x	m a	m a	i x

GROUP 4:
Thumb And Single Fingers

    p i   i p

    p m   m p

    p a   a p

    p x   x p

GROUP 1
Single Fingers - Double Stroke

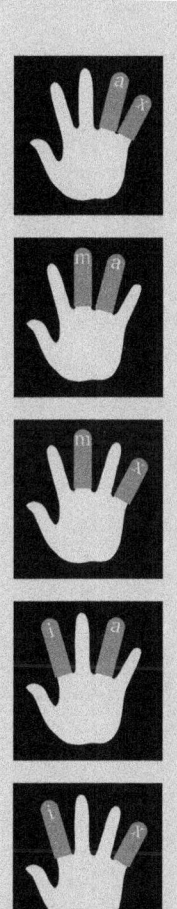

a and **x** stable

i	m
m	i

m and **a** stable

i	x
x	i

m and **x** stable

i	a
a	i

i and **a** stable

m	x
x	m

i and **x** stable

m	a
a	m

i and **m** stable

a	x
x	a

RASGUEADOS

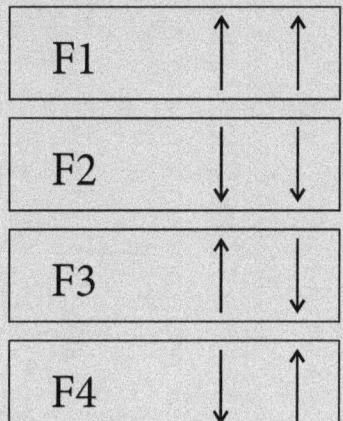

GROUP 2
Single Finger and Fingers Combination
Double Stroke

I
a stable

i   (m x)

m   (i x)

x   (i m)

(m x)   i

(i x)   m

(i m)   x

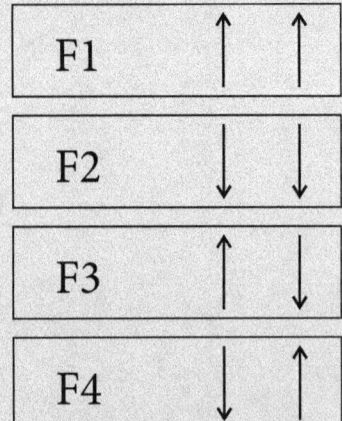

RASGUEADOS

F1	↑ ↑
F2	↓ ↓
F3	↑ ↓
F4	↓ ↑

II
m stable

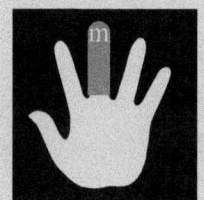

i	(a x)
a	(i x)
x	(i a)
(a x)	i
(i x)	a
(i a)	x

RASGUEADOS

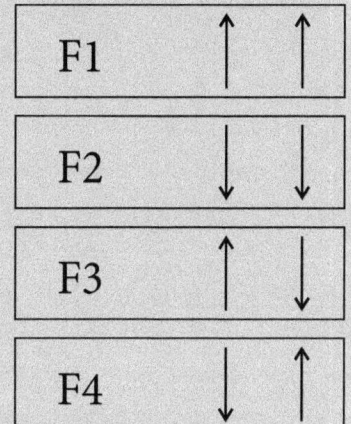

III
x stable

i   (m a)

m   (i a)

a   (i m)

(m a)   i

(i a)   m

(i m)   a

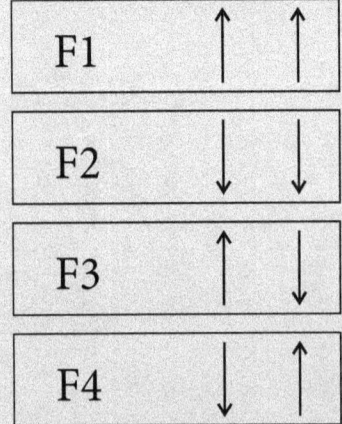

IV
i stable

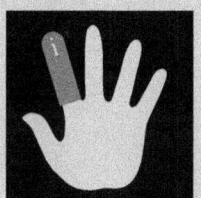

m   (a x)

a   (m x)

x   (m a)

(a x)   m

(m x)   a

(m a)   x

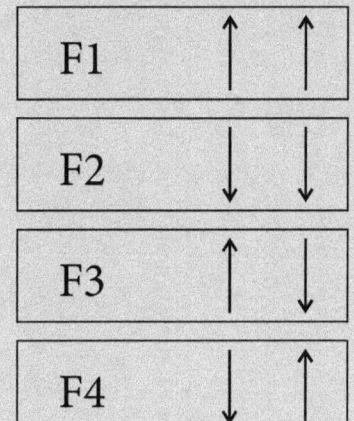

RASGUEADOS

F1	↑	↑
F2	↓	↓
F3	↑	↓
F4	↓	↑

GROUP 3
Finger Combinations
Double Stroke

(i m) (a x)

(i a) (m x)

(i x) (m a)

(a x) (i m)

(m x) (i a)

(m a) (i x)

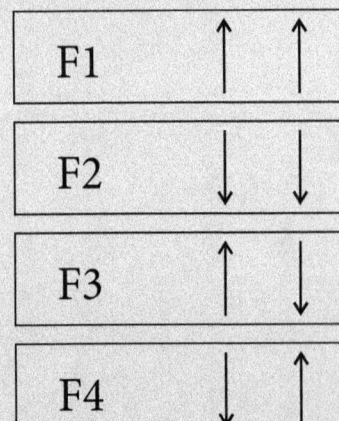

GROUP 4
Thumb And Single Fingers
Double Stroke

p i

p m

p a

p x

i p

m p

a p

x p

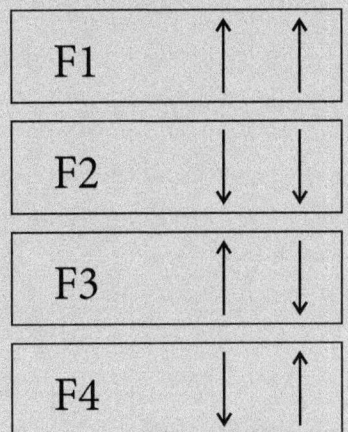

GROUP 5
Thumb And Finger Combinations
Double Stroke

p (i m)   (i m) p

p (i a)   (i a) p

p (i x)   (i x) p

p (m a)   (m a) p

p (m x)   (m x) p

p (a x)   (a x) p

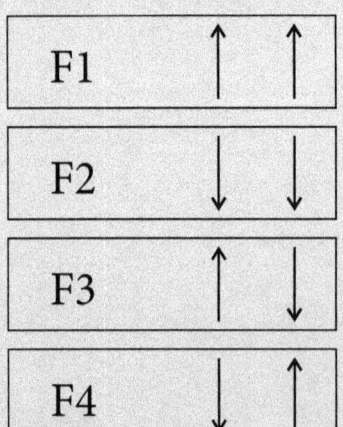

CHAPTER 3
TRIPLE RASGUEADOS STROKE

CHAPTER 3-1
TRIPLE STROKE OF THREE ELEMENTS
TWO OF THEM THE SAME

CHAPTER 3-2
TRIPLE STROKE OF THREE DIFFERENT ELEMENTS

CHAPTER 3-1
UNIT I
TRIPLE STROKE IN WHICH THE TWO ELEMENTS (OF THE THREE) ARE THE SAME. Eg. iia EIGHT RASGUEADOS FORMULAS IN TOTAL.

UNIT II
TWO TRIPLE STROKES

UNIT II-1 / EIGHT FORMULAS WITH TWO TRIPLE STROKES IN EACH FORMULA. SAME TRIADS OF ELEMENTS.

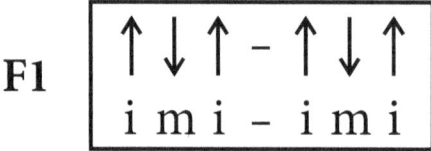

UNIT II-2 / EIGHT FORMULAS WITH TWO TRIPLE STROKES IN EACH FORMULA. OPPOSITE TRIADS OF ELEMENTS.

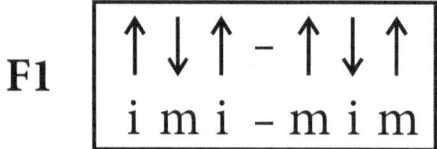

UNIT III
UNIT III CONTAINS THE COMBINATION OF ONE DOUBLE AND TWO TRIPLE STROKES. THREE VARIATIONS DEPENDING ON THE POSITION OF THE DOUBLE AND TRIPLE STROKE.

VARIATION 1 / DOUBLE - TRIPLE - TRIPLE STROKE

VARIATION 2 / TRIPLE - DOUBLE - TRIPLE STROKE

VARIATION 3 / TRIPLE - TRIPLE - DOUBLE STROKE

UNIT III-1 / RASGUEADOS OF SAME TRIADS OF ELEMENTS

UNIT III-2 / RASGUEADOS OF OPPOSITE TRIADS OF ELEMENTS

CHAPTER 3-2
TRIPLE STROKE OF THREE DIFFERENT ELEMENTS

CHAPTER 3-1
TRIPLE STROKE

UNIT I
TRIPLE STROKE on 8 RASGUEADOS FORMULAS

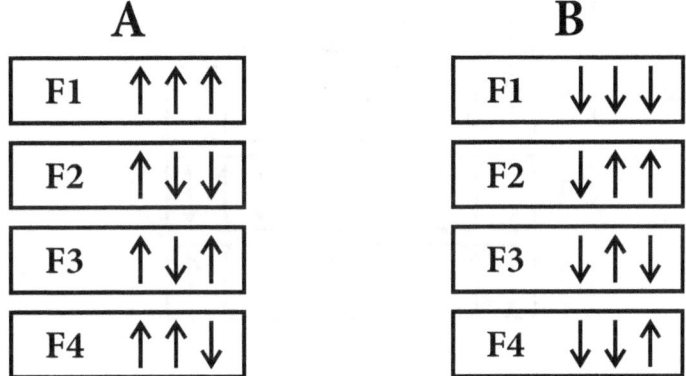

UNIT II - 1
SAME TRIADS - TWO TRIPLE STROKES

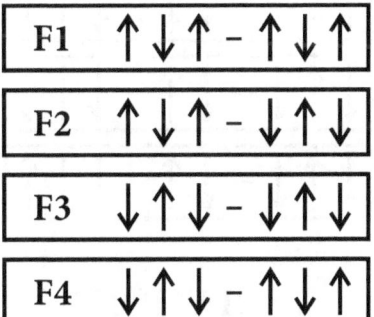

UNIT II - 2
OPPOSITE TRIADS - TWO TRIPLE STROKES

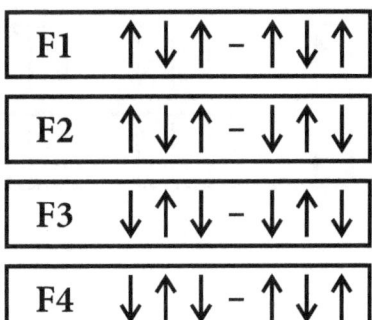

UNIT III-1 and UNIT III-2

This unit includes one double and two triple strokes. The combinations of double and triple strokes result in three variations.

VARIATION 1

F1 | ↑↓ – ↑↓↑ – ↑↓↑
F2 | ↑↓ – ↑↓↑ – ↓↑↓
F3 | ↓↑ – ↓↑↓ – ↓↑↓
F4 | ↓↑ – ↓↑↓ – ↑↓↑

VARIATION 2

F1 | ↑↓↑ – ↑↓ – ↑↓↑
F2 | ↑↓↑ – ↑↓ – ↓↑↓
F3 | ↓↑↓ – ↓↑ – ↓↑↓
F4 | ↓↑↓ – ↓↑ – ↑↓↑

VARIATION 3

F1 | ↑↓↑ – ↑↓↑ – ↑↓
F2 | ↑↓↑ – ↓↑↓ – ↑↓
F3 | ↓↑↓ – ↓↑↓ – ↓↑
F4 | ↓↑↓ – ↑↓↑ – ↓↑

The right hand fingers form the following five fingering groups:

GROUP 1 - SINGLE FINGERS
GROUP 2 - SINGLE FINGERS AND FINGER COMBINATIONS
GROUP 3 - FINGER COMBINATIONS
GROUP 4 - THUMB AND SINGLE FINGERS
GROUP 5 - THUMB AND FINGER COMBINATIONS

*These five fingering groups are mentioned below.

GROUP 1
Single Fingers

I
a and **x** stable

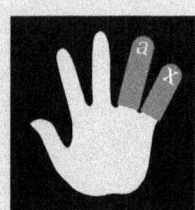

i m i
i i m
i m m

m i m
m m i
m i i

II
i and **m** stable

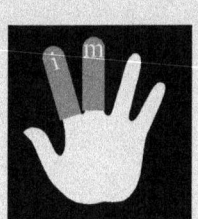

a x a
a a x
a x x

x a x
x x a
x a a

III
m and **a** stable

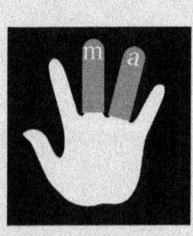

i x i
i i x
i x x

x i x
x x i
x i i

IV
m and **x** stable

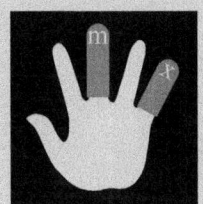

   i   a   i
   i   i   a
   i   a   a

   a   i   a
   a   a   i
   a   i   i

V
i and **a** stable

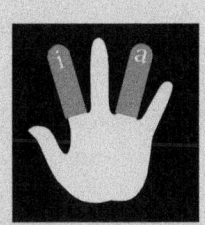

   m   x   m
   m   m   x
   m   x   x

   x   m   x
   x   x   m
   x   m   m

VI
i and **x** stable

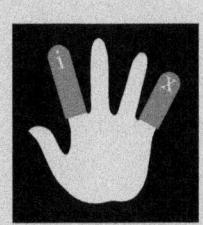

   m   a   m
   m   m   a
   m   a   a

   a   m   a
   a   a   m
   a   m   m

GROUP 2
Single Fingers And Finger Combinations

I
a stable

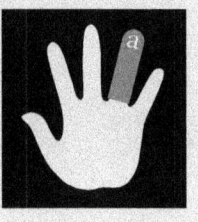

(i m)	x	(i m)
(i m)	(i m)	x
(i m)	x	x

(i x)	m	(i x)
(i x)	(i x)	m
(i x)	m	m

(m x)	i	(m x)
(m x)	(m x)	i
(m x)	i	i

x	(i m)	x
x	x	(i m)
x	(i m)	(i m)

m	(i x)	m
m	m	(i x)
m	(i x)	(i x)

i	(m x)	i
i	i	(m x)
i	(m x)	(m x)

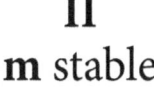

II
m stable

(i a)	x	(i a)
(i a)	(i a)	x
(i a)	x	x

(i x)	a	(i x)
(i x)	(i x)	a
(i x)	a	a

(a x)	i	(a x)
(a x)	(a x)	i
(a x)	i	i

x	(i a)	x
x	x	(i a)
x	(i a)	(i a)

a	(i x)	a
a	a	(i x)
a	(i x)	(i x)

i	(a x)	i
i	i	(a x)
i	(a x)	(a x)

III
x stable

(i m)	a	(i m)
(i m)	(i m)	a
(i m)	a	a

(i a)	m	(i a)
(i a)	(i a)	m
(i a)	m	m

(m a)	i	(m a)
(m a)	(m a)	i
(m a)	i	i

a	(i m)	a
a	a	(i m)
a	(i m)	(i m)

m	(i a)	m
m	m	(i a)
m	(i a)	(i a)

i	(m a)	i
i	i	(m a)
i	(m a)	(m a)

34

IV
i stable

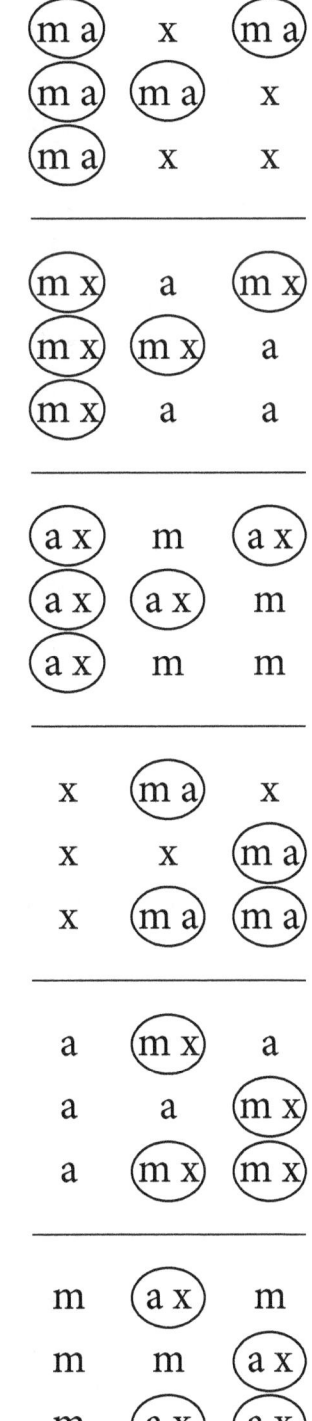

(m a)	x	(m a)
(m a)	(m a)	x
(m a)	x	x

(m x)	a	(m x)
(m x)	(m x)	a
(m x)	a	a

(a x)	m	(a x)
(a x)	(a x)	m
(a x)	m	m

x	(m a)	x
x	x	(m a)
x	(m a)	(m a)

a	(m x)	a
a	a	(m x)
a	(m x)	(m x)

m	(a x)	m
m	m	(a x)
m	(a x)	(a x)

35

GROUP 3
Finger Combinations
18 Formulas

i m	a x	i m
i m	i m	a x
i m	a x	a x

i a	m x	i a
i a	i a	m x
i a	m x	m x

i x	m a	i x
i x	i x	m a
i x	m a	m a

a x	i m	a x
a x	a x	i m
a x	i m	i m

m x	i a	m x
m x	m x	i a
m x	i a	i a

m a	i x	m a
m a	m a	i x
m a	i x	i x

GROUP 4
Thumb And Single Fingers
24 Formulas

p	i	p	i	p	i
p	m	p	m	p	m
p	a	p	a	p	a
p	x	p	x	p	x

p	i	i	i	i	p
p	m	m	m	m	p
p	a	a	a	a	p
p	x	x	x	x	p

p	p	i	i	p	p
p	p	m	m	p	p
p	p	a	a	p	p
p	p	x	x	p	p

GROUP 5
Thumb And Finger Combinations
36 Formulas

p	(i m)	p		(i m)	p	(i m)
p	(i a)	p		(i a)	p	(i a)
p	(i x)	p		(i x)	p	(i x)
p	(m a)	p		(m a)	p	(m a)
p	(m x)	p		(m x)	p	(m x)
p	(a x)	p		(a x)	p	(a x)

p	(i m)	(i m)		(i m)	(i m)	p
p	(i a)	(i a)		(i a)	(i a)	p
p	(i x)	(i x)		(i x)	(i x)	p
p	(m a)	(m a)		(m a)	(m a)	p
p	(m x)	(m x)		(m x)	(m x)	p
p	(a x)	(a x)		(a x)	(a x)	p

p	p	(i m)		(i m)	p	p
p	p	(i a)		(i a)	p	p
p	p	(i x)		(i x)	p	p
p	p	(m a)		(m a)	p	p
p	p	(m x)		(m x)	p	p
p	p	(a x)		(a x)	p	p

UNIT I
TRIPLE STROKE (RASGUEADO) OF THREE ELEMENTS (TWO OF THEM THE SAME)

TRIPLE STROKE
1. Of 2 elements (the same)

Each group of finger and finger combinations follows together with the 8 Formulas for RASGUEADOS practice. It is advisable to practice all the finger combinations of the right hand.

RASGUEADOS
WAYS

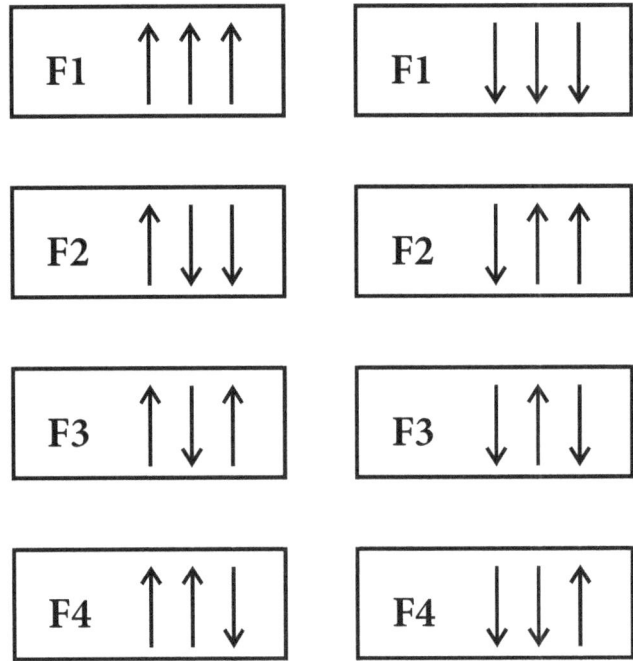

It is repeated here that the position of the left hand is stable on a chord of four notes, on the 1st, 2nd, 3rd and 4th string. Eg:

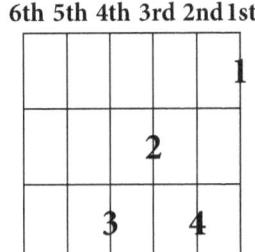 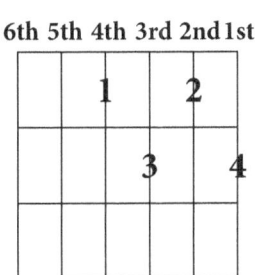

40

GROUP 1
Single Fingers - Triple Stroke
36 Formulas

I
a and **x** stable

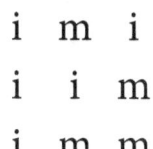

i m i
i i m
i m m

m i m
m m i
m i i

RASGUEADOS

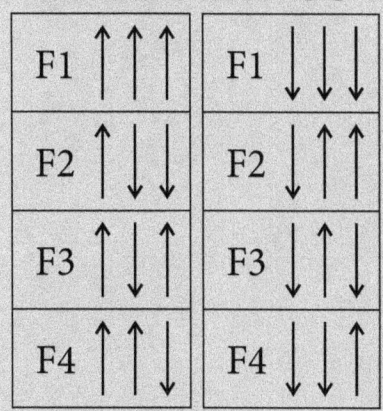

II
i and m stable

a	x	a
a	a	x
a	x	x
x	a	x
x	x	a
x	a	a

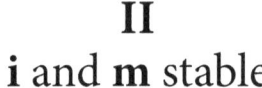

RASGUEADOS

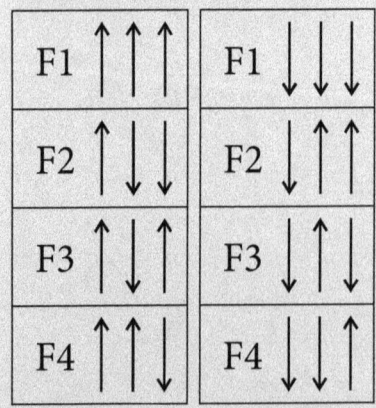

III
m and **a** stable

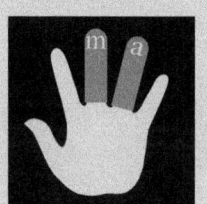

```
i  x  i
i  i  x
i  x  x

x  i  x
x  x  i
x  i  i
```

RASGUEADOS

F1 ↑↑↑	F1 ↓↓↓
F2 ↑↓↓	F2 ↓↑↑
F3 ↑↑↓	F3 ↓↓↑
F4 ↑↑↓	F4 ↓↓↑

IV
m and x stable

```
i   a   i
i   i   a
i   a   a

a   i   a
a   a   i
a   i   i
```

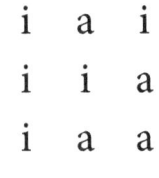

RASGUEADOS

F1 ↑↑↑	F1 ↓↓↓
F2 ↑↓↓	F2 ↓↑↑
F3 ↑↓↑	F3 ↓↑↓
F4 ↑↑↓	F4 ↓↓↑

V
i and a stable

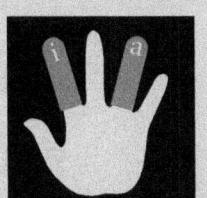

m	x	m
m	m	x
m	x	x

x	m	x
x	x	m
x	m	m

RASGUEADOS

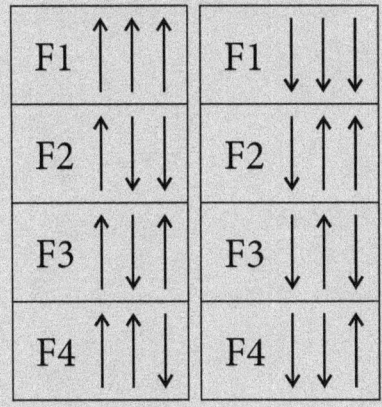

VI
i and x stable

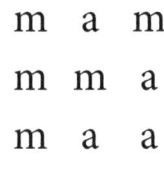

```
m   a   m
m   m   a
m   a   a

a   m   a
a   a   m
a   m   m
```

RASGUEADOS

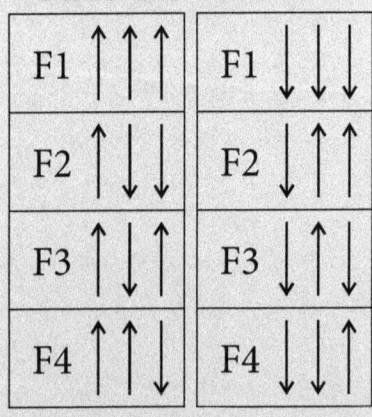

GROUP 2
Single Fingers And Finger Combinations
Triple Stroke / 72 Formulas
I
a stable

(i m)	x	(i m)
(i m)	(i m)	x
(i m)	x	x

---

x	(i m)	x
x	x	(i m)
x	(i m)	(i m)

(m x)	i	(m x)
(m x)	(m x)	i
(m x)	i	i

---

i	(m x)	i
i	i	(m x)
i	(m x)	(m x)

(i x)	m	(i x)
(i x)	(i x)	m
(i x)	m	m

---

m	(i x)	m
m	m	(i x)
m	(i x)	(i x)

47

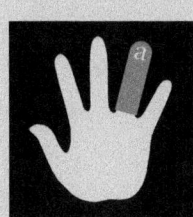

RASGUEADOS

F1 ↑↑↑	F1 ↓↓↓
F2 ↑↓↓	F2 ↓↑↑
F3 ↑↓↑	F3 ↓↑↓
F4 ↑↑↓	F4 ↓↓↑

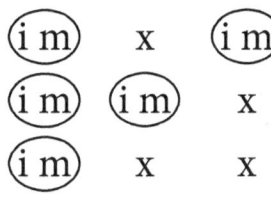

II
m stable

(i a)	x	(i a)
(i a)	(i a)	x
(i a)	x	x

x	(i a)	x
x	x	(i a)
x	(i a)	(i a)

(i x)	a	(i x)
(i x)	(i x)	a
(i x)	a	a

a	(i x)	a
a	a	(i x)
a	(i x)	(i x)

(a x)	i	(a x)
(a x)	(a x)	i
(a x)	i	i

i	(a x)	i
i	i	(a x)
i	(a x)	(a x)

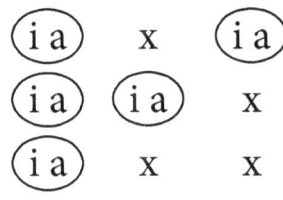

RASGUEADOS

F1 ↑↑↑	F1 ↓↓↓
F2 ↑↓↓	F2 ↓↑↑
F3 ↑↓↓↑	F3 ↓↑↑↓
F4 ↑↑↓	F4 ↓↓↑

III
x stable

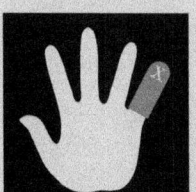

(i m)	a	(i m)
(i m)	(i m)	a
(i m)	a	a

a	(i m)	(a)
a	a	(i m)
a	(i m)	(i m)

(m a)	i	(m a)
(m a)	(m a)	i
(m a)	i	i

i	(m a)	i
i	i	(m a)
i	(m a)	(m a)

(i a)	m	(i a)
(i a)	(i a)	m
(i a)	m	m

m	(i a)	m
m	m	(i a)
m	(i a)	(i a)

RASGUEADOS

F1 ↑↑↑	F1 ↓↓↓
F2 ↑↓↓	F2 ↓↑↑
F3 ↑↓↑	F3 ↓↑↓
F4 ↑↑↓	F4 ↓↓↑

IV
i stable

(m a)	(x)	(m a)
(m a)	(m a)	x
(m a)	x	x

x	(m a)	(x)
x	x	(m a)
x	(m a)	(m a)

(m x)	a	(m x)
(m x)	(m x)	a
(m x)	a	a

a	(m x)	a
a	a	(m x)
a	(m x)	(m x)

(a x)	m	(a x)
(a x)	(a x)	m
(a x)	m	m

m	(a x)	m
m	m	(a x)
m	(a x)	(a x)

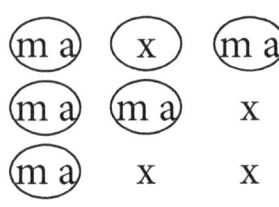

RASGUEADOS

F1 ↑↑↑	F1 ↓↓↓
F2 ↑↓↓	F2 ↓↑↑
F3 ↑↓↑	F3 ↓↑↓
F4 ↑↑↓	F4 ↓↓↑

GROUP 3
Finger Combinations
Triple Stroke
18 Formulas

(i m)　(a x)　(i m)
(i m)　(i m)　(a x)
(i m)　(a x)　(a x)

(i a)　(m x)　(i a)
(i a)　(i a)　(m x)
(i a)　(m x)　(m x)

(i x)　(m a)　(i x)
(i x)　(i x)　(m a)
(i x)　(m a)　(m a)

(a x)　(i m)　(a x)
(a x)　(a x)　(i m)
(a x)　(i m)　(i m)

(m x)　(i a)　(m x)
(m x)　(m x)　(i a)
(m x)　(i a)　(i a)

(m a)　(i x)　(m a)
(m a)　(m a)　(i x)
(m a)　(i x)　(i x)

RASGUEADOS

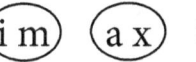

F1 ↑↑↑	F1 ↓↓↓
F2 ↑↓↓	F2 ↓↑↑
F3 ↑↓↑	F3 ↓↑↓
F4 ↑↑↓	F4 ↓↓↑

GROUP 4
Thumb And Single Fingers
Triple Stroke
24 Formulas

p i p	i p i
p m p	m p m
p a p	a p a
p x p	x p x

p i i	i i p
p m m	m m p
p a a	a a p
p x x	x x p

p p i	i p p
p p m	m p p
p p a	a p p
p p x	x p p

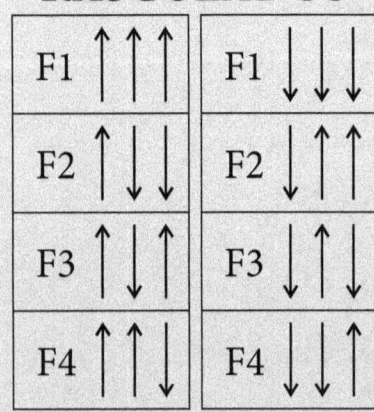

RASGUEADOS

GROUP 5
Thumb And Finger Combinations
Triple Stroke
36 Formulas

I

p	i m	p
p	i a	p
p	i x	p
p	m a	p
p	m x	p
p	a x	p

---

p	i m	i m
p	i a	i a
p	i x	i x
p	m a	m a
p	m x	m x
p	a x	a x

---

p	p	i m
p	p	i a
p	p	i x
p	p	m a
p	p	m x
p	p	a x

RASGUEADOS

F1 ↑↑↑	F1 ↓↓↓
F2 ↑↓↓	F2 ↓↑↑
F3 ↑↓↑	F3 ↓↑↓
F4 ↑↑↓	F4 ↓↓↑

II

(i m)	p	(i m)
(i a)	p	(i a)
(i x)	p	(i x)
(m a)	p	(m a)
(m x)	p	(m x)
(a x)	p	(a x)

(i m)	(i m)	p
(i a)	(i a)	p
(i x)	(i x)	p
(m a)	(m a)	p
(m x)	(m x)	p
(a x)	(a x)	p

(i m)	p	p
(i a)	p	p
(i x)	p	p
(m a)	p	p
(m x)	p	p
(a x)	p	p

RASGUEADOS

F1 ↑↑↑	F1 ↓↓↓
F2 ↑↓↓	F2 ↓↑↑
F3 ↑↓↓	F3 ↓↑↓
F4 ↑↑↓	F4 ↓↓↑

UNIT II

RASGUEADOS fingerings of two triple strokes in each Formula. Thirty two Formulas F1, F2, F3 and F4 of five groups of elements.

GROUP 1: SINGLE FINGERS
GROUP 2: SINGLE FINGERS AND FINGER COMBINATIONS
GROUP 3: FINGER COMBINATIONS
GROUP 4: THUMB AND SINGLE FINGERS
GROUP 5: THUMB AND FINGER COMBINATIONS

The above mentioned five groups of elements are formed in this unit into pairs of triads in two variations:

VARIATION 1: PAIRS OF SAME TRIADS (eg. imi - imi)
VARIATION 2: PAIRS OF OPPOSITE TRIADS (eg. imi - mim)

UNIT II-1
SAME TRIADS

The five groups of elements formed in the same triads and the thirty two fingering Formulas (RASGUEADOS) follow.

(To facilitate the study, the RASGUEADOS Formulas are cited together with each group of elements)

GROUP 1
Single Fingers
Triple Stroke
36 Formulas

I
a and x stable

i m i - i m i
i i m - i i m
i m m - i m m

m i m - m i m
m i i - m i i
m m i - m m i

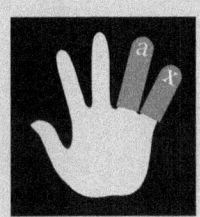

RASGUEADOS

F1 ↑↓↑ - ↑↓↑	F1 ↑↓↑ - ↑↑↓
F2 ↑↓↑ - ↓↑↓	F2 ↓↑↓ - ↑↑↓
F3 ↓↑↓ - ↓↑↓	F3 ↓↑↓ - ↑↓↓
F4 ↓↑↓ - ↑↓↓	F4 ↓↑↓ - ↓↑↑

F1 ↑↑↓ - ↑↓↑	F1 ↑↓↓ - ↑↓↑
F2 ↑↑↓ - ↓↑↓	F2 ↑↓↓ - ↓↑↓
F3 ↑↓↓ - ↑↓↓	F3 ↓↑↑ - ↑↓↑
F4 ↑↓↓ - ↓↑↓	F4 ↓↑↑ - ↓↑↑

F1 ↑↓↓ - ↑↓↓	F1 ↑↑↓ - ↑↑↓
F2 ↑↓↓ - ↓↑↑	F2 ↑↑↓ - ↓↓↑
F3 ↓↑↑ - ↓↑↑	F3 ↓↓↑ - ↓↓↑
F4 ↓↑↑ - ↑↑↓	F4 ↓↓↑ - ↑↑↓

F1 ↑↓↓ - ↑↑↓	F1 ↑↑↓ - ↑↓↓
F2 ↑↓↓ - ↓↓↑	F2 ↑↑↓ - ↓↑↑
F3 ↓↑↑ - ↓↓↑	F3 ↓↓↑ - ↓↑↑
F4 ↓↑↑ - ↑↑↓	F4 ↓↓↑ - ↑↓↓

II
m and x stable

i a i - i a i
i i a - i i a
i a a - i a a

a i a - a i a
a i i - a i i
a a i - a a i

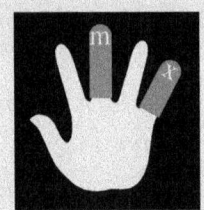

RASGUEADOS

F1 ↑↓↑-↑↓↑	F1 ↑↓↑-↑↑↓
F2 ↑↓↑-↓↑↓	F2 ↓↑↓-↑↑↓
F3 ↓↑↓-↓↑↓	F3 ↓↑↓-↑↓↓
F4 ↓↑↓-↑↓↑	F4 ↓↑↓-↓↑↑
F1 ↑↑↓-↑↓↑	F1 ↑↓↓-↑↓↑
F2 ↑↑↓-↓↑↓	F2 ↑↓↓-↓↑↓
F3 ↑↓↓-↑↓↑	F3 ↓↑↑-↑↓↑
F4 ↑↓↓-↓↑↓	F4 ↓↑↑-↓↑↓
F1 ↑↓↓-↓↓↓	F1 ↑↑↓-↑↑↓
F2 ↑↓↓-↓↑↑	F2 ↑↑↓-↓↓↑
F3 ↓↑↑-↓↑↑	F3 ↓↓↑-↓↓↑
F4 ↓↑↑-↑↓↓	F4 ↓↓↑-↑↑↓
F1 ↑↓↓-↑↑↓	F1 ↑↑↓-↑↓↓
F2 ↑↓↓-↓↓↑	F2 ↑↑↓-↓↑↑
F3 ↓↑↑-↓↓↑	F3 ↓↓↑-↓↑↑
F4 ↓↑↑-↑↑↑	F4 ↓↓↑-↑↓↓

III
m and a stable

i x i - i x i
i i x - i i x
i x x - i x x

x i x - x i x
x i i - x i i
x x i - x x i

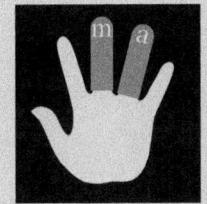

RASGUEADOS

F1 ↑↓↑ - ↑↓↑	F1 ↑↓↑ - ↑↑↓
F2 ↑↓↑ - ↓↑↓	F2 ↓↑↓ - ↑↑↓
F3 ↓↑↓ - ↓↑↓	F3 ↓↑↓ - ↑↓↓
F4 ↓↑↓ - ↑↑↓	F4 ↓↑↓ - ↓↑↑
F1 ↑↑↓ - ↑↓↑	F1 ↑↓↓ - ↑↓↑
F2 ↑↑↓ - ↓↑↓	F2 ↑↓↓ - ↑↓↓
F3 ↑↓↓ - ↑↓↓	F3 ↓↑↑ - ↑↓↑
F4 ↑↓↓ - ↓↑↓	F4 ↓↑↑ - ↓↑↑
F1 ↑↓↓ - ↑↓↓	F1 ↑↑↓ - ↑↑↓
F2 ↑↓↓ - ↓↑↑	F2 ↑↑↓ - ↓↓↑
F3 ↓↑↑ - ↓↑↑	F3 ↓↓↑ - ↓↓↑
F4 ↓↑↑ - ↑↓↓	F4 ↓↓↑ - ↑↑↓
F1 ↑↓↓ - ↑↑↓	F1 ↑↑↓ - ↑↓↓
F2 ↑↓↓ - ↓↓↑	F2 ↑↑↓ - ↓↑↑
F3 ↓↑↑ - ↓↓↑	F3 ↓↓↑ - ↓↑↑
F4 ↓↑↑ - ↑↑↓	F4 ↓↓↑ - ↑↓↓

IV
i and a stable

```
m x m _ m x m
m m x _ m m x
m x x _ m x x

x m x _ x m x
x x m _ x x m
x m m _ x m m
```

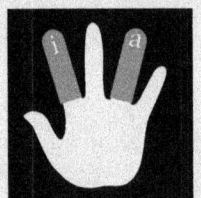

RASGUEADOS

F1 ↑↓↑ - ↑↓↑	F1 ↑↓↑ - ↑↓↑
F2 ↑↓↑ - ↓↑↓	F2 ↓↑↓ - ↑↑↓
F3 ↓↑↓ - ↓↑↓	F3 ↓↑↓ - ↑↓↓
F4 ↓↑↓ - ↑↓↑	F4 ↓↑↓ - ↓↑↑
F1 ↑↑↓ - ↑↓↑	F1 ↑↓↓ - ↑↓↑
F2 ↑↑↓ - ↓↑↓	F2 ↑↓↓ - ↓↑↓
F3 ↑↓↓ - ↑↓↑	F3 ↓↑↑ - ↑↓↑
F4 ↑↓↓ - ↓↑↓	F4 ↓↑↑ - ↓↑↓
F1 ↑↓↓ - ↑↓↓	F1 ↑↑↓ - ↑↑↓
F2 ↑↓↓ - ↓↑↑	F2 ↑↑↓ - ↓↓↑
F3 ↓↑↑ - ↓↑↑	F3 ↓↓↑ - ↓↓↑
F4 ↓↑↑ - ↑↓↓	F4 ↓↓↑ - ↑↑↓
F1 ↑↓↓ - ↑↑↓	F1 ↑↑↓ - ↑↓↓
F2 ↑↓↓ - ↓↓↑	F2 ↑↑↓ - ↓↑↑
F3 ↓↑↑ - ↓↓↑	F3 ↓↓↑ - ↓↑↑
F4 ↓↑↑ - ↑↑↓	F4 ↓↓↑ - ↑↓↓

V
i and **m** stable

a x a - a x a
a a x - a a x
a x x - a x x

x a x - x a x
x x a - x x a
x a a - x a a

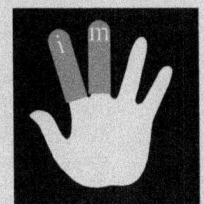

RASGUEADOS

F1 ↑↓↑ - ↑↓↑	F1 ↑↓↑ - ↑↑↓
F2 ↑↓↑ - ↓↑↓	F2 ↓↑↓ - ↑↑↓
F3 ↓↑↓ - ↓↑↓	F3 ↓↑↓ - ↑↓↓
F4 ↓↑↓ - ↑↓↑	F4 ↓↑↓ - ↓↑↑

F1 ↑↑↓ - ↑↓↑	F1 ↑↓↓ - ↑↓↑
F2 ↑↑↓ - ↓↓↓	F2 ↑↓↓ - ↓↑↓
F3 ↑↓↓ - ↑↓↑	F3 ↓↑↑ - ↑↓↑
F4 ↑↓↓ - ↓↓↓	F4 ↓↑↑ - ↓↑↓

F1 ↑↓↓ - ↑↓↓	F1 ↑↑↓ - ↑↑↓
F2 ↑↓↓ - ↓↑↑	F2 ↑↑↓ - ↓↓↑
F3 ↓↑↑ - ↓↑↑	F3 ↓↓↑ - ↓↓↑
F4 ↓↑↑ - ↑↓↓	F4 ↓↓↑ - ↑↑↓

F1 ↑↓↓ - ↑↑↓	F1 ↑↑↓ - ↑↓↓
F2 ↑↓↓ - ↓↓↑	F2 ↑↑↓ - ↓↑↑
F3 ↓↑↑ - ↓↓↑	F3 ↓↓↑ - ↓↑↑
F4 ↓↑↑ - ↑↑↓	F4 ↓↓↑ - ↑↓↓

VI
i and x stable

m a m _ m a m
m m a _ m m a
m a a _ m a a

a m a _ a m a
a m m _ a m m
a a m _ a a m

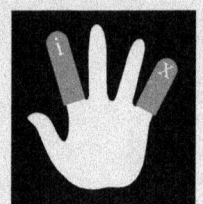

RASGUEADOS

F1 ↑↓↑ - ↑↓↑	F1 ↑↓↑ - ↑↑↓
F2 ↑↓↑ - ↓↑↓	F2 ↓↑↓ - ↑↑↓
F3 ↓↑↓ - ↓↑↓	F3 ↓↑↓ - ↑↓↓
F4 ↓↑↓ - ↑↓↑	F4 ↓↑↓ - ↓↑↑
F1 ↑↑↓ - ↑↑↓	F1 ↑↓↓ - ↑↑↑
F2 ↑↑↓ - ↓↑↓	F2 ↑↓↓ - ↓↑↓
F3 ↑↓↓ - ↑↑↓	F3 ↓↑↑ - ↑↓↑
F4 ↑↓↓ - ↓↑↓	F4 ↓↑↑ - ↓↑↓
F1 ↑↓↓ - ↑↓↓	F1 ↑↑↓ - ↑↑↓
F2 ↑↓↓ - ↓↑↑	F2 ↑↑↓ - ↓↓↑
F3 ↓↑↑ - ↓↑↑	F3 ↓↓↑ - ↓↓↑
F4 ↓↑↑ - ↑↓↓	F4 ↓↓↑ - ↑↑↓
F1 ↑↓↓ - ↑↑↓	F1 ↑↑↓ - ↑↓↓
F2 ↑↓↓ - ↓↓↑	F2 ↑↑↓ - ↓↑↑
F3 ↓↑↑ - ↓↓↑	F3 ↓↓↑ - ↓↑↑
F4 ↓↑↑ - ↑↑↓	F4 ↓↓↑ - ↑↓↓

GROUP 2
Single Fingers And Finger Combinations
Two Triple Strokes / Same Triads / 72 Formulas
I
a stable

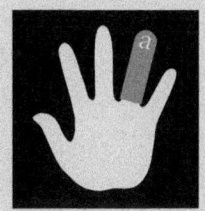

(i m)	x	(i m)	-	(i m)	x	(i m)
(i m)	(i m)	x	-	(i m)	(i m)	x
(i m)	x	x	-	(i m)	x	x

x	(i m)	x	-	x	(i m)	x
x	x	(i m)	-	x	x	(i m)
x	(i m)	(i m)	-	x	(i m)	(i m)

(m x)	i	(m x)	-	(m x)	i	(m x)
(m x)	(m x)	i	-	(m x)	(m x)	i
(m x)	i	i	-	(m x)	i	i

i	(m x)	i	-	i	(m x)	i
i	i	(m x)	-	i	i	(m x)
i	(m x)	(m x)	-	i	(m x)	(m x)

(i x)	m	(i x)	-	(i x)	m	(i x)
(i x)	(i x)	m	-	(i x)	(i x)	m
(i x)	m	m	-	(i x)	m	m

m	(i x)	m	-	m	(i x)	m
m	m	(i x)	-	m	m	(i x)
m	(i x)	(i x)	-	m	(i x)	(i x)

RASGUEADOS

F1 ↑↓↑-↑↓↑	F1 ↑↓↑-↑↑↓
F2 ↑↓↑-↓↑↓	F2 ↓↑↓-↑↑↓
F3 ↓↑↓-↓↑↓	F3 ↓↑↓-↑↓↓
F4 ↓↑↓-↑↑↓	F4 ↓↑↓-↓↑↑

F1 ↑↑↓-↑↓↑	F1 ↑↓↓-↑↓↑
F2 ↑↑↓-↓↑↓	F2 ↑↓↓-↑↑↓
F3 ↑↓↓-↑↓↑	F3 ↓↑↑-↑↓↑
F4 ↑↓↓-↓↑↓	F4 ↓↑↑-↓↑↑

F1 ↑↓↓-↑↓↓	F1 ↑↑↓-↑↑↓
F2 ↑↓↓-↓↑↑	F2 ↑↑↓-↓↓↑
F3 ↓↑↑-↓↑↑	F3 ↓↓↑-↓↓↑
F4 ↓↑↑-↑↓↓	F4 ↓↓↑-↑↑↓

F1 ↑↓↓-↑↑↓	F1 ↑↑↓-↑↓↓
F2 ↑↓↓-↓↓↑	F2 ↑↑↓-↓↑↑
F3 ↓↑↑-↓↓↑	F3 ↓↓↑-↓↑↑
F4 ↓↑↑-↑↑↓	F4 ↓↓↑-↑↓↓

II
m stable

(i a)	x	(i a)	-	(i a)	x	(i a)
(i a)	(i a)	x	-	(i a)	(i a)	x
(i a)	x	x	-	(i a)	x	x

x	(i a)	x	-	x	(i a)	x
x	x	(i a)	-	x	x	(i a)
x	(i a)	(i a)	-	x	(i a)	(i a)

(i x)	a	(i x)	-	(i x)	a	(i x)
(i x)	(i x)	a	-	(i x)	(i x)	a
(i x)	a	a	-	(i x)	a	a

a	(i x)	a	-	a	(i x)	a
a	a	(i x)	-	a	a	(i x)
a	(i x)	(i x)	-	a	(i x)	(i x)

(a x)	i	(a x)	-	(a x)	i	(a x)
(a x)	(a x)	i	-	(a x)	(a x)	i
(a x)	i	i	-	(a x)	i	i

i	(a x)	i	-	i	(a x)	i
i	i	(a x)	-	i	i	(a x)
i	(a x)	(a x)	-	i	(a x)	(a x)

RASGUEADOS

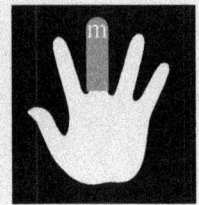

F1 ↑↓↑ - ↑↓↑	F1 ↑↓↑ - ↑↑↓
F2 ↑↓↑ - ↓↑↓	F2 ↓↑↓ - ↑↑↓
F3 ↓↑↓ - ↓↑↓	F3 ↓↑↓ - ↑↓↓
F4 ↓↑↓ - ↑↓↑	F4 ↓↑↓ - ↓↑↑

F1 ↑↑↓ - ↑↓↑	F1 ↑↓↓ - ↑↓↑
F2 ↑↑↓ - ↓↑↓	F2 ↑↓↓ - ↓↑↓
F3 ↑↓↓ - ↑↓↑	F3 ↓↑↑ - ↑↓↑
F4 ↑↓↓ - ↓↑↓	F4 ↓↑↑ - ↓↑↓

F1 ↑↓↓ - ↑↓↓	F1 ↑↑↓ - ↑↑↓
F2 ↑↓↓ - ↓↑↑	F2 ↑↑↓ - ↓↓↑
F3 ↓↑↑ - ↓↑↑	F3 ↓↓↑ - ↓↓↑
F4 ↓↑↑ - ↑↓↓	F4 ↓↓↑ - ↑↑↓

F1 ↑↓↓ - ↑↑↓	F1 ↑↑↓ - ↑↓↓
F2 ↑↓↓ - ↓↓↑	F2 ↑↑↓ - ↓↑↑
F3 ↓↑↑ - ↓↓↑	F3 ↓↓↑ - ↑↑↓
F4 ↓↑↑ - ↑↑↓	F4 ↓↓↑ - ↑↓↓

III
x stable

(i m)	a	(i m)	- (i m)	a	(i m)
(i m)	(i m)	a	- (i m)	(i m)	a
(i m)	a	a	- (i m)	a	a

a	(i m)	a	- a	(i m)	a
a	a	(i m)	- a	a	(i m)
a	(i m)	(i m)	- a	(i m)	(i m)

(m a)	i	(m a)	- (m a)	i	(m a)
(m a)	(m a)	i	- (m a)	(m a)	i
(m a)	i	i	- (m a)	i	i

i	(m a)	i	- i	(m a)	i
i	i	(m a)	- i	i	(m a)
i	(m a)	(m a)	- i	(m a)	(m a)

(i a)	m	(i a)	- (i a)	m	(i a)
(i a)	(i a)	m	- (i a)	(i a)	m
(i a)	m	m	- (i a)	m	m

m	(i a)	m	- m	(i a)	m
m	m	(i a)	- m	m	(i a)
m	(i a)	(i a)	- m	(i a)	(i a)

RASGUEADOS

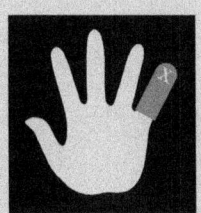

F1 ↑↓↑ - ↑↓↑	F1 ↑↓↑ - ↑↑↓
F2 ↑↓↑ - ↓↑↓	F2 ↓↑↓ - ↑↑↓
F3 ↓↑↓ - ↓↑↓	F3 ↓↑↓ - ↑↓↓
F4 ↓↑↓ - ↑↑↓	F4 ↓↑↓ - ↓↑↑

F1 ↑↑↓ - ↑↓↑	F1 ↑↓↓ - ↑↑↑
F2 ↑↑↓ - ↓↑↓	F2 ↑↓↓ - ↓↑↓
F3 ↑↓↓ - ↑↑↓	F3 ↓↑↑ - ↑↑↓
F4 ↑↓↓ - ↓↑↓	F4 ↓↑↑ - ↓↑↓

F1 ↑↓↓ - ↑↓↓	F1 ↑↑↓ - ↑↑↓
F2 ↑↓↓ - ↓↑↑	F2 ↑↑↓ - ↓↓↑
F3 ↓↑↑ - ↓↑↑	F3 ↓↓↑ - ↓↓↑
F4 ↓↑↑ - ↑↓↓	F4 ↓↓↑ - ↑↑↓

F1 ↑↓↓ - ↑↑↓	F1 ↑↑↓ - ↑↓↓
F2 ↑↓↓ - ↓↓↑	F2 ↑↑↓ - ↓↑↑
F3 ↓↑↑ - ↓↓↑	F3 ↓↓↑ - ↓↑↑
F4 ↓↑↑ - ↑↑↓	F4 ↓↓↑ - ↑↓↓

IV
i stable

(m a)	(x)	(m a)	-	(m a)	(x)	(m a)
(m a)	(m a)	x	-	(m a)	(m a)	x
(m a)	x	x	-	(m a)	x	x

x	(m a)	x	-	x	(m a)	x
x	x	(m a)	-	x	x	(m a)
x	(m a)	(m a)	-	x	(m a)	(m a)

(m x)	a	(m x)	-	(m x)	a	(m x)
(m x)	(m x)	a	-	(m x)	(m x)	a
(m x)	a	a	-	(m x)	a	a

a	(m x)	a	-	a	(m x)	a
a	a	(m x)	-	a	a	(m x)
a	(m x)	(m x)	-	a	(m x)	(m x)

(a x)	m	(a x)	-	(a x)	m	(a x)
(a x)	(a x)	m	-	(a x)	(a x)	m
(a x)	m	m	-	(a x)	m	m

m	(a x)	m	-	m	(a x)	m
m	m	(a x)	-	m	m	(a x)
m	(a x)	(a x)	-	m	(a x)	(a x)

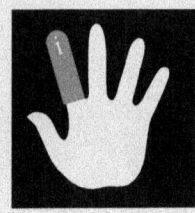

RASGUEADOS

F1 ↑↓↑ - ↑↓↑	F1 ↑↓↑ - ↑↑↓
F2 ↑↓↑ - ↓↑↓	F2 ↓↑↓ - ↑↑↓
F3 ↓↑↓ - ↓↑↓	F3 ↓↑↓ - ↑↓↓
F4 ↓↑↓ - ↑↓↑	F4 ↓↑↓ - ↓↑↑

F1 ↑↑↓ - ↑↓↑	F1 ↑↓↓ - ↑↓↑
F2 ↑↑↓ - ↓↑↓	F2 ↑↓↓ - ↓↑↓
F3 ↑↓↓ - ↑↓↑	F3 ↓↑↑ - ↑↓↑
F4 ↑↓↓ - ↓↑↓	F4 ↓↑↑ - ↓↑↓

F1 ↑↓↓ - ↑↓↓	F1 ↑↑↓ - ↑↑↓
F2 ↑↓↓ - ↓↑↑	F2 ↑↑↓ - ↓↓↑
F3 ↓↑↑ - ↓↑↑	F3 ↓↓↑ - ↓↓↑
F4 ↓↑↑ - ↑↓↓	F4 ↓↓↑ - ↑↑↓

F1 ↑↓↓ - ↑↑↓	F1 ↑↑↓ - ↑↓↓
F2 ↑↓↓ - ↓↓↑	F2 ↑↑↓ - ↓↑↑
F3 ↓↑↑ - ↓↓↑	F3 ↓↓↑ - ↓↑↑
F4 ↓↑↑ - ↑↑↓	F4 ↓↓↑ - ↑↓↓

GROUP 3
Finger Combinations
Two Triple Strokes
Same Triads / 18 Formulas

I

(i m)	(a x)	(i m)	- (i m)	(a x)	(i m)
(i m)	(i m)	(a x)	- (i m)	(i m)	(a x)
(i m)	(a x)	(a x)	- (i m)	(a x)	(a x)

(i a)	(m x)	(i a)	- (i a)	(m x)	(i a)
(i a)	(i a)	(m x)	- (i a)	(i a)	(m x)
(i a)	(m x)	(m x)	- (i a)	(m x)	(m x)

(i x)	(m a)	(i x)	- (i x)	(m a)	(i x)
(i x)	(i x)	(m a)	- (i x)	(i x)	(m a)
(i x)	(m a)	(m a)	- (i x)	(m a)	(m a)

RASGUEADOS

F1 ↑↓↑ - ↑↓↑	F1 ↑↓↑ - ↑↑↓
F2 ↑↓↑ - ↓↑↓	F2 ↓↑↓ - ↑↑↓
F3 ↓↑↓ - ↓↑↓	F3 ↓↑↓ - ↑↓↓
F4 ↓↑↓ - ↑↓↑	F4 ↓↑↓ - ↓↑↑
F1 ↑↑↓ - ↑↓↑	F1 ↑↓↓ - ↑↓↑
F2 ↑↑↓ - ↓↑↓	F2 ↑↓↓ - ↓↑↑
F3 ↑↓↓ - ↑↓↑	F3 ↓↑↑ - ↑↓↑
F4 ↑↓↓ - ↓↑↓	F4 ↓↑↑ - ↓↑↓
F1 ↑↓↓ - ↑↓↓	F1 ↑↑↓ - ↑↑↓
F2 ↑↓↓ - ↓↑↑	F2 ↑↑↓ - ↓↓↑
F3 ↓↑↑ - ↓↑↑	F3 ↓↓↑ - ↓↓↑
F4 ↓↑↑ - ↑↓↓	F4 ↓↓↑ - ↑↑↓
F1 ↑↓↓ - ↑↑↓	F1 ↑↑↓ - ↑↓↓
F2 ↑↓↓ - ↓↓↑	F2 ↑↑↓ - ↓↓↑
F3 ↓↑↑ - ↓↓↑	F3 ↓↓↑ - ↓↑↑
F4 ↓↑↑ - ↑↑↓	F4 ↓↓↑ - ↑↓↓

II

a x	i m	a x	-	a x	i m	a x
a x	a x	i m	-	a x	a x	i m
a x	i m	i m	-	a x	i m	i m

m x	i a	m x	-	m x	i a	m x
m x	m x	i a	-	m x	m x	i a
m x	i a	i a	-	m x	i a	i a

m a	i x	m a	-	m a	i x	m a
m a	m a	i x	-	m a	m a	i x
m a	i x	i x	-	m a	i x	i x

RASGUEADOS

F1 ↑↓↑ - ↑↓↑	F1 ↑↓↑ - ↑↑↓
F2 ↑↓↑ - ↓↑↓	F2 ↓↑↓ - ↑↑↓
F3 ↓↑↓ - ↓↑↓	F3 ↓↑↓ - ↑↓↓
F4 ↓↑↓ - ↑↓↑	F4 ↓↑↓ - ↓↑↑

F1 ↑↑↓ - ↑↓↑	F1 ↑↓↓ - ↑↓↑
F2 ↑↑↓ - ↓↑↓	F2 ↑↓↓ - ↓↑↓
F3 ↑↓↓ - ↑↓↑	F3 ↓↑↑ - ↑↓↑
F4 ↑↓↓ - ↓↑↓	F4 ↓↑↑ - ↓↑↓

F1 ↑↓↓ - ↑↓↓	F1 ↑↑↓ - ↑↑↓
F2 ↑↓↓ - ↓↑↑	F2 ↑↑↓ - ↓↓↑
F3 ↓↑↑ - ↓↑↑	F3 ↓↓↑ - ↓↓↑
F4 ↓↑↑ - ↑↓↓	F4 ↓↓↑ - ↑↑↓

F1 ↑↓↓ - ↑↑↓	F1 ↑↑↓ - ↑↓↓
F2 ↑↓↓ - ↓↓↑	F2 ↑↑↓ - ↓↑↑
F3 ↓↑↑ - ↓↓↑	F3 ↓↓↑ - ↓↑↑
F4 ↓↑↑ - ↑↑↓	F4 ↓↓↑ - ↑↓↓

GROUP 5
Thumb And Finger Combinations
Two Triple Strokes
Same Triads / 24 Formulas

I

p	(i m)	p	-	p	(i m)	p
p	(i a)	p	-	p	(i a)	p
p	(i x)	p	-	p	(i x)	p
p	(m a)	p	-	p	(m a)	p
p	(m x)	p	-	p	(m x)	p
p	(a x)	p	-	p	(a x)	p

(i m)	p	(i m)	-	(i m)	p	(i m)
(i a)	p	(i a)	-	(i a)	p	(i a)
(i x)	p	(i x)	-	(i x)	p	(i x)
(m a)	p	(m a)	-	(m a)	p	(m a)
(m x)	p	(m x)	-	(m x)	p	(m x)
(a x)	p	(a x)	-	(a x)	p	(a x)

RASGUEADOS

F1 ↑↓↑ - ↑↓↑	F1 ↑↓↑ - ↑↑↓
F2 ↑↓↑ - ↓↑↓	F2 ↓↑↓ - ↑↑↓
F3 ↓↑↓ - ↓↑↓	F3 ↓↑↓ - ↑↓↓
F4 ↓↑↓ - ↑↑↓	F4 ↓↑↓ - ↓↑↑

F1 ↑↑↓ - ↑↑↓	F1 ↑↓↓ - ↑↑↓
F2 ↑↑↓ - ↓↑↓	F2 ↑↓↓ - ↓↑↓
F3 ↑↓↓ - ↑↑↓	F3 ↓↑↑ - ↑↑↓
F4 ↑↓↓ - ↓↑↓	F4 ↓↑↑ - ↓↑↓

F1 ↑↓↓ - ↑↓↓	F1 ↑↑↓ - ↑↑↓
F2 ↑↓↓ - ↓↑↑	F2 ↑↑↓ - ↓↓↑
F3 ↓↑↑ - ↓↑↑	F3 ↓↓↑ - ↓↓↑
F4 ↓↑↑ - ↑↓↓	F4 ↓↓↑ - ↑↑↓

F1 ↑↓↓ - ↑↑↓	F1 ↑↑↓ - ↑↓↓
F2 ↑↓↓ - ↓↓↑	F2 ↑↑↓ - ↓↑↑
F3 ↓↑↑ - ↓↓↑	F3 ↓↓↑ - ↓↑↑
F4 ↓↑↑ - ↑↑↓	F4 ↓↓↑ - ↑↓↓

RASGUEADOS

F1 ↑↓↑ - ↑↓↑	F1 ↑↓↑ - ↑↑↓
F2 ↑↓↑ - ↓↑↓	F2 ↓↑↓ - ↑↑↓
F3 ↓↑↓ - ↓↑↓	F3 ↓↑↓ - ↑↓↓
F4 ↓↑↓ - ↑↓↑	F4 ↓↑↓ - ↓↑↑
F1 ↑↑↓ - ↑↑↓	F1 ↑↓↓ - ↑↑↓
F2 ↑↑↓ - ↓↑↓	F2 ↑↓↓ - ↓↑↓
F3 ↑↓↓ - ↑↑↓	F3 ↓↑↑ - ↑↓↑
F4 ↑↓↓ - ↓↑↓	F4 ↓↑↑ - ↓↑↓
F1 ↑↓↓ - ↑↓↓	F1 ↑↑↓ - ↑↑↓
F2 ↑↓↓ - ↓↑↑	F2 ↑↑↓ - ↓↓↑
F3 ↓↑↑ - ↓↑↑	F3 ↓↓↑ - ↓↓↑
F4 ↓↑↑ - ↑↓↓	F4 ↓↓↑ - ↑↑↓
F1 ↑↓↓ - ↑↑↓	F1 ↑↑↓ - ↑↓↓
F2 ↑↓↓ - ↓↓↑	F2 ↑↑↓ - ↓↑↑
F3 ↓↑↑ - ↓↓↑	F3 ↓↓↑ - ↓↑↑
F4 ↓↑↑ - ↑↑↓	F4 ↓↓↑ - ↑↓↓

II

p   (i m)   (i m)   -   p   (i m)   (i m)
p   (i a)   (i a)   -   p   (i a)   (i a)
p   (i x)   (i x)   -   p   (i x)   (i x)
p   (m a)   (m a)   -   p   (m a)   (m a)
p   (m x)   (m x)   -   p   (m x)   (m x)
p   (a x)   (a x)   -   p   (a x)   (a x)

---

p   p   (i m)   -   p   p   (i m)
p   p   (i a)   -   p   p   (i a)
p   p   (i x)   -   p   p   (i x)
p   p   (m a)   -   p   p   (m a)
p   p   (m x)   -   p   p   (m x)
p   p   (a x)   -   p   p   (a x)

GROUP 4
Thumb And Single Fingers
Two Triple Strokes
Same Triads / 24 Formulas

```
p i p - p i p     i p i - i p i
p m p - p m p     m p m - m p m
p a p - p a p     a p a - a p a
p x p - p x p     x p x - x p x


p i i - p i i     i i p - i i p
p m m - p m m     m m p - m m p
p a a - p a a     a a p - a a p
p x x - p x x     x x p - x x p


p p i - p p i     i p p - i p p
p p m - p p m     m p p - m p p
p p a - p p a     a p p - a p p
p p x - p p x     x p p - x p p
```

RASGUEADOS

F1 ↑↓↑ - ↑↓↑	F1 ↑↓↑ - ↑↑↓
F2 ↑↓↑ - ↓↑↓	F2 ↓↑↓ - ↑↑↓
F3 ↓↑↓ - ↓↑↓	F3 ↓↑↓ - ↑↓↓
F4 ↓↑↓ - ↑↓↓	F4 ↓↑↓ - ↓↑↑
F1 ↑↑↓ - ↑↓↑	F1 ↑↓↓ - ↑↓↑
F2 ↑↑↓ - ↓↑↓	F2 ↑↓↓ - ↓↑↓
F3 ↑↓↓ - ↑↓↑	F3 ↓↑↑ - ↓↑↑
F4 ↑↓↓ - ↓↑↓	F4 ↓↑↑ - ↓↑↓
F1 ↑↓↓ - ↑↓↓	F1 ↑↑↓ - ↑↑↓
F2 ↑↓↓ - ↓↑↑	F2 ↑↑↓ - ↓↓↑
F3 ↓↑↑ - ↓↑↑	F3 ↓↓↑ - ↓↓↑
F4 ↓↑↑ - ↑↓↓	F4 ↓↓↑ - ↑↑↓
F1 ↑↓↓ - ↑↑↓	F1 ↑↑↓ - ↑↓↓
F2 ↑↓↓ - ↓↓↑	F2 ↑↑↓ - ↓↑↑
F3 ↓↑↑ - ↓↓↑	F3 ↓↓↑ - ↓↑↑
F4 ↓↑↑ - ↑↑↓	F4 ↓↓↑ - ↑↓↓

UNIT II-2
TWO TRIPLE STROKES
(Thirty two RASGUEADOS Formulas)
PAIRS OF OPPOSITE TRIADS

Five groups of elements with pairs of opposite triads follow.

GROUP 1: SINGLE FINGERS

GROUP 2: SINGLE FINGERS AND FINGER COMBINATIONS

GROUP 3: FINGER COMBINATIONS

GROUP 4: THUMB AND SINGLE FINGERS

GROUP 5: THUMB AND FINGER COMBINATIONS

The pairs of opposite triads are played on the following fingering Formulas.

RASGUEADOS

F1 ↑↓↑ - ↑↓↑	F1 ↑↓↑ - ↑↑↓
F2 ↑↓↑ - ↓↑↓	F2 ↓↑↓ - ↑↑↓
F3 ↓↑↓ - ↓↑↓	F3 ↓↑↓ - ↑↓↓
F4 ↓↑↓ - ↑↓↑	F4 ↓↑↓ - ↓↑↑

F1 ↑↑↓ - ↑↓↑	F1 ↑↓↓ - ↑↓↑
F2 ↑↑↓ - ↓↑↓	F2 ↑↓↓ - ↓↑↓
F3 ↑↓↓ - ↑↓↑	F3 ↓↑↑ - ↑↓↑
F4 ↑↓↓ - ↓↑↓	F4 ↓↑↑ - ↓↑↓

F1 ↑↓↓ - ↑↓↓	F1 ↑↑↓ - ↑↑↓
F2 ↑↓↓ - ↓↑↑	F2 ↑↑↓ - ↓↓↑
F3 ↓↑↑ - ↓↑↑	F3 ↓↓↑ - ↓↓↑
F4 ↓↑↑ - ↑↓↓	F4 ↓↓↑ - ↑↑↓

F1 ↑↓↓ - ↑↑↓	F1 ↑↑↓ - ↑↓↓
F2 ↑↓↓ - ↓↓↑	F2 ↑↑↓ - ↓↑↑
F3 ↓↑↑ - ↓↓↑	F3 ↓↓↑ - ↓↑↑
F4 ↓↑↑ - ↑↑↓	F4 ↓↓↑ - ↑↓↓

GROUP 1
Single Fingers - Two Triple Strokes
Pairs Of Opposite Triads
36 Formulas

I
a and x stable

i m i - m i m
i i m - m i i
i m m - m m i

m i m - i m i
m i i - i i m
m m i - i m m

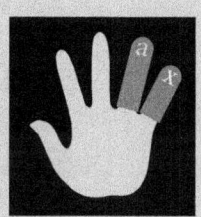

RASGUEADOS

F1 ↑↓↑ - ↑↓↑	F1 ↑↓↑ - ↑↑↓
F2 ↑↓↑ - ↓↑↓	F2 ↓↑↓ - ↑↑↓
F3 ↓↑↓ - ↓↑↓	F3 ↓↑↓ - ↑↓↓
F4 ↓↑↓ - ↑↓↑	F4 ↓↑↓ - ↓↑↑
F1 ↑↑↓ - ↑↓↑	F1 ↑↓↓ - ↑↓↑
F2 ↑↑↓ - ↓↑↓	F2 ↑↓↓ - ↓↑↑
F3 ↑↓↓ - ↑↓↑	F3 ↓↑↑ - ↑↓↑
F4 ↑↓↓ - ↓↑↓	F4 ↓↑↑ - ↓↑↑
F1 ↑↓↓ - ↑↓↓	F1 ↑↑↓ - ↑↑↑
F2 ↑↓↓ - ↓↑↑	F2 ↑↑↓ - ↓↓↑
F3 ↓↑↑ - ↓↑↑	F3 ↓↓↑ - ↓↓↑
F4 ↓↑↑ - ↑↓↓	F4 ↓↓↑ - ↑↑↓
F1 ↑↓↓ - ↑↑↓	F1 ↑↑↓ - ↑↓↓
F2 ↑↓↓ - ↓↓↑	F2 ↑↑↓ - ↓↓↑
F3 ↓↑↑ - ↓↓↑	F3 ↓↓↑ - ↓↓↑
F4 ↓↑↑ - ↑↑↓	F4 ↓↓↑ - ↑↓↓

II
m and x stable

```
i  a  i  _  a  i  a
i  i  a  _  a  i  i
i  a  a  _  a  a  i

a  i  a  _  i  a  i
a  i  i  _  i  i  a
a  a  i  _  i  a  a
```

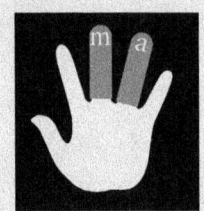

RASGUEADOS

F1 ↑↓↑ - ↑↓↑	F1 ↑↓↑ - ↑↑↓
F2 ↑↓↑ - ↓↑↓	F2 ↓↑↓ - ↑↑↓
F3 ↓↑↓ - ↓↑↓	F3 ↓↑↓ - ↑↓↓
F4 ↓↑↓ - ↑↑↓	F4 ↓↑↓ - ↓↑↑

F1 ↑↑↓ - ↑↓↑	F1 ↑↓↓ - ↑↓↑
F2 ↑↑↓ - ↓↑↓	F2 ↑↓↓ - ↓↑↓
F3 ↑↓↓ - ↑↑↓	F3 ↓↑↑ - ↑↓↑
F4 ↑↓↓ - ↓↑↓	F4 ↓↑↑ - ↓↑↓

F1 ↑↓↓ - ↑↓↓	F1 ↑↑↓ - ↑↑↓
F2 ↑↓↓ - ↓↑↑	F2 ↑↑↓ - ↓↓↑
F3 ↓↑↑ - ↓↑↑	F3 ↓↓↑ - ↓↓↑
F4 ↓↑↑ - ↑↓↓	F4 ↓↓↑ - ↑↑↓

F1 ↑↓↓ - ↑↑↓	F1 ↑↑↓ - ↑↓↓
F2 ↑↓↓ - ↓↓↑	F2 ↑↑↓ - ↓↑↑
F3 ↓↑↑ - ↓↓↑	F3 ↓↓↑ - ↓↑↑
F4 ↓↑↑ - ↑↑↓	F4 ↓↓↑ - ↑↓↓

III
i and a stable

```
m x m _ x m x
m m x _ x m m
m x x _ x x m

x m x _ m x m
x m m _ m m x
x x m _ m x x
```

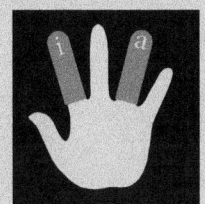

RASGUEADOS

F1 ↑↓↑ - ↑↓↑	F1 ↑↓↑ - ↑↑↓
F2 ↑↓↑ - ↓↑↓	F2 ↓↑↓ - ↑↑↓
F3 ↓↑↓ - ↓↑↑	F3 ↓↑↓ - ↑↓↓
F4 ↓↑↓ - ↑↑↓	F4 ↓↑↓ - ↓↑↑
F1 ↑↑↓ - ↑↑↓	F1 ↑↓↓ - ↑↓↑
F2 ↑↑↓ - ↓↑↓	F2 ↑↓↓ - ↓↑↓
F3 ↑↓↓ - ↑↑↓	F3 ↓↑↑ - ↑↓↑
F4 ↑↓↓ - ↓↑↓	F4 ↓↑↑ - ↓↑↓
F1 ↑↓↓ - ↑↓↓	F1 ↑↑↓ - ↑↑↑
F2 ↑↓↓ - ↓↑↑	F2 ↑↑↓ - ↓↓↑
F3 ↓↑↑ - ↓↑↑	F3 ↓↓↑ - ↓↓↑
F4 ↓↑↑ - ↑↓↓	F4 ↓↓↑ - ↑↑↑
F1 ↑↓↓ - ↑↑↑	F1 ↑↑↓ - ↑↓↓
F2 ↑↓↓ - ↓↓↑	F2 ↑↑↓ - ↓↑↓
F3 ↓↑↑ - ↓↓↑	F3 ↓↓↑ - ↓↑↑
F4 ↓↑↑ - ↑↑↓	F4 ↓↓↑ - ↑↓↓

IV
i and x stable

```
m a m _ a m a
m m a _ a m m
m a a _ a a m


a m a _ m a m
a m m _ m m a
a a m _ m a a
```

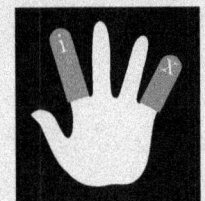

RASGUEADOS

F1 ↑↓↑ - ↑↓↑	F1 ↑↓↑ - ↑↑↓
F2 ↑↓↑ - ↓↑↓	F2 ↓↑↓ - ↑↑↓
F3 ↓↑↓ - ↓↑↓	F3 ↓↑↓ - ↑↓↓
F4 ↓↑↓ - ↑↓↑	F4 ↓↑↓ - ↓↑↑
F1 ↑↑↓ - ↑↓↑	F1 ↑↓↓ - ↑↓↑
F2 ↑↑↓ - ↓↑↓	F2 ↑↓↓ - ↓↑↓
F3 ↑↓↓ - ↑↓↑	F3 ↓↑↑ - ↑↓↑
F4 ↑↓↓ - ↓↑↓	F4 ↓↑↑ - ↓↑↓
F1 ↑↓↓ - ↑↓↓	F1 ↑↑↓ - ↑↑↓
F2 ↑↓↓ - ↓↑↑	F2 ↑↑↓ - ↓↓↑
F3 ↓↑↑ - ↓↑↑	F3 ↓↓↑ - ↓↓↑
F4 ↓↑↑ - ↑↓↓	F4 ↓↓↑ - ↑↑↓
F1 ↑↓↓ - ↑↑↓	F1 ↑↑↓ - ↑↓↓
F2 ↑↓↓ - ↓↓↑	F2 ↑↑↓ - ↓↑↑
F3 ↓↑↑ - ↓↓↑	F3 ↓↓↑ - ↓↑↑
F4 ↓↑↑ - ↑↑↓	F4 ↓↓↑ - ↑↓↓

V
m and **a** stable

i x i _ x i x
i i x _ x i i
i x x _ x x i

x i x _ i x i
x i i _ i i x
x x i _ i x x

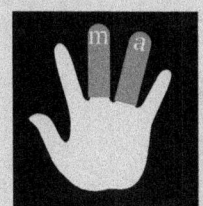

RASGUEADOS

F1 ↑↓↑ - ↑↓↑	F1 ↑↓↑ - ↑↑↓
F2 ↑↓↑ - ↓↑↓	F2 ↓↑↓ - ↑↑↓
F3 ↓↑↓ - ↓↑↓	F3 ↓↑↓ - ↑↓↓
F4 ↓↑↓ - ↑↑↓	F4 ↓↑↓ - ↓↑↑
F1 ↑↑↓ - ↑↑↓	F1 ↑↓↓ - ↑↓↑
F2 ↑↑↓ - ↓↑↓	F2 ↑↓↓ - ↓↑↓
F3 ↑↓↓ - ↑↓↑	F3 ↓↑↑ - ↑↓↑
F4 ↑↓↓ - ↓↑↓	F4 ↓↑↑ - ↓↑↓
F1 ↑↓↓ - ↑↓↓	F1 ↑↑↓ - ↑↑↓
F2 ↑↓↓ - ↓↑↑	F2 ↑↑↓ - ↓↓↑
F3 ↓↑↑ - ↓↑↑	F3 ↓↓↑ - ↓↓↑
F4 ↓↑↑ - ↑↓↓	F4 ↓↓↑ - ↑↑↓
F1 ↑↓↓ - ↑↑↓	F1 ↑↑↓ - ↑↓↓
F2 ↑↓↓ - ↓↓↑	F2 ↑↑↓ - ↓↑↑
F3 ↓↑↑ - ↓↓↑	F3 ↓↓↑ - ↓↑↑
F4 ↓↑↑ - ↑↑↓	F4 ↓↓↑ - ↑↑↓

VI
i and m stable

a x a _ x a x
a a x _ x a a
a x x _ x x a

x a x _ a x a
x a a _ a a x
x x a _ a x x

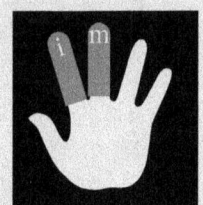

RASGUEADOS

F1 ↑↓↑ - ↑↓↑	F1 ↑↓↑ - ↑↑↓
F2 ↑↓↑ - ↓↑↓	F2 ↓↑↓ - ↑↑↓
F3 ↓↑↓ - ↓↑↓	F3 ↓↑↓ - ↑↓↓
F4 ↓↑↓ - ↑↓↑	F4 ↓↑↓ - ↓↑↑

F1 ↑↑↓ - ↑↓↑	F1 ↑↓↓ - ↑↓↑
F2 ↑↑↓ - ↓↑↓	F2 ↑↓↓ - ↓↑↓
F3 ↑↓↓ - ↑↓↑	F3 ↓↑↑ - ↑↓↑
F4 ↑↓↓ - ↓↑↓	F4 ↓↑↑ - ↓↑↓

F1 ↑↓↓ - ↑↓↓	F1 ↑↑↓ - ↑↑↓
F2 ↑↓↓ - ↓↑↑	F2 ↑↑↓ - ↓↓↑
F3 ↓↑↑ - ↓↑↑	F3 ↓↓↑ - ↓↓↑
F4 ↓↑↑ - ↑↓↓	F4 ↓↓↑ - ↑↑↓

F1 ↑↓↓ - ↑↑↓	F1 ↑↑↓ - ↑↓↓
F2 ↑↓↓ - ↓↓↑	F2 ↑↑↓ - ↓↑↑
F3 ↓↑↑ - ↓↓↑	F3 ↓↓↑ - ↓↑↑
F4 ↓↑↑ - ↑↑↓	F4 ↓↓↑ - ↑↓↓

GROUP 2
Single Fingers And Finger Combinations
Two Triple Strokes / Pairs Of Opposites / 36 Formulas

I
a stable

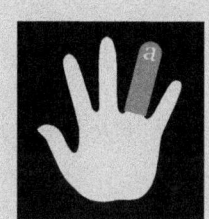

(i m)	x	(i m)	-	x	(i m)	x
(i m)	(i m)	x	-	x	(i m)	(i m)
(i m)	x	x	-	x	x	(i m)

(m x)	i	(m x)	-	i	(m x)	i
(m x)	(m x)	i	-	i	(m x)	(m x)
(m x)	i	i	-	i	i	(m x)

(i x)	m	(i x)	-	m	(i x)	m
(i x)	(i x)	m	-	m	(i x)	(i x)
(i x)	m	m	-	m	m	(i x)

RASGUEADOS

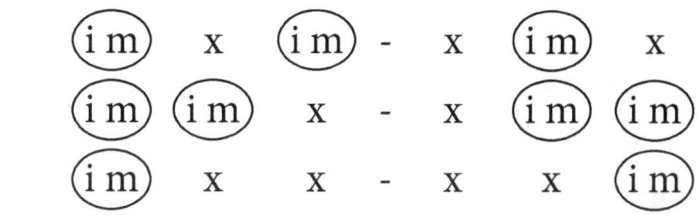

II
m stable

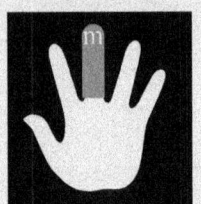

RASGUEADOS

F1 ↑↓↑ - ↑↓↑	F1 ↑↓↑ - ↑↑↓
F2 ↑↓↑ - ↓↑↓	F2 ↓↑↓ - ↑↑↓
F3 ↓↑↓ - ↓↑↓	F3 ↓↑↓ - ↑↓↓
F4 ↓↑↓ - ↑↓↑	F4 ↓↑↓ - ↓↑↑
F1 ↑↑↓ - ↑↓↑	F1 ↑↓↓ - ↑↓↑
F2 ↑↑↓ - ↓↑↓	F2 ↑↓↓ - ↓↑↓
F3 ↑↓↓ - ↑↓↑	F3 ↓↑↑ - ↑↓↑
F4 ↑↓↓ - ↓↑↓	F4 ↓↑↑ - ↓↑↓
F1 ↑↓↓ - ↑↓↓	F1 ↑↑↓ - ↑↑↓
F2 ↑↓↓ - ↓↑↑	F2 ↑↑↓ - ↓↓↑
F3 ↓↑↑ - ↓↑↑	F3 ↓↓↑ - ↓↓↑
F4 ↓↑↑ - ↑↓↓	F4 ↓↓↑ - ↑↑↓
F1 ↑↓↓ - ↑↑↓	F1 ↑↑↓ - ↑↓↓
F2 ↑↓↓ - ↓↓↑	F2 ↑↑↓ - ↓↑↑
F3 ↓↑↑ - ↓↓↑	F3 ↓↓↑ - ↓↑↑
F4 ↓↑↑ - ↑↑↓	F4 ↓↓↑ - ↑↓↓

(i a)	x	(i a)	-	x	(i a)	x
(i a)	(i a)	x	-	x	(i a)	(i a)
(i a)	x	x	-	x	x	(i a)

(a x)	i	(a x)	-	i	(a x)	i
(a x)	(a x)	i	-	i	(a x)	(a x)
(a x)	i	i	-	i	i	(a x)

(i x)	a	(i x)	-	a	(i x)	a
(i x)	(i x)	a	-	a	(i x)	(i x)
(i x)	a	a	-	a	a	(i x)

III
x stable

(i a)	m	(i a)	- m	(i a)	m
(i a)	(i a)	m	- m	(i a)	(i a)
(i a)	m	m	- m	m	(i a)

(i m)	a	(i m)	- a	(i m)	a
(i m)	(i m)	a	- a	(i m)	(i m)
(i m)	a	a	- a	a	(i m)

(m a)	i	(m a)	- i	(m a)	i
(m a)	(m a)	i	- i	(m a)	(m a)
(m a)	i	i	- i	i	(m a)

RASGUEADOS

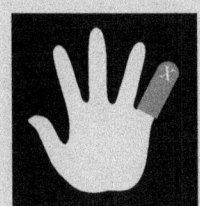

F1 ↑↓↑ - ↑↓↑	F1 ↑↓↑ - ↑↑↓
F2 ↑↓↑ - ↓↑↓	F2 ↓↑↓ - ↑↑↓
F3 ↓↑↓ - ↓↑↓	F3 ↓↑↓ - ↑↓↓
F4 ↓↑↓ - ↑↑↓	F4 ↓↑↓ - ↓↑↑

F1 ↑↑↓ - ↑↑↓	F1 ↑↓↓ - ↑↑↑
F2 ↑↑↓ - ↓↑↓	F2 ↑↓↓ - ↓↑↑
F3 ↑↓↓ - ↑↑↓	F3 ↓↑↑ - ↑↓↑
F4 ↑↓↓ - ↓↑↑	F4 ↓↑↑ - ↓↑↓

F1 ↑↓↓ - ↑↓↓	F1 ↑↑↓ - ↑↑↑
F2 ↑↓↓ - ↓↑↑	F2 ↑↑↓ - ↓↓↑
F3 ↓↑↑ - ↓↑↑	F3 ↓↓↑ - ↓↓↑
F4 ↓↑↑ - ↑↑↓	F4 ↓↓↑ - ↑↑↓

F1 ↑↓↓ - ↑↑↓	F1 ↑↑↓ - ↑↓↓
F2 ↑↓↓ - ↓↓↑	F2 ↑↑↓ - ↓↑↑
F3 ↓↑↑ - ↓↓↑	F3 ↓↓↑ - ↓↑↑
F4 ↓↑↑ - ↑↑↓	F4 ↓↓↑ - ↑↓↓

IV
i stable

(m a)	x	(m a)	-	x	(m a)	x
(m a)	(m a)	x	-	x	(m a)	(m a)
(m a)	x	x	-	x	x	(m a)

(m x)	a	(m x)	-	a	(m x)	a
(m x)	(m x)	a	-	a	(m x)	(m x)
(m x)	a	a	-	a	a	(m x)

(a x)	m	(a x)	-	m	(a x)	m
(a x)	(a x)	m	-	m	(a x)	(a x)
(a x)	m	m	-	m	m	(a x)

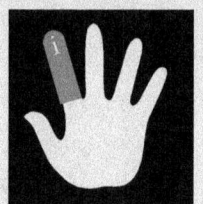

RASGUEADOS

F1 ↑↓↑ - ↑↓↑	F1 ↑↓↑ - ↑↑↓
F2 ↑↓↑ - ↓↑↓	F2 ↓↑↑ - ↑↑↓
F3 ↓↑↓ - ↓↑↓	F3 ↓↑↓ - ↑↓↓
F4 ↓↑↓ - ↑↓↑	F4 ↓↑↓ - ↓↑↑

F1 ↑↑↓ - ↑↑↓	F1 ↑↓↓ - ↑↑↓
F2 ↑↑↓ - ↓↑↓	F2 ↑↓↓ - ↓↑↓
F3 ↑↓↓ - ↑↑↓	F3 ↓↑↑ - ↑↓↑
F4 ↑↓↓ - ↓↑↓	F4 ↓↑↑ - ↓↑↓

F1 ↑↓↓ - ↑↓↓	F1 ↑↑↓ - ↑↑↓
F2 ↑↓↓ - ↓↑↑	F2 ↑↑↓ - ↓↓↑
F3 ↓↑↑ - ↓↑↑	F3 ↓↓↑ - ↓↓↑
F4 ↓↑↑ - ↑↓↓	F4 ↓↓↑ - ↑↑↓

F1 ↑↓↓ - ↑↑↓	F1 ↑↑↓ - ↑↓↓
F2 ↑↓↓ - ↓↓↑	F2 ↑↑↓ - ↓↑↑
F3 ↓↑↑ - ↓↓↑	F3 ↓↓↑ - ↓↑↑
F4 ↓↑↑ - ↑↑↓	F4 ↓↓↑ - ↑↓↓

GROUP 3
Finger Combinations
Two Triple Strokes
Pairs Of Opposites / 9 Formulas

(i m)	(a x)	(i m)	-	(a x)	(i m)	(a x)
(i m)	(i m)	(a x)	-	(a x)	(i m)	(i m)
(i m)	(a x)	(a x)	-	(a x)	(a x)	(i m)

(i a)	(m x)	(i a)	-	(m x)	(i a)	(m x)
(i a)	(i a)	(m x)	-	(m x)	(i a)	(i a)
(i a)	(m x)	(m x)	-	(m x)	(m x)	(i a)

(i x)	(m a)	(i x)	-	(m a)	(i x)	(m a)
(i x)	(i x)	(m a)	-	(m a)	(i x)	(i x)
(i x)	(m a)	(m a)	-	(m a)	(m a)	(i x)

RASGUEADOS

F1 ↑↓↑ - ↑↓↑	F1 ↑↓↑ - ↑↑↓
F2 ↑↓↑ - ↓↑↓	F2 ↓↑↓ - ↑↑↓
F3 ↓↑↓ - ↓↑↓	F3 ↓↑↓ - ↑↓↓
F4 ↓↑↓ - ↑↓↑	F4 ↓↑↓ - ↓↑↑

F1 ↑↑↓ - ↑↓↑	F1 ↑↓↓ - ↑↓↑
F2 ↑↑↓ - ↓↑↓	F2 ↑↓↓ - ↓↑↓
F3 ↑↓↓ - ↑↓↑	F3 ↓↑↑ - ↑↓↑
F4 ↑↓↓ - ↓↑↓	F4 ↓↑↑ - ↓↑↓

F1 ↑↓↓ - ↑↓↓	F1 ↑↑↓ - ↑↑↓
F2 ↑↓↓ - ↓↑↑	F2 ↑↑↓ - ↓↓↑
F3 ↓↑↑ - ↓↑↑	F3 ↓↓↑ - ↓↓↑
F4 ↓↑↑ - ↑↓↓	F4 ↓↓↑ - ↑↑↓

F1 ↑↓↓ - ↑↑↓	F1 ↑↑↓ - ↑↓↓
F2 ↑↓↓ - ↓↓↑	F2 ↑↑↓ - ↓↑↑
F3 ↓↑↑ - ↓↓↑	F3 ↓↓↑ - ↓↑↑
F4 ↓↑↑ - ↑↑↓	F4 ↓↓↑ - ↑↓↓

GROUP 4
Thumb And Single Fingers
Two Triple Strokes
Pairs Of Opposites / 24 Formulas

```
p i p - i p i        i p i - p i p
p m p - m p m        m p m - p m p
p a p - a p a        a p a - p a p
p x p - x p x        x p x - p x p

p i i - i i p        i i p - p i i
p m m - m m p        m m p - p m m
p a a - a a p        a a p - p a a
p x x - x x p        x x p - p x x

p p i - i p p        i p p - p p i
p p m - m p p        m p p - p p m
p p a - a p p        a p p - p p a
p p x - x p p        x p p - p p x
```

RASGUEADOS

F1 ↑↓↑ - ↑↓↑	F1 ↑↓↑ - ↑↑↓
F2 ↑↓↑ - ↓↑↓	F2 ↓↑↓ - ↑↑↓
F3 ↓↑↓ - ↓↑↓	F3 ↓↑↓ - ↑↓↓
F4 ↓↑↓ - ↑↑↓	F4 ↓↑↓ - ↓↑↑
F1 ↑↑↓ - ↑↓↑	F1 ↑↓↓ - ↑↓↑
F2 ↑↑↓ - ↓↑↓	F2 ↑↓↓ - ↓↑↓
F3 ↑↓↓ - ↑↓↑	F3 ↓↑↑ - ↑↓↑
F4 ↑↓↓ - ↓↓↑	F4 ↓↑↑ - ↓↑↓
F1 ↑↓↓ - ↑↓↓	F1 ↑↑↓ - ↑↑↓
F2 ↑↓↓ - ↓↑↑	F2 ↑↑↓ - ↓↓↑
F3 ↓↑↑ - ↓↑↑	F3 ↓↓↑ - ↓↓↑
F4 ↓↑↑ - ↑↓↓	F4 ↓↓↑ - ↑↑↓
F1 ↑↓↓ - ↑↑↓	F1 ↑↑↓ - ↑↓↓
F2 ↑↓↓ - ↓↓↑	F2 ↑↑↓ - ↓↑↑
F3 ↓↑↑ - ↓↓↑	F3 ↓↓↑ - ↓↑↑
F4 ↓↑↑ - ↑↑↓	F4 ↓↓↑ - ↑↓↓

GROUP 5
Thumb And Finger Combinations
Opposite Triads
36 Formulas

I

p	(i m)	p	-	(i m)	p	(i m)
p	(i a)	p	-	(i a)	p	(i a)
p	(i x)	p	-	(i x)	p	(i x)
p	(m a)	p	-	(m a)	p	(m a)
p	(m x)	p	-	(m x)	p	(m x)
p	(a x)	p	-	(a x)	p	(a x)

(i m)	p	(i m)	-	p	(i m)	p
(i a)	p	(i a)	-	p	(i a)	p
(i x)	p	(i x)	-	p	(i x)	p
(m a)	p	(m a)	-	p	(m a)	p
(m x)	p	(m x)	-	p	(m x)	p
(a x)	p	(a x)	-	p	(a x)	p

RASGUEADOS

F1 ↑↓↑ - ↑↓↑	F1 ↑↓↑ - ↑↑↓
F2 ↑↓↑ - ↓↑↓	F2 ↓↑↓ - ↑↑↓
F3 ↓↑↓ - ↓↑↓	F3 ↓↑↓ - ↑↓↓
F4 ↓↑↓ - ↑↓↑	F4 ↓↑↓ - ↓↑↑

F1 ↑↑↓ - ↑↓↑	F1 ↑↓↓ - ↑↓↑
F2 ↑↑↓ - ↓↑↓	F2 ↑↓↓ - ↓↑↓
F3 ↑↓↓ - ↑↓↑	F3 ↓↑↑ - ↑↓↑
F4 ↑↓↓ - ↓↑↓	F4 ↓↑↑ - ↓↑↓

F1 ↑↓↓ - ↑↓↓	F1 ↑↑↓ - ↑↑↓
F2 ↑↓↓ - ↓↑↑	F2 ↑↑↓ - ↓↓↑
F3 ↓↑↑ - ↓↑↑	F3 ↓↓↑ - ↓↓↑
F4 ↓↑↑ - ↑↓↓	F4 ↓↓↑ - ↑↑↓

F1 ↑↓↓ - ↑↑↓	F1 ↑↑↓ - ↑↓↓
F2 ↑↓↓ - ↓↓↑	F2 ↑↑↓ - ↓↑↑
F3 ↓↑↑ - ↓↓↑	F3 ↓↓↑ - ↓↑↑
F4 ↓↑↑ - ↑↑↓	F4 ↓↓↑ - ↑↓↓

RASGUEADOS

F1 ↑↓↑ - ↑↓↑	F1 ↑↓↑ - ↑↑↓
F2 ↑↓↑ - ↓↑↓	F2 ↓↑↓ - ↑↑↓
F3 ↓↑↓ - ↓↑↓	F3 ↓↑↓ - ↑↓↓
F4 ↓↑↓ - ↑↑↓	F4 ↓↑↓ - ↓↑↑
F1 ↑↑↓ - ↑↓↑	F1 ↑↓↓ - ↑↓↑
F2 ↑↑↓ - ↓↑↓	F2 ↑↓↓ - ↓↑↓
F3 ↑↓↓ - ↑↓↑	F3 ↓↑↑ - ↑↓↑
F4 ↑↓↓ - ↓↑↓	F4 ↓↑↑ - ↓↑↓
F1 ↑↓↓ - ↑↓↓	F1 ↑↑↓ - ↑↑↓
F2 ↑↓↓ - ↓↑↑	F2 ↑↑↓ - ↓↓↑
F3 ↓↑↑ - ↓↑↑	F3 ↓↓↑ - ↓↓↑
F4 ↓↑↑ - ↑↓↓	F4 ↓↓↑ - ↑↑↓
F1 ↑↓↓ - ↑↑↓	F1 ↑↑↓ - ↑↓↓
F2 ↑↓↓ - ↓↓↑	F2 ↑↑↓ - ↓↑↑
F3 ↓↑↑ - ↓↓↑	F3 ↓↓↑ - ↓↑↑
F4 ↓↑↑ - ↑↑↓	F4 ↓↓↑ - ↑↓↓

II

p	(i m)	(i m)	-	(i m)	(i m)	p
p	(i a)	(i a)	-	(i a)	(i a)	p
p	(i x)	(i x)	-	(i x)	(i x)	p
p	(m a)	(m a)	-	(m a)	(m a)	p
p	(m x)	(m x)	-	(m x)	(m x)	p
p	(a x)	(a x)	-	(a x)	(a x)	p

(i m)	(i m)	p	-	p	(i m)	(i m)
(i a)	(i a)	p	-	p	(i a)	(i a)
(i x)	(i x)	p	-	p	(i x)	(i x)
(m a)	(m a)	p	-	p	(m a)	(m a)
(m x)	(m x)	p	-	p	(m x)	(m x)
(a x)	(a x)	p	-	p	(a x)	(a x)

III

p	p	(i m)	-	(i m)	p	p
p	p	(i a)	-	(i a)	p	p
p	p	(i x)	-	(i x)	p	p
p	p	(m a)	-	(m a)	p	p
p	p	(m x)	-	(m x)	p	p
p	p	(a x)	-	(a x)	p	p

(i m)	p	p	-	p	p	(i m)
(i a)	p	p	-	p	p	(i a)
(i x)	p	p	-	p	p	(i x)
(m a)	p	p	-	p	p	(m a)
(m x)	p	p	-	p	p	(m x)
(a x)	p	p	-	p	p	(a x)

RASGUEADOS

F1 ↑↓↑ - ↑↓↑	F1 ↑↓↑ - ↑↑↓
F2 ↑↓↑ - ↓↑↓	F2 ↓↑↓ - ↑↑↓
F3 ↓↑↓ - ↓↑↓	F3 ↓↑↓ - ↑↑↓
F4 ↓↑↓ - ↑↑↑	F4 ↓↑↓ - ↓↑↑
F1 ↑↑↓ - ↑↑↓	F1 ↑↓↓ - ↑↓↑
F2 ↑↑↓ - ↓↑↓	F2 ↑↓↓ - ↓↑↓
F3 ↑↓↓ - ↑↑↓	F3 ↓↑↑ - ↑↓↑
F4 ↑↓↓ - ↓↑↓	F4 ↓↑↑ - ↓↑↑
F1 ↑↓↓ - ↑↓↓	F1 ↑↑↓ - ↑↑↓
F2 ↑↓↓ - ↓↑↑	F2 ↑↑↓ - ↓↓↑
F3 ↓↑↑ - ↓↑↑	F3 ↓↓↑ - ↓↓↑
F4 ↓↑↑ - ↑↓↓	F4 ↓↓↑ - ↑↑↑
F1 ↑↓↓ - ↑↑↓	F1 ↑↑↓ - ↑↓↓
F2 ↑↓↓ - ↓↓↑	F2 ↑↑↓ - ↓↑↑
F3 ↓↑↑ - ↓↓↑	F3 ↓↓↑ - ↓↑↑
F4 ↓↑↑ - ↑↑↓	F4 ↓↓↑ - ↑↓↓

UNIT III
COMBINATION OF ONE DOUBLE AND TWO TRIPLE STROKES WITHIN EACH FINGERING FORMULA (RASGUEADOS)

The unit III includes two cases:
UNIT III-1 (same triads)
UNIT III-2 (opposite triads)

In unit III-1 and III-2 the five finger groups
(with the same and opposite triads) practice on three RASGUEADOS
variations with 4 Formulas in each variation.

VARIATION I

2 - 3 - 3 (double - triple - triple stroke)

RASGUEADOS	
F1	↑↓ - ↑↓↑ - ↑↓↑
F2	↑↓ - ↑↓↑ - ↓↑↓
F3	↓↑ - ↓↑↓ - ↓↑↓
F4	↓↑ - ↓↑↓ - ↑↓↑

VARIATION II

3 - 2 - 3 (triple - double - triple stroke)

RASGUEADOS	
F1	↑↓↑ - ↑↓ - ↑↓↑
F2	↑↓↑ - ↑↓ - ↓↑↓
F3	↓↑↓ - ↓↑ - ↓↑↓
F4	↓↑↓ - ↓↑ - ↑↓↑

VARIATION III

3 - 3 - 2 (triple - triple - double stroke)

RASGUEADOS	
F1	↑↓↑ - ↑↓↑ - ↑↓
F2	↑↓↑ - ↓↑↓ - ↑↓
F3	↓↑↓ - ↓↑↓ - ↓↑
F4	↓↑↓ - ↑↓↑ - ↓↑

UNIT III-1
SAME TRIADS

VARIARION I

2 3 3

DOUBLE - TRIPLE - TRIPLE STROKE

VARIARION II

3 2 3

TRIPLE - DOUBLE - TRIPLE STROKE

VARIARION III

3 3 2

TRIPLE - TRIPLE - DOUBLE STROKE

*TRIPLE = TRIPLET

VARIARION I
2 3 3
DOUBLE - TRIPLE - TRIPLE STROKE

The triple stroke consists of two elements
which are the same. Eg. imi.
The double stroke consists of the same element or
two different elements of each triad.
Eg. ii, mm, aa, xx or im, ma, ia etc.

GROUP 1
(SINGLE FINGERS)
GROUP 2
(SINGLE FINGERS AND
FINGER COMBINATIONS)
GROUP 3
(FINGER COMBINATIONS)
GROUP 4
(THUMB WITH SINGLE FINGERS)

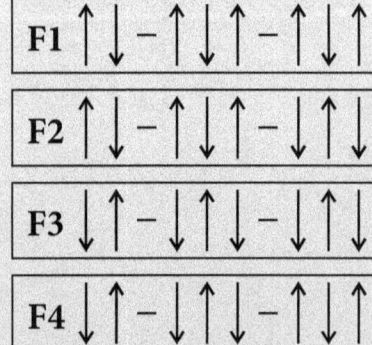

GROUP 1
Single Fingers
Double - Triple - Triple Stroke / Same Triads
36 Formulas

I
a and **x** stable

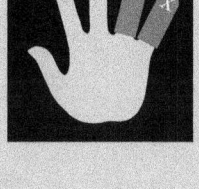

i m - i m i - i m i

i i - i i m - i i m

i m - i m m - i m m

m i - m i m - m i m

m m - m m i - m m i

m i - m i i - m i i

RASGUEADOS

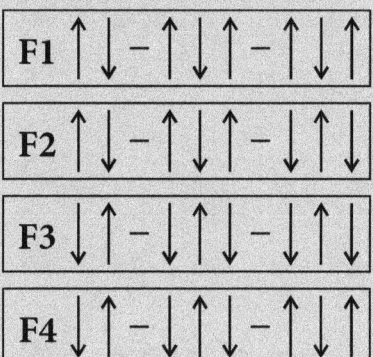

II
m and x stable

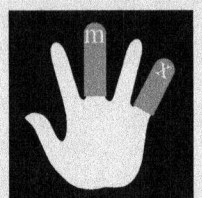

```
i a - i a i - i a i

i i - i i a - i i a

i a - i a a - i a a


a i - a i a - a i a

a a - a a i - a a i

a i - a i i - a i i
```

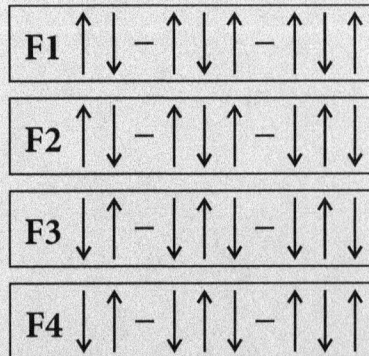

III
m and a stable

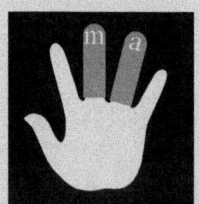

```
i  x  -  i  x  i  -  i  x  i
i  i  -  i  i  x  -  i  i  x
i  x  -  i  x  x  -  i  x  x


x  i  -  x  i  x  -  x  i  x
x  x  -  x  x  i  -  x  x  i
x  i  -  x  i  i  -  x  i  i
```

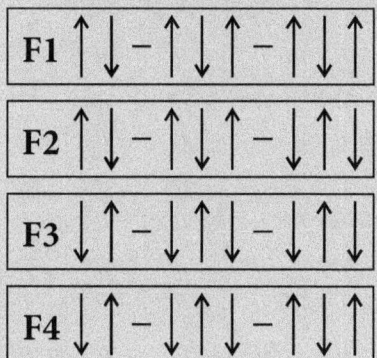

IV
i and a stable

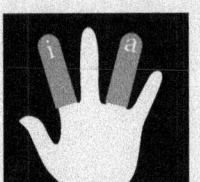

```
m x - m x m - m x m
m m - m m x - m m x
m x - m x x - m x x


x m - x m x - x m x
x x - x x m - x x m
x m - x m m - x m m
```

RASGUEADOS

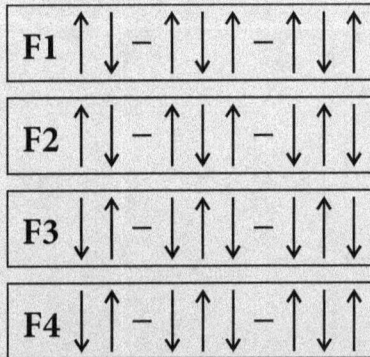

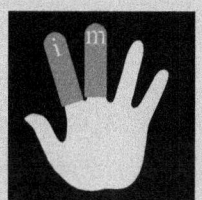

V
i and m stable

a x - a x a - a x a

a a - a a x - a a x

a x - a x x - a x x

x a - x a x - x a x

x x - x x a - x x a

x a - x a a - x a a

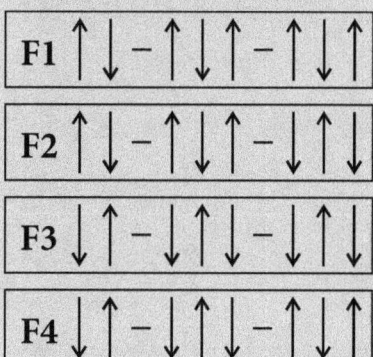

RASGUEADOS

F1	↑↓ - ↑↓↑ - ↑↓↑
F2	↑↓ - ↑↓↑ - ↓↑↓
F3	↓↑ - ↓↑↓ - ↓↑↓
F4	↓↑ - ↓↑↓ - ↑↓↑

VI
i and x stable

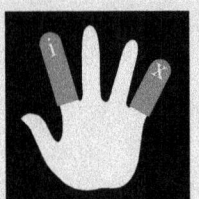

```
m a - m a m - m a m
m m - m m a - m m a
m a - m a a - m a a


x m - a m a - a m a
x a - a a m - a a m
x m - a m m - a m m
```

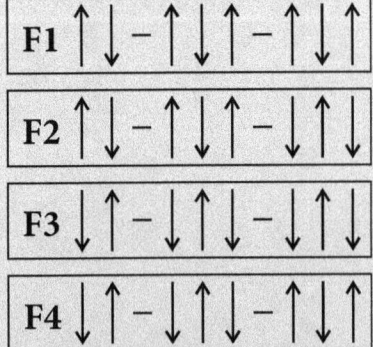

GROUP 2
Single Fingers And Finger Combinations
Double - Triple - Triple Stroke / Same Triads
72 Formulas

I
a stable
A

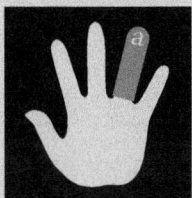

(i m)	x	-	(i m)	x	(i m)	-	(i m)	x	(i m)
(i m)	(i m)	-	(i m)	(i m)	x	-	(i m)	(i m)	x
(i m)	x	-	(i m)	x	x	-	(i m)	x	x

x	(i m)	-	x	(i m)	x	-	x	(i m)	x
x	x	-	x	x	(i m)	-	x	x	(i m)
x	(i m)	-	x	(i m)	(i m)	-	x	(i m)	(i m)

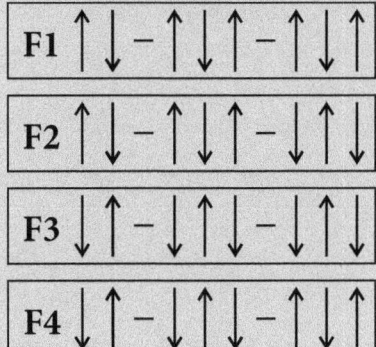

RASGUEADOS

F1	↑↓ – ↑↓↑ – ↑↓↑
F2	↑↓ – ↑↓↑ – ↓↑↓
F3	↓↑ – ↓↑↓ – ↓↑↓
F4	↓↑ – ↓↑↓ – ↑↓↑

B

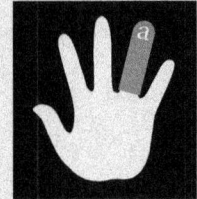

m x	i	-	m x	i	m x	-	m x	i	m x
m x	m x	-	m x	m x	i	-	m x	m x	i
m x	i	-	m x	i	i	-	m x	i	i

i	m x	-	i	m x	i	-	i	m x	i
i	i	-	i	i	m x	-	i	i	m x
i	m x	-	i	m x	m x	-	i	m x	m x

RASGUEADOS

F1	↑↓ – ↑↓↑ – ↑↓↑
F2	↑↓ – ↑↓↑ – ↓↑↓
F3	↓↑ – ↓↑↓ – ↓↑↓
F4	↓↑ – ↓↑↓ – ↑↓↑

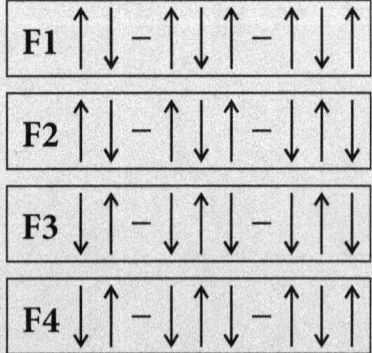

C

i x	m	-	i x	m	i x	-	i x	m	i x
i x	i x	-	i x	i x	m	-	i x	i x	m
i x	m	-	i x	m	m	-	i x	m	m

m	i x	-	m	i x	m	-	m	i x	m
m	m	-	m	m	i x	-	m	m	i x
m	i x	-	m	i x	i x	-	m	i x	i x

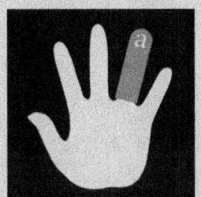

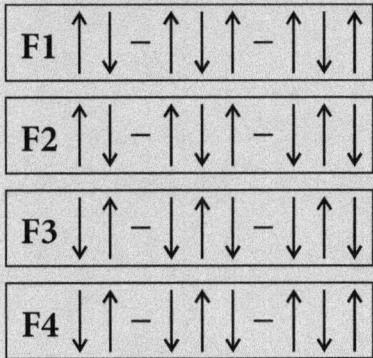

RASGUEADOS

F1	↑↓ – ↑↓↑ – ↑↓↑
F2	↑↓ – ↑↓↑ – ↓↑↓
F3	↓↑ – ↓↑↓ – ↓↑↓
F4	↓↑ – ↓↑↓ – ↑↓↑

II
m stable
A

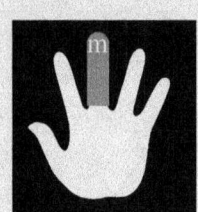

(i a)	x	-	(i a)	x	(i a)	-	(i a)	x	(i a)
(i a)	(i a)	-	(i a)	(i a)	x	-	(i a)	(i a)	x
(i a)	x	-	(i a)	x	x	-	(i a)	x	x

x	(i a)	-	x	(i a)	x	-	x	(i a)	x
x	x	-	x	x	(i a)	-	x	x	(i a)
x	(i a)	-	x	(i a)	(i a)	-	x	(i a)	(i a)

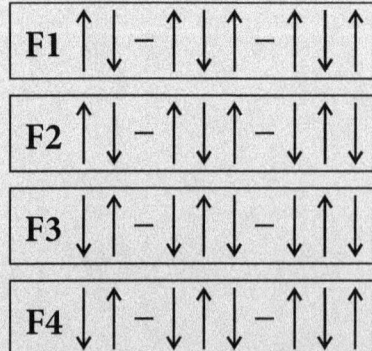

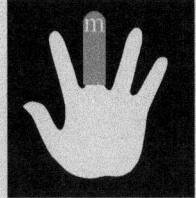

B

ix	a	-	ix	a	ix	-	ix	a	ix
ix	ix	-	ix	ix	a	-	ix	ix	a
ix	a	-	ix	a	a	-	ix	a	a

a	ix	-	a	ix	a	-	a	ix	a
a	a	-	a	a	ix	-	a	a	ix
a	ix	-	a	ix	ix	-	a	ix	ix

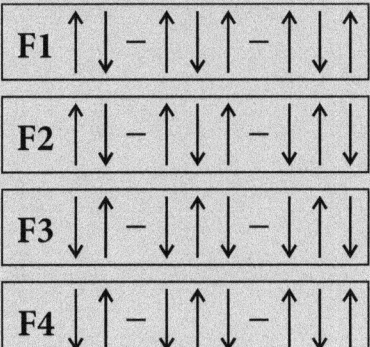

RASGUEADOS

F1	↑↓ – ↑↓↑ – ↑↓↑
F2	↑↓ – ↑↓↑ – ↓↑↓
F3	↓↑ – ↓↑↓ – ↓↑↓
F4	↓↑ – ↓↑↓ – ↑↓↑

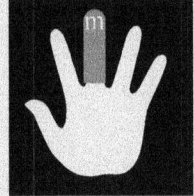

C

a x	i	-	a x	i	a x	-	a x	i	a x
a x	a x	-	a x	a x	i	-	a x	a x	i
a x	i	-	a x	i	i	-	a x	i	i

i	a x	-	i	a x	i	-	i	a x	i
i	i	-	i	i	a x	-	i	i	a x
i	a x	-	i	a x	a x	-	i	a x	a x

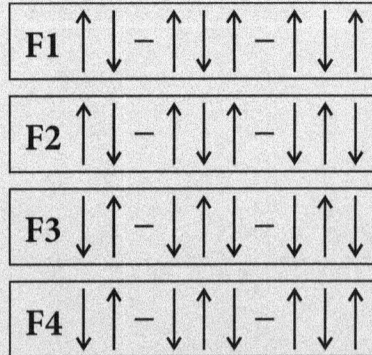

III
x stable
A

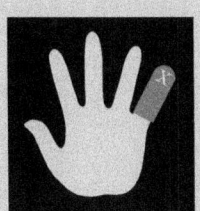

(im)	a	- (im)	a	(im)	- (im)	a	(im)
(im)	(im)	- (im)	(im)	a	- (im)	(im)	a
(im)	a	- (im)	a	a	- (im)	a	a

---

a	(im)	- a	(im)	a	- a	(im)	a
a	a	- a	a	(im)	- a	a	(im)
a	(im)	- a	(im)	(im)	- a	(im)	(im)

RASGUEADOS

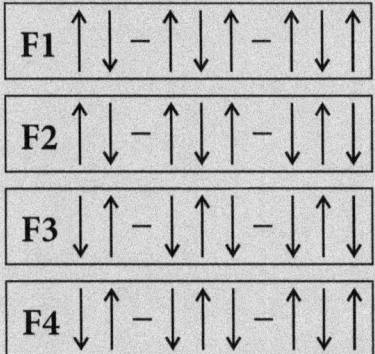

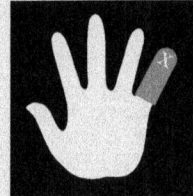

B

m a	i	-	m a	i	m a	-	m a	i	m a
m a	m a	-	m a	m a	i	-	m a	m a	i
m a	i	-	m a	i	i	-	m a	i	i

i	m a	-	i	m a	i	-	i	m a	i
i	i	-	i	i	m a	-	i	i	m a
i	m a	-	i	m a	m a	-	i	m a	m a

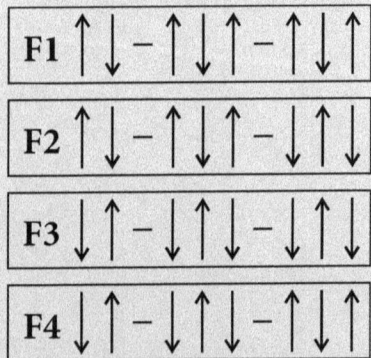

RASGUEADOS

F1	↑↓ – ↑↓↑ – ↑↓↑
F2	↑↓ – ↑↓↑ – ↓↑↓
F3	↓↑ – ↓↑↓ – ↓↑↑
F4	↓↑ – ↓↑↓ – ↓↑↑

C

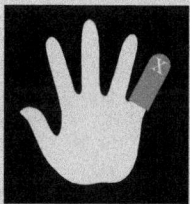

ia	m	-	ia	m	ia	-	ia	m	ia
ia	ia	-	ia	ia	m	-	ia	ia	m
ia	m	-	ia	m	m	-	ia	m	m

m	ia	-	m	ia	m	-	m	ia	m
m	m	-	m	m	ia	-	m	m	ia
m	ia	-	m	ia	ia	-	m	ia	ia

RASGUEADOS

F1	↑↓ – ↑↓↑ – ↑↓↑
F2	↑↓ – ↑↓↑ – ↓↑↓
F3	↓↑ – ↓↑↓ – ↓↑↓
F4	↓↑ – ↓↑↓ – ↑↓↑

IV
i stable
A

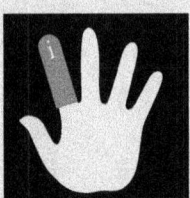

ⓜⓐ	x	-	ⓜⓐ	x	ⓜⓐ	-	ⓜⓐ	x	ⓜⓐ
ⓜⓐ	ⓜⓐ	-	ⓜⓐ	ⓜⓐ	x	-	ⓜⓐ	ⓜⓐ	x
ⓜⓐ	x	-	ⓜⓐ	x	x	-	ⓜⓐ	x	x

---

x	ⓜⓐ	-	x	ⓜⓐ	x	-	x	ⓜⓐ	x
x	x	-	x	x	ⓜⓐ	-	x	x	ⓜⓐ
x	ⓜⓐ	-	x	ⓜⓐ	ⓜⓐ	-	x	ⓜⓐ	ⓜⓐ

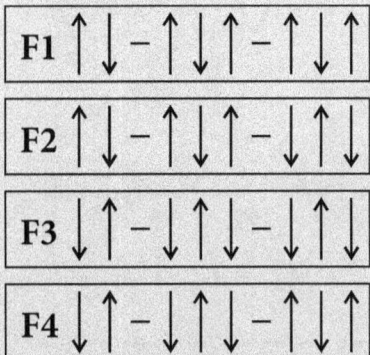

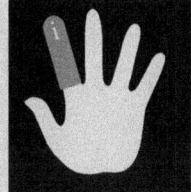

B

m x	a	-	m x	a	m x	-	m x	a	m x
m x	m x	-	m x	m x	a	-	m x	m x	a
m x	a	-	m x	a	a	-	m x	a	a

a	m x	-	a	m x	a	a	m x	a
a	a	-	a	a	m x	-	a	a	m x
a	m x	-	a	m x	m x	-	a	m x	m x

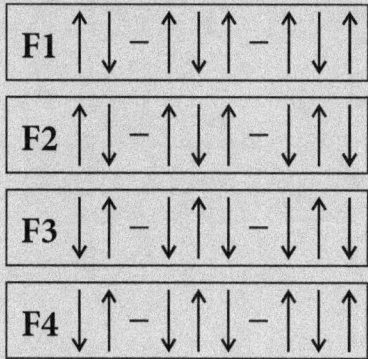

RASGUEADOS

F1	↑↓ – ↑↓↑ – ↑↓↑
F2	↑↓ – ↑↓↑ – ↓↑↓
F3	↓↑ – ↓↑↓ – ↓↑↓
F4	↓↑ – ↓↑↓ – ↑↓↑

C

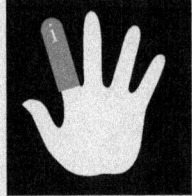

(ax)	m	-	(ax)	m	(ax)	-	(ax)	m	(ax)
(ax)	(ax)	-	(ax)	(ax)	m	-	(ax)	(ax)	m
(ax)	m	-	(ax)	m	m	-	(ax)	m	m

m	(ax)	-	m	(ax)	m	-	m	(ax)	m
m	m	-	m	m	(ax)	-	m	m	(ax)
m	(ax)	-	m	(ax)	(ax)	-	m	(ax)	(ax)

RASGUEADOS

F1	↑↓ – ↑↓↑ – ↑↓↑
F2	↑↓ – ↑↓↑ – ↓↑↓
F3	↓↑ – ↓↑↓ – ↓↑↓
F4	↓↑ – ↓↑↓ – ↑↓↑

GROUP 3
Finger Combinations
Double - Triple - Triple Stroke / Same Triads
18 Formulas

I

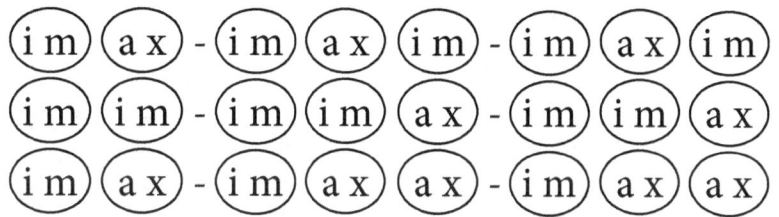

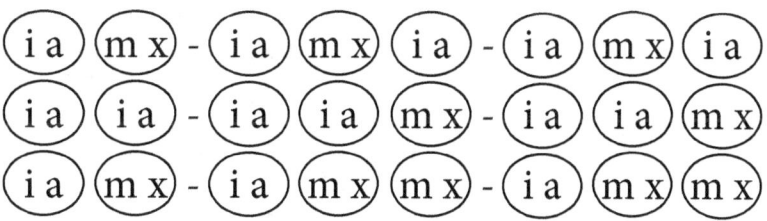

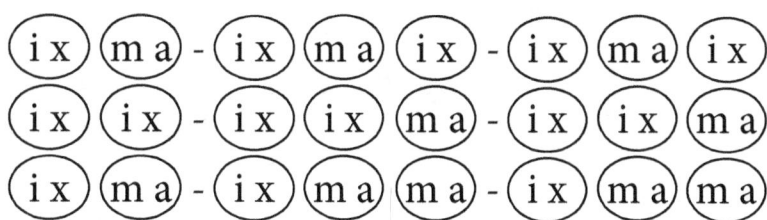

RASGUEADOS

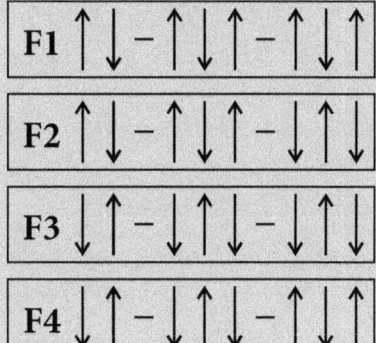

II

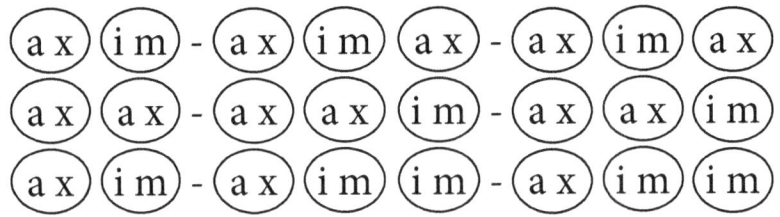

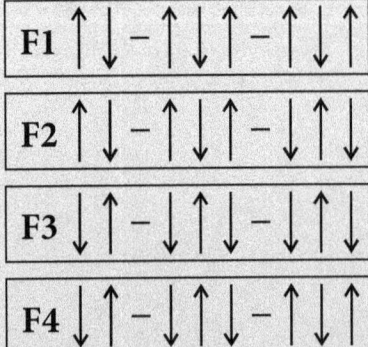

RASGUEADOS

F1	↑↓ – ↑↓↑ – ↑↓↑
F2	↑↓ – ↑↓↑ – ↓↑↓
F3	↓↑ – ↓↑↓ – ↓↑↓
F4	↓↑ – ↓↑↓ – ↑↓↑

GROUP 4
Thumb And Single Fingers
Double - Triple - Triple Stroke / Same Triads
24 Formulas

I

p i - p i p - p i p
p m - p m p - p m p
p a - p a p - p a p
p x - p x p - p x p

p i - p i i - p i i
p m - p m m - p m m
p a - p a a - p a a
p x - p x x - p x x

p p - p p i - p p i
p p - p p m - p p m
p p - p p a - p p a
p p - p p x - p p x

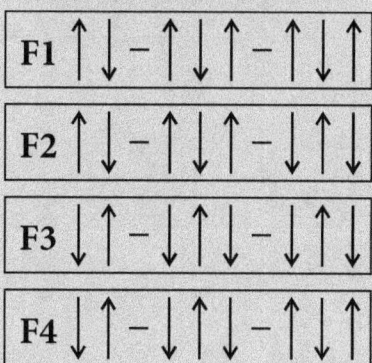

RASGUEADOS

F1 ↑↓ - ↑↓↑ - ↑↓↑
F2 ↑↓ - ↑↓↑ - ↓↑↓
F3 ↓↑ - ↓↑↓ - ↓↑↓
F4 ↓↑ - ↓↑↓ - ↑↓↑

II

```
i  p  -  i  p  i  -  i  p  i
m  p  -  m  p  m  -  m  p  m
a  p  -  a  p  a  -  a  p  a
x  p  -  x  p  x  -  x  p  x


i  p  -  i  i  p  -  i  i  p
m  p  -  m  m  p  -  m  m  p
a  p  -  a  a  p  -  a  a  p
x  p  -  x  x  p  -  x  x  p


i  p  -  i  p  p  -  i  p  p
m  p  -  m  p  p  -  m  p  p
a  p  -  a  p  p  -  a  p  p
x  p  -  x  p  p  -  x  p  p
```

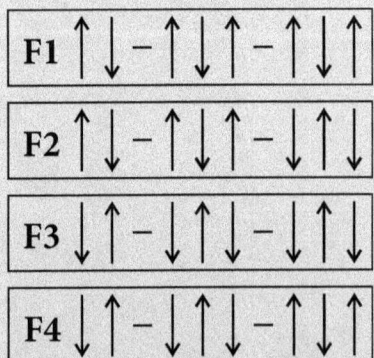

GROUP 5
Thumb And Finger Combinations
Double - Triple - Triple Stroke / Same Triads
36 Formulas

I

p (i m) - p (i m) p - p (i m) p
p (i a) - p (i a) p - p (i a) p
p (i x) - p (i x) p - p (i x) p
p (m a) - p (m a) p - p (m a) p
p (m x) - p (m x) p - p (m x) p
p (a x) - p (a x) p - p (a x) p

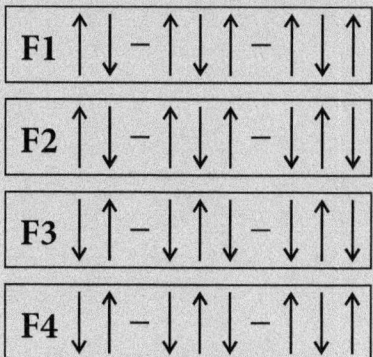

II

p	(i m) - p	(i m)(i m) - p	(i m)(i m)
p	(i a) - p	(i a)(i a) - p	(i a)(i a)
p	(i x) - p	(i x)(i x) - p	(i x)(i x)
p	(m a) - p	(m a)(m a) - p	(m a)(m a)
p	(m x) - p	(m x)(m x) - p	(m x)(m x)
p	(a x) - p	(a x)(a x) - p	(a x)(a x)

RASGUEADOS

F1	↑↓ - ↑↓↑ - ↑↓↑
F2	↑↓ - ↑↓↑ - ↓↑↓
F3	↓↑ - ↓↑↓ - ↓↑↓
F4	↓↑ - ↓↑↓ - ↑↓↑

III

p	p	-	p	p	(i m)	-	p	p	(i m)
p	p	-	p	p	(i a)	-	p	p	(i a)
p	p	-	p	p	(i x)	-	p	p	(i x)
p	p	-	p	p	(m a)	-	p	p	(m a)
p	p	-	p	p	(m x)	-	p	p	(m x)
p	p	-	p	p	(a x)	-	p	p	(a x)

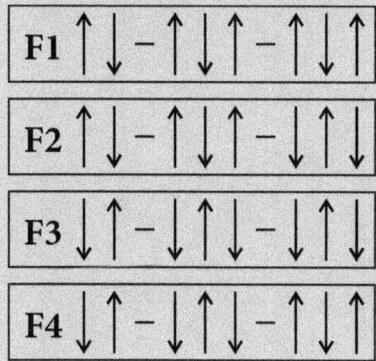

RASGUEADOS

F1 ↑↓ - ↑↓↑ - ↑↓↑

F2 ↑↓ - ↑↓↑ - ↓↑↓

F3 ↓↑ - ↓↑↓ - ↓↑↓

F4 ↓↑ - ↓↑↓ - ↑↓↑

IV

(i m)	p	- (i m)	p	(i m) -	(i m)	p	(i m)
(i a)	p	- (i a)	p	(i a) -	(i a)	p	(i a)
(i x)	p	- (i x)	p	(i x) -	(i x)	p	(i x)
(m a)	p	- (m a)	p	(m a) -	(m a)	p	(m a)
(m x)	p	- (m x)	p	(m x) -	(m x)	p	(m x)
(a x)	p	- (a x)	p	(a x) -	(a x)	p	(a x)

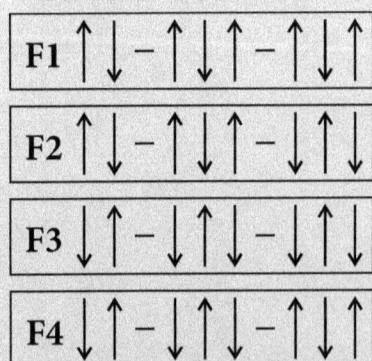

118

V

(i m)	(i m)	-	(i m)	(i m)	p	-	(i m)	(i m)	p
(i a)	(i a)	-	(i a)	(i a)	p	-	(i a)	(i a)	p
(i x)	(i x)	-	(i x)	(i x)	p	-	(i x)	(i x)	p
(m a)	(m a)	-	(m a)	(m a)	p	-	(m a)	(m a)	p
(m x)	(m x)	-	(m x)	(m x)	p	-	(m x)	(m x)	p
(a x)	(a x)	-	(a x)	(a x)	p	-	(a x)	(a x)	p

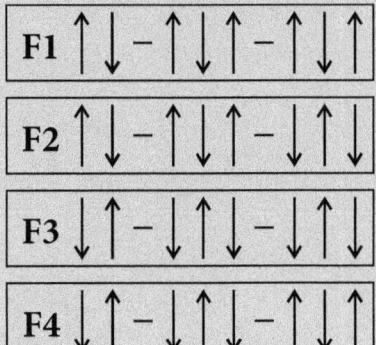

VI

(i m)	p	- (i m)	p	p	- (i m)	p	p
(i a)	p	- (i a)	p	p	- (i a)	p	p
(i x)	p	- (i x)	p	p	- (i x)	p	p
(m a)	p	- (m a)	p	p	- (m a)	p	p
(m x)	p	- (m x)	p	p	- (m x)	p	p
(a x)	p	- (a x)	p	p	- (a x)	p	p

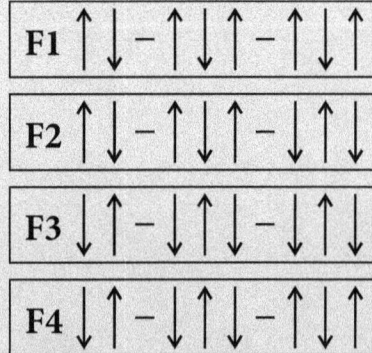

VARIARION II
3 2 3
TRIPLE - DOUBLE - TRIPLE STROKE
(SAME TRIADS)

GROUP 1
(SINGLE FINGERS)
GROUP 2
(SINGLE FINGERS
AND FINGER COMBINATIONS)
GROUP 3
(FINGER COMBINATIONS)
GROUP 4
(THUMB WITH SINGLE FINGERS)
GROUP 5
(THUMB AND FINGER COMBINATIONS)

RASGUEADOS

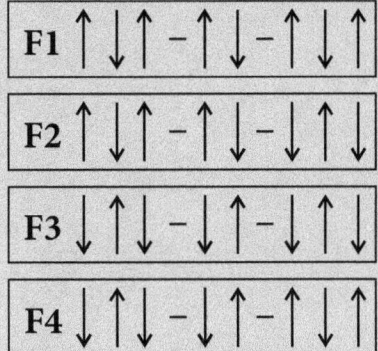

GROUP 1
Single Fingers
Triple - Double - Triple Stroke / Same Triads
36 Formulas

I
a and **x** stable

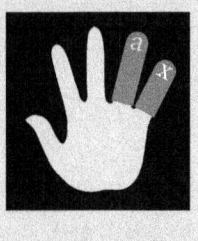

i m i - i m - i m i

i i m - i i - i i m

i m m - i m - i m m

m i m - m i - m i m

m m i - m m - m m i

m i i - m i - m i i

RASGUEADOS

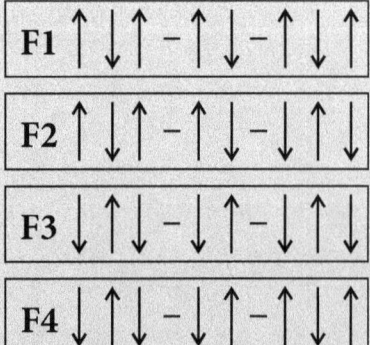

II
m and x stable

i a i - i a - i a i

i i a - i i - i i a

i a a - i a - i a a

a i a - a i - a i a

a a i - a a - a a i

a i i - a i - a i i

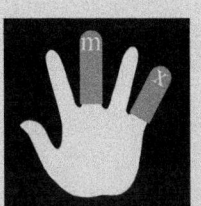

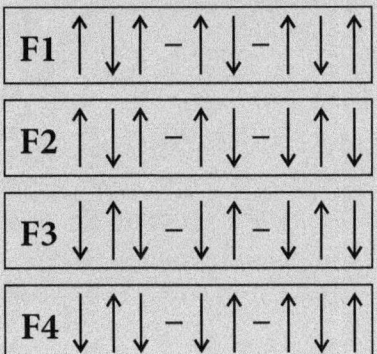

III
m and a stable

```
i  x  i  -  i  x  -  i  x  i
i  i  x  -  i  i  -  i  i  x
i  x  x  -  i  x  -  i  x  x


x  i  x  -  x  i  -  x  i  x
x  x  i  -  x  x  -  x  x  i
x  i  i  -  x  i  -  x  i  i
```

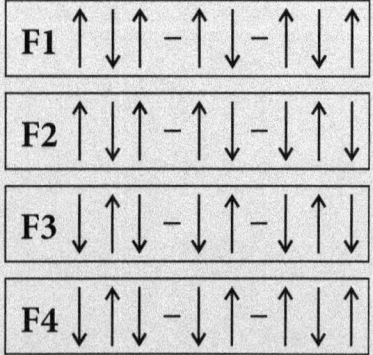

IV
i and a stable

m x m - m x - m x m

m m x - m m - m m x

m x x - m x - m x x

x m x - x m - x m x

x x m - x x - x x m

x m m - x m - x m m

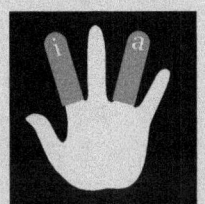

RASGUEADOS

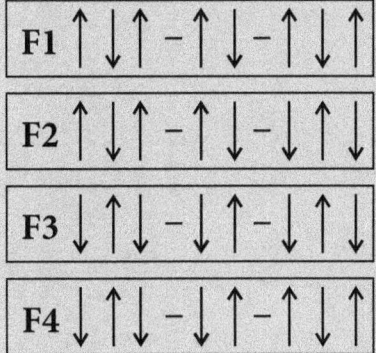

V
i and m stable

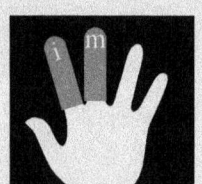

a	x	a	-	a	x	-	a	x	a
a	a	x	-	a	a	-	a	a	x
a	x	x	-	a	x	-	a	x	x

x	a	x	-	x	a	-	x	a	x
x	x	a	-	x	x	-	x	x	a
x	a	a	-	x	a	-	x	a	a

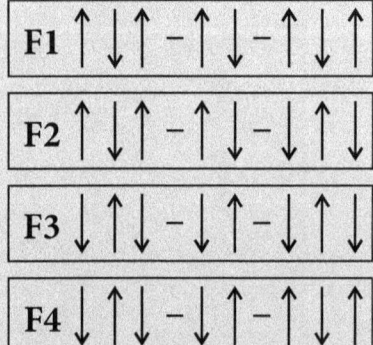

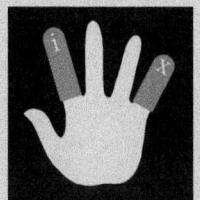

VI
i and x stable

m a m - m a - m a m

m m a - m m - m m a

m a a - m a - m a a

a m a - a m - a m a

a a m - a a - a a m

a m m - a m - a m m

RASGUEADOS

F1	↑↓↑ - ↑↓ - ↑↓↑
F2	↑↓↑ - ↑↓ - ↓↑↓
F3	↓↑↓ - ↓↑ - ↓↑↓
F4	↓↑↓ - ↓↑ - ↑↓↑

GROUP 2
Single Fingers And Finger Combinations
Triple - Double - Triple Stroke / Same Triads
72 Formulas

I
a stable
A

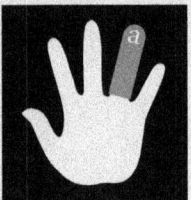

(i m)	x	(i m)	-	(i m)	x	-	(i m)	x	(i m)
(i m)	(i m)	x	-	(i m)	(i m)	-	(i m)	(i m)	x
(i m)	x	x	-	(i m)	x	-	(i m)	x	x

---

x	(i m)	x	-	x	(i m)	-	x	(i m)	x
x	x	(i m)	-	x	x	-	x	x	(i m)
x	(i m)	(i m)	-	x	(i m)	-	x	(i m)	(i m)

RASGUEADOS

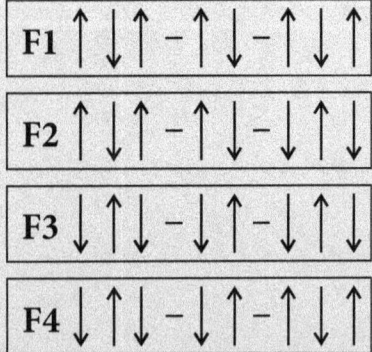

B

(m x)	i	(m x)	-	(m x)	i	-	(m x)	i	(m x)
(m x)	(m x)	i	-	(m x)	(m x)	-	(m x)	(m x)	i
(m x)	i	i	-	(m x)	i	-	(m x)	i	i

---

i	(m x)	i	-	i	(m x)	-	i	(m x)	i
i	i	(m x)	-	i	i	-	i	i	(m x)
i	(m x)	(m x)	-	i	(m x)	-	i	(m x)	(m x)

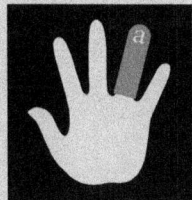

RASGUEADOS

F1	↑ ↓ ↑ – ↑ ↓ – ↑ ↓ ↑
F2	↑ ↓ ↑ – ↑ ↓ – ↓ ↑ ↓
F3	↓ ↑ ↓ – ↓ ↑ – ↓ ↑ ↓
F4	↓ ↑ ↓ – ↓ ↑ – ↑ ↓ ↑

C

i x	m	i x	-	i x	m	-	i x	m	i x
i x	i x	m	-	i x	i x	-	i x	i x	m
i x	m	m	-	i x	m	-	i x	m	m

m	i x	m	-	m	i x	-	m	i x	m
m	m	i x	-	m	m	-	m	m	i x
m	i x	i x	-	m	i x	-	m	i x	i x

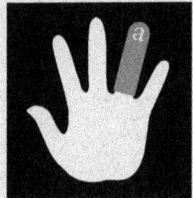

RASGUEADOS

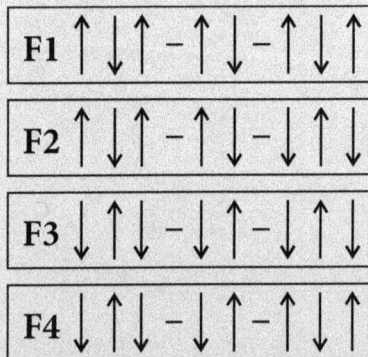

II
m stable
A

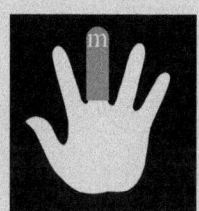

(i a)	x	(i a)	- (i a)	x	- (i a)	x	(i a)
(i a)	(i a)	x	- (i a)	(i a)	- (i a)	(i a)	x
(i a)	x	x	- (i a)	x	- (i a)	x	x

x	(i a)	x	- x	(i a)	- x	(i a)	x
x	x	(i a)	- x	x	- x	x	(i a)
x	(i a)	(i a)	- x	(i a)	- x	(i a)	(i a)

RASGUEADOS

F1	↑ ↓ ↑ − ↑ ↓ − ↑ ↓ ↑
F2	↑ ↓ ↑ − ↑ ↓ − ↓ ↑ ↓
F3	↓ ↑ ↓ − ↓ ↑ − ↓ ↑ ↓
F4	↓ ↑ ↓ − ↓ ↑ − ↑ ↓ ↑

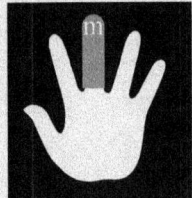

B

i x	a	i x	-	i x	a	-	i x	a	i x
i x	i x	a	-	i x	i x	-	i x	i x	a
i x	a	a	-	i x	a	-	i x	a	a

a	i x	a	-	a	i x	-	a	i x	a
a	a	i x	-	a	a	-	a	a	i x
a	i x	i x	-	a	i x	-	a	i x	i x

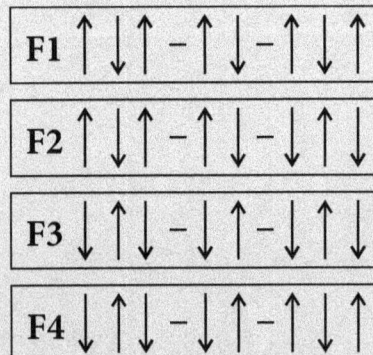

RASGUEADOS

F1	↑↓↑ - ↑↓ - ↑↓↑
F2	↑↓↑ - ↑↓ - ↓↑↓
F3	↓↑↓ - ↓↑ - ↓↑↓
F4	↓↑↓ - ↓↑ - ↑↓↑

C

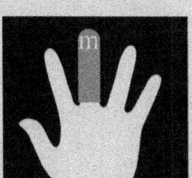

(a x)	i	(a x)	-	(a x)	i	-	(a x)	i	(a x)
(a x)	(a x)	i	-	(a x)	(a x)	-	(a x)	(a x)	i
(a x)	i	i	-	(a x)	i	-	(a x)	i	i

i	(a x)	i	-	i	(a x)	-	i	(a x)	i
i	i	(a x)	-	i	i	-	i	i	(a x)
i	(a x)	(a x)	-	i	(a x)	-	i	(a x)	(a x)

RASGUEADOS

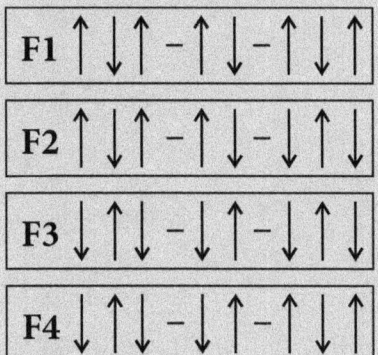

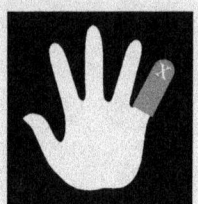

III
x stable
A

(im)	a	(im)	-	(im)	a	-	(im)	a	(im)
(im)	(im)	a	-	(im)	(im)	-	(im)	(im)	a
(im)	a	a	-	(im)	a	-	(im)	a	a

a	(im)	a	-	a	(im)	-	a	(im)	a
a	a	(im)	-	a	a	-	a	a	(im)
a	(im)	(im)	-	a	(im)	-	a	(im)	(im)

RASGUEADOS

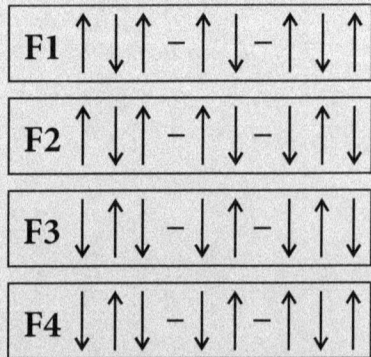

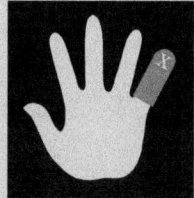

B

(m a)	i	(m a)	-	(m a)	i	-	(m a)	i	(m a)
(m a)	(m a)	i	-	(m a)	(m a)	-	(m a)	(m a)	i
(m a)	i	i	-	(m a)	i	-	(m a)	i	i

i	(m a)	i	-	i	(m a)	-	i	(m a)	i
i	i	(m a)	-	i	i	-	i	i	(m a)
i	(m a)	(m a)	-	i	(m a)	-	i	(m a)	(m a)

RASGUEADOS

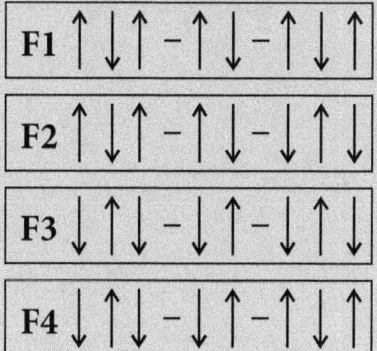

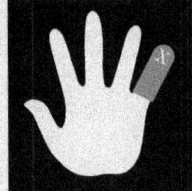

C

i a	m	i a	-	i a	m	-	i a	m	i a
i a	i a	m	-	i a	i a	-	i a	i a	m
i a	m	m	-	i a	m	-	i a	m	m

m	i a	m	-	m	i a	-	m	i a	m
m	m	i a	-	m	(m)	-	m	m	i a
m	i a	i a	-	m	i a	-	m	i a	i a

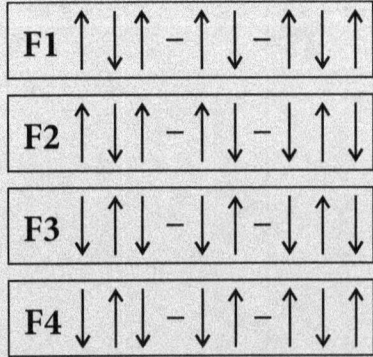

RASGUEADOS

F1	↑↓↑ – ↑↓ – ↑↓↑
F2	↑↓↑ – ↑↓ – ↓↑↓
F3	↓↑↓ – ↓↑ – ↓↑↓
F4	↓↑↓ – ↓↑ – ↑↓↑

IV
i stable
A

(m a)	x	(m a)	- (m a)	x	- (m a)	x	(m a)
(m a)	(m a)	x	- (m a)	(m a)	- (m a)	(m a)	x
(m a)	x	x	- (m a)	x	- (m a)	x	x

---

x	(m a)	x	- x	(m a)	- x	(m a)	x
x	x	(m a)	- x	x	- x	x	(m a)
x	(m a)	(m a)	- x	(m a)	- x	(m a)	(m a)

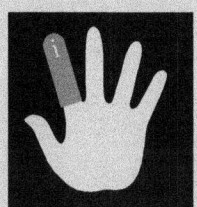

RASGUEADOS

F1	↑↓↑ – ↑↓ – ↑↓↑
F2	↑↓↑ – ↑↓ – ↓↑↓
F3	↓↑↓ – ↓↑ – ↓↑↓
F4	↓↑↓ – ↓↑ – ↑↓↑

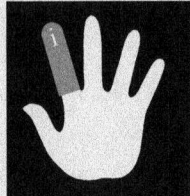

B

m x	a	m x	-	m x	a	-	m x	a	m x
m x	m x	a	-	m x	m x	-	m x	m x	a
m x	a	a	-	m x	a	-	m x	a	a

a	m x	a	-	a	m x	-	a	m x	a
a	a	m x	-	a	a	-	a	a	m x
a	m x	m x	-	a	m x	-	a	m x	m x

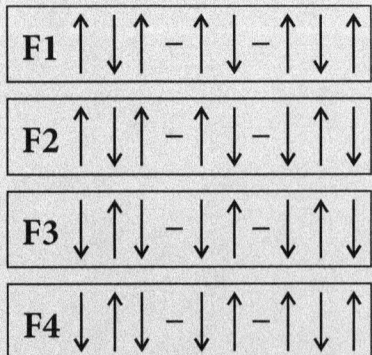

RASGUEADOS

F1	↑ ↓ ↑ – ↑ ↓ – ↑ ↓ ↑
F2	↑ ↓ ↑ – ↑ ↓ – ↓ ↑ ↓
F3	↓ ↑ ↓ – ↓ ↑ – ↓ ↑ ↓
F4	↓ ↑ ↓ – ↓ ↑ – ↑ ↓ ↑

C

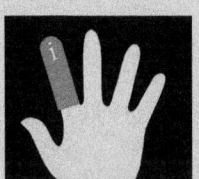

(a x)	i	(a x)	-	(a x)	i	-	(a x)	i	(a x)
(a x)	(a x)	i	-	(a x)	(a x)	-	(a x)	(a x)	i
(a x)	i	i	-	(a x)	i	-	(a x)	i	i

i	(a x)	i	-	i	(a x)	-	i	(a x)	i
i	i	(a x)	-	i	i	-	i	i	(a x)
i	(a x)	(a x)	-	i	(a x)	-	i	(a x)	(a x)

RASGUEADOS

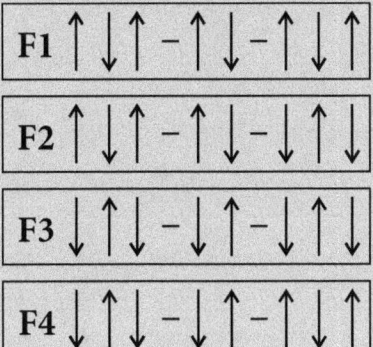

GROUP 3
Finger Combinations
Triple - Double - Triple Stroke / Same Triads
18 Formulas

I

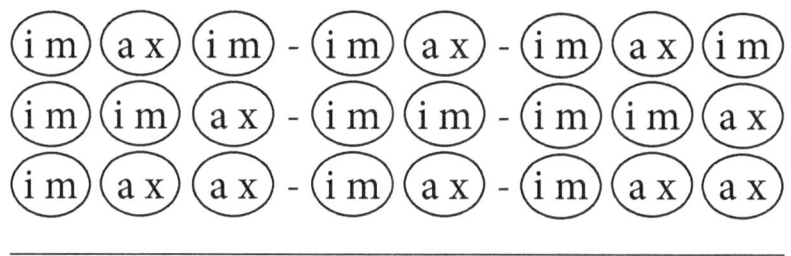

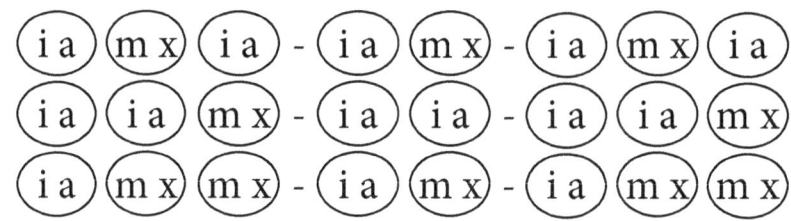

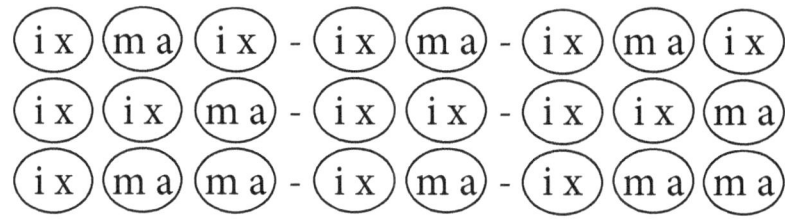

RASGUEADOS

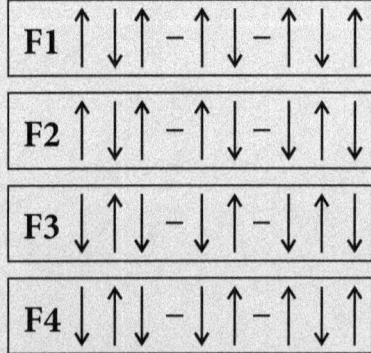

II

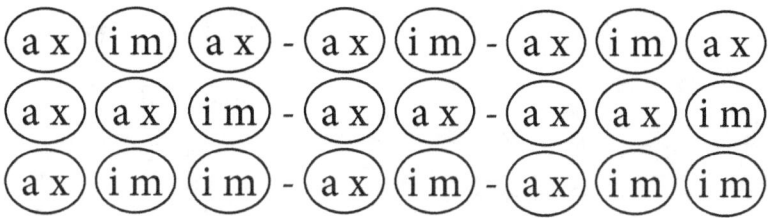

RASGUEADOS

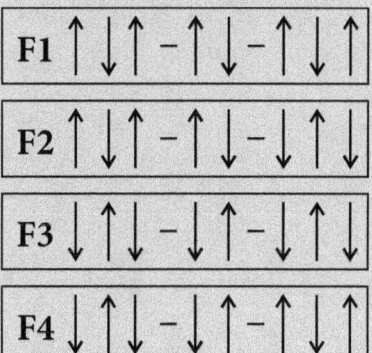

GROUP 4
Thumb And Single Fingers
Triple - Double - Triple Stroke / Same Triads
24 Formulas

I

p i p - p i - p i p
p m p - p m - p m p
p a p - p a - p a p
p x p - p x - p x p

p i i - p i - p i i
p m m - p m - p m m
p a a - p a - p a a
p x x - p x - p x x

p p i - p i - p p i
p p m - p m - p p m
p p a - p a - p p a
p p x - p x - p p x

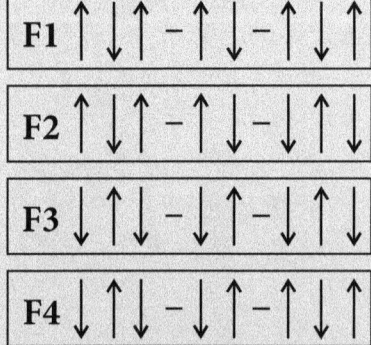

RASGUEADOS

II

```
i  p  i  -  i  p  -  i  p  i
m  p  m  -  m  p  -  m  p  m
a  p  a  -  a  p  -  a  p  a
x  p  x  -  x  p  -  x  p  x


i  i  p  -  i  p  -  i  i  p
m  m  p  -  m  p  -  m  m  p
a  a  p  -  a  p  -  a  a  p
x  x  p  -  x  p  -  x  x  p


i  p  p  -  i  p  -  i  p  p
m  p  p  -  m  p  -  m  p  p
a  p  p  -  a  p  -  a  p  p
x  p  p  -  x  p  -  x  p  p
```

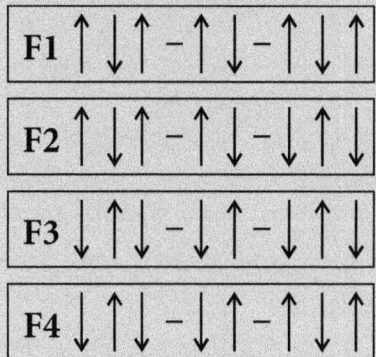

GROUP 5
Thumb And Finger Combinations
Triple - Double - Triple Stroke / Same Triads
36 Formulas

I

p	(i m)	p	-	p	(i m)	-	p	(i m)	p
p	(i a)	p	-	p	(i a)	-	p	(i a)	p
p	(i x)	p	-	p	(i x)	-	p	(i x)	p
p	(m a)	p	-	p	(m a)	-	p	(m a)	p
p	(m x)	p	-	p	(m x)	-	p	(m x)	p
p	(a x)	p	-	p	(a x)	-	p	(a x)	p

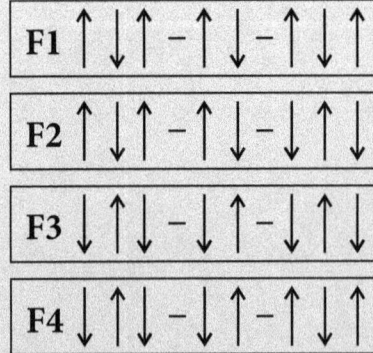

II

p (im)(im) - p (im) - p (im)(im)
p (ia)(ia) - p (ia) - p (ia)(ia)
p (ix)(ix) - p (ix) - p (ix)(ix)
p (ma)(ma) - p (ma) - p (ma)(ma)
p (mx)(mx) - p (mx) - p (mx)(mx)
p (ax)(ax) - p (ax) - p (ax)(ax)

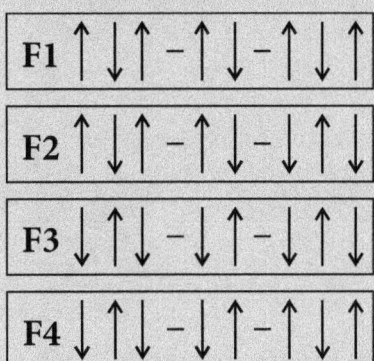

RASGUEADOS

F1 ↑↓↑ - ↑↓ - ↑↓↑
F2 ↑↓↑ - ↑↓ - ↓↑↓
F3 ↓↑↓ - ↓↑ - ↓↑↓
F4 ↓↑↓ - ↓↑ - ↑↓↑

III

p	p	(i m)	-	p	p	-	p	p	(i m)
p	p	(i a)	-	p	p	-	p	p	(i a)
p	p	(i x)	-	p	p	-	p	p	(i x)
p	p	(m a)	-	p	p	-	p	p	(m a)
p	p	(m x)	-	p	p	-	p	p	(m x)
p	p	(a x)	-	p	p	-	p	p	(a x)

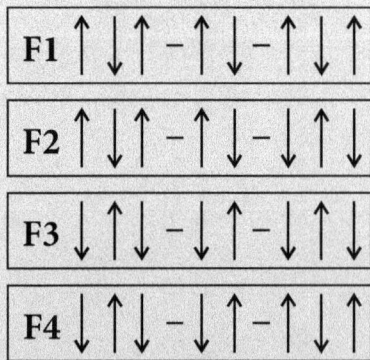

IV

(i m)	p	(i m)	-	(i m)	p	-	(i m)	p	(i m)
(i a)	p	(i a)	-	(i a)	p	-	(i a)	p	(i a)
(i x)	p	(i x)	-	(i x)	p	-	(i x)	p	(i x)
(m a)	p	(m a)	-	(m a)	p	-	(m a)	p	(m a)
(m x)	p	(m x)	-	(m x)	p	-	(m x)	p	(m x)
(a x)	p	(a x)	-	(a x)	p	-	(a x)	p	(a x)

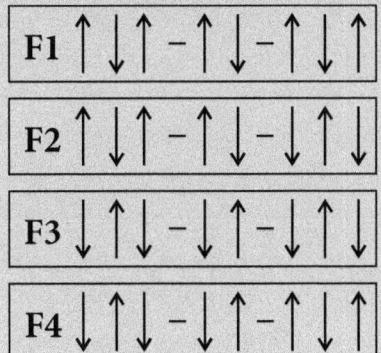

V

i m	i m	p	- i m	p	- i m	i m	p
i a	i a	p	- i a	p	- i a	i a	p
i x	i x	p	- i x	p	- i x	i x	p
m a	m a	p	- m a	p	- m a	m a	p
m x	m x	p	- m x	p	- m x	m x	p
a x	a x	p	- a x	p	- a x	a x	p

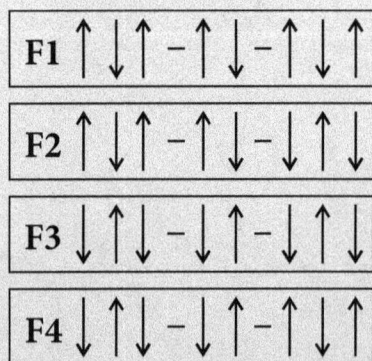

VI

(i m)	p	p	- (i m)	p	- (i m)	p	p
(i a)	p	p	- (i a)	p	- (i a)	p	p
(i x)	p	p	- (i x)	p	- (i x)	p	p
(m a)	p	p	- (m a)	p	- (m a)	p	p
(m x)	p	p	- (m x)	p	- (m x)	p	p
(a x)	p	p	- (a x)	p	- (a x)	p	p

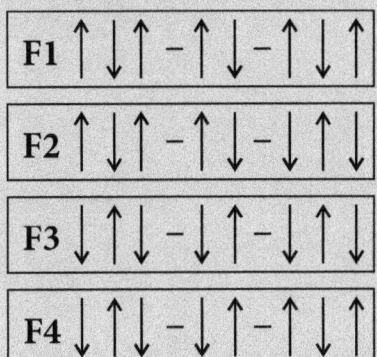

RASGUEADOS

F1 ↑ ↓ ↑ - ↑ ↓ - ↑ ↓ ↑
F2 ↑ ↓ ↑ - ↑ ↓ - ↓ ↑ ↓
F3 ↓ ↑ ↓ - ↓ ↑ - ↓ ↑ ↓
F4 ↓ ↑ ↓ - ↓ ↑ - ↑ ↓ ↑

VARIARION III
3 3 2
TRIPLE - TRIPLE - DOUBLE STROKE
(SAME TRIADS)

GROUP 1
(SINGLE FINGERS)
GROUP 2
(SINGLE FINGERS
AND FINGER COMBINATIONS)
GROUP 3
(FINGER COMBINATIONS)
GROUP 4
(THUMB WITH SINGLE FINGERS)
GROUP 5
(THUMB AND FINGER COMBINATIONS)

RASGUEADOS

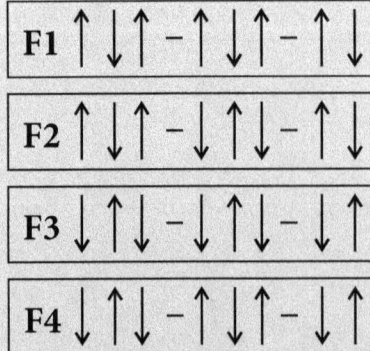

GROUP 1
Single Fingers
Triple - Triple - Double Stroke / Same Triads
36 Formulas

I
a and **x** stable

i m i - i m i - i m

i i m - i i m - i i

i m m - i m m - i m

m i m - m i m - m i

m m i - m m i - m m

m i i - m i i - m i

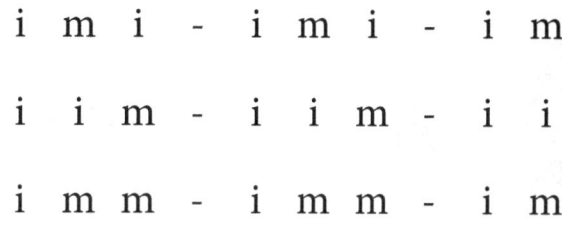

RASGUEADOS

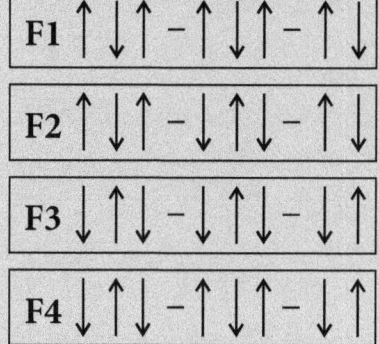

II
m and x stable

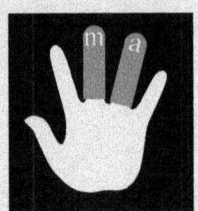

i a i - i a i - i a

i i a - i i a - i i

i a a - i a a - i a

a i a - a i a - a i

a a i - a a i - a a

a i i - a i i - a i

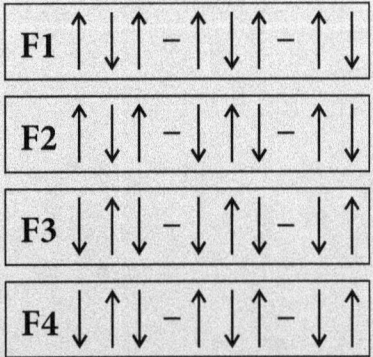

III
m and **a** stable

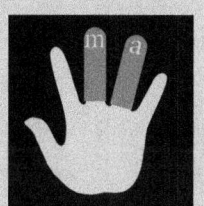

```
i  x  i  -  i  x  i  -  i  x
i  i  x  -  i  i  x  -  i  i
i  x  x  -  i  x  x  -  i  x


x  i  x  -  x  i  x  -  x  i
x  x  i  -  x  x  i  -  x  x
x  i  i  -  x  i  i  -  x  i
```

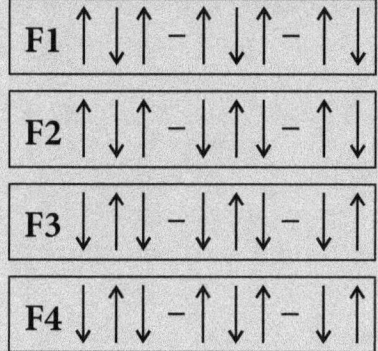

IV
i and a stable

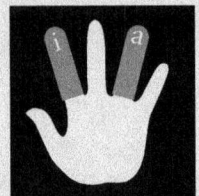

```
m x m  -  m x m  -  m x
m m x  -  m m x  -  m m
m x x  -  m x x  -  m x


x m x  -  x m x  -  x m
x x m  -  x x m  -  x x
x m m  -  x m m  -  x m
```

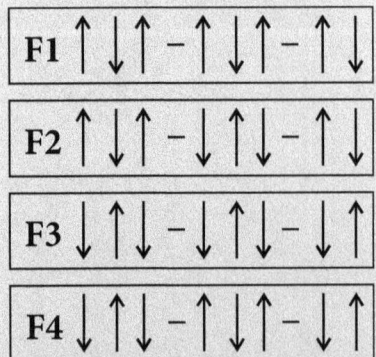

V
i and **m** stable

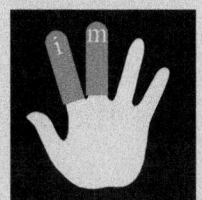

```
a x a - a x a - a x
a a x - a a x - a a
a x x - a x x - a x


x a x - x a x - x a
x x a - x x a - x x
x a a - x a a - x a
```

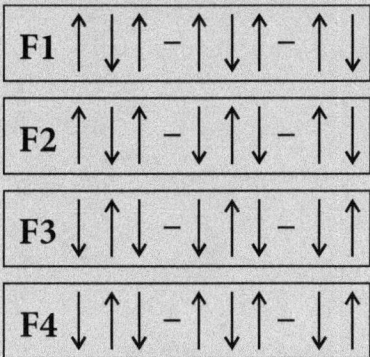

VI
i and x stable

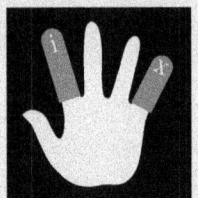

```
m a m - m a m - m a
m m a - m m a - m m
m a a - m a a - m a


a m a - a m a - a m
a a m - a a m - a a
a m m - a m m - a m
```

RASGUEADOS

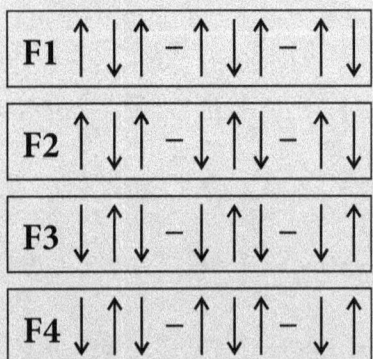

GROUP 2
Single Fingers And Finger Combinations
Triple - Triple - Double Stroke / Same Triads
72 Formulas

I
a stable

A

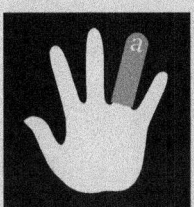

(i m)	x	(i m)	-	(i m)	x	(i m)	-	(i m)	x
(i m)	(i m)	x	-	(i m)	(i m)	x	-	(i m)	(i m)
(i m)	x	x	-	(i m)	x	x	-	(i m)	x

---

x	(i m)	x	-	x	(i m)	x	-	x	(i m)
x	x	(i m)	-	x	x	(i m)	-	x	x
x	(i m)	(i m)	-	x	(i m)	(i m)	-	x	(i m)

RASGUEADOS

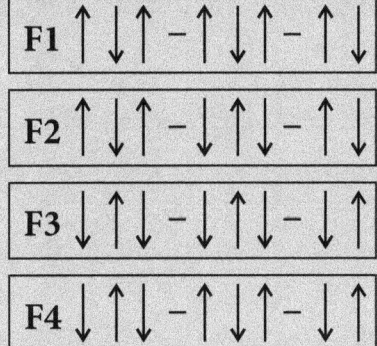

B

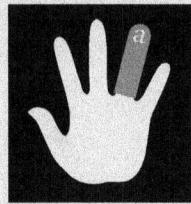

(m x)	i	(m x)	-	(m x)	i	(m x)	-	(m x)	i
(m x)	(m x)	i	-	(m x)	(m x)	i	-	(m x)	(m x)
(m x)	i	i	-	(m x)	i	i	-	(m x)	i

---

i	(m x)	i	-	i	(m x)	i	-	i	(m x)
i	i	(m x)	-	i	(m x)	-	i	i
i	(m x)	(m x)	-	i	(m x)	(m x)	-	i	(m x)

RASGUEADOS

F1	↑↓↑ – ↑↓↑ – ↑↓
F2	↑↓↑ – ↓↑↓ – ↑↓
F3	↓↑↓ – ↓↑↓ – ↓↑
F4	↓↑↓ – ↑↓↑ – ↓↑

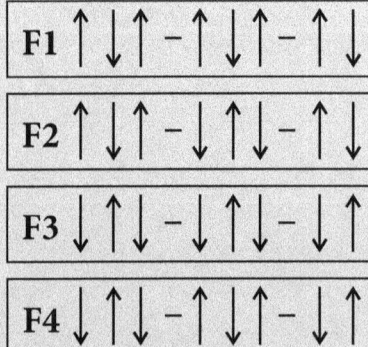

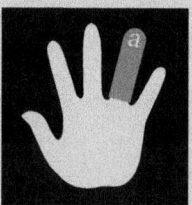

C

(ix)	m	(ix)	-	(ix)	m	(ix)	-	(ix)	m
(ix)	(ix)	m	-	(ix)	(ix)	m	-	(ix)	(ix)
(ix)	m	m	-	(ix)	m	m	-	(ix)	m

---

m	(ix)	m	-	m	(ix)	m	-	m	(ix)
m	m	(ix)	-	m	m	(ix)	-	m	m
m	(ix)	(ix)	-	m	(ix)	(ix)	-	m	(ix)

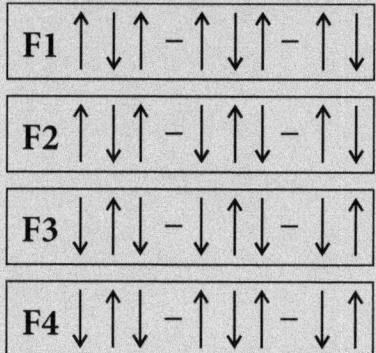

RASGUEADOS

F1	↑ ↓ ↑ – ↑ ↓ ↑ – ↑ ↓
F2	↑ ↓ ↑ – ↓ ↑ ↓ – ↑ ↓
F3	↓ ↑ ↓ – ↓ ↑ ↓ – ↓ ↑
F4	↓ ↑ ↓ – ↑ ↓ ↑ – ↓ ↑

II
m stable
A

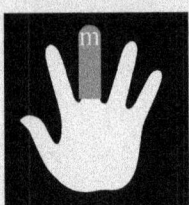

(ia)	x	(ia)	-	(ia)	x	(ia)	-	(ia)	x
(ia)	(ia)	x	-	(ia)	(ia)	x	-	(ia)	(ia)
(ia)	x	x	-	(ia)	x	x	-	(ia)	x

---

x	(ia)	x	-	x	(ia)	x	-	x	(ia)
x	x	(ia)	-	x	x	(ia)	-	x	x
x	(ia)	(ia)	-	x	(ia)	(ia)	-	x	(ia)

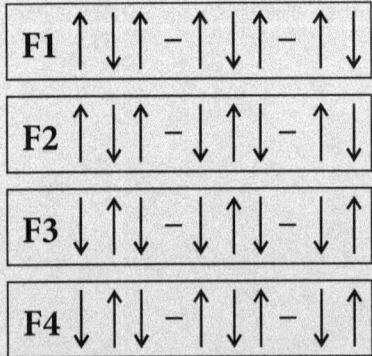

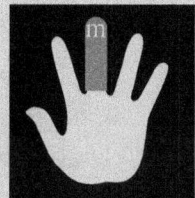

B

ix	a	ix	-	ix	a	ix	-	ix	a
ix	ix	a	-	ix	ix	a	-	ix	ix
ix	a	a	-	ix	a	a	-	ix	a

a	ix	a	-	a	ix	a	-	a	ix
a	a	ix	-	a	a	ix	-	a	a
a	ix	ix	-	a	ix	ix	-	a	ix

RASGUEADOS

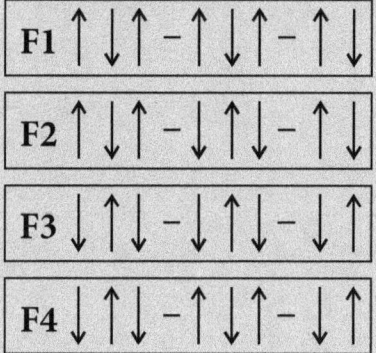

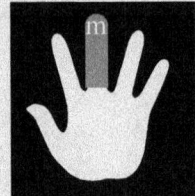

C

a x	i	a x	-	a x	i	a x	-	a x	i
a x	a x	i	-	a x	a x	i	-	a x	a x
a x	i	i	-	a x	i	i	-	a x	i

i	a x	i	-	i	a x	i	-	i	a x
i	i	a x	-	i	i	a x	-	i	i
i	a x	a x	-	i	a x	a x	-	i	a x

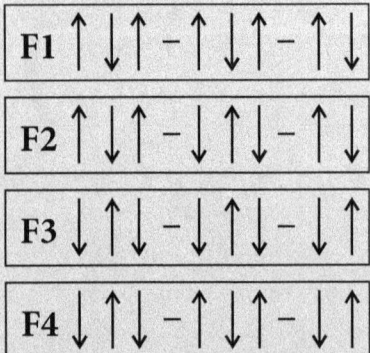

RASGUEADOS

F1	↑↓↑ - ↑↓↑ - ↑↓
F2	↑↓↑ - ↓↑↓ - ↑↓
F3	↓↑↓ - ↓↑↓ - ↓↑
F4	↓↑↓ - ↑↓↑ - ↓↑

III
x stable
A

(im)	a	(im)	-	(im)	a	(im)	-	(im)	a
(im)	(im)	a	-	(im)	(im)	a	-	(im)	(im)
(im)	a	a	-	(im)	a	a	-	(im)	a

---

a	(im)	a	-	a	(im)	a	-	a	(im)
a	a	(im)	-	a	(im)	-	a	a
a	(im)	(im)	-	a	(im)	(im)	-	a	(im)

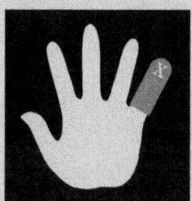

RASGUEADOS

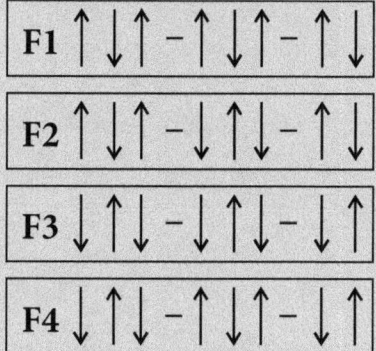

B

m a	i	m a	-	m a	i	m a	-	m a	i
m a	m a	i	-	m a	m a	i	-	m a	m a
m a	i	i	-	m a	i	i	-	m a	i

i	m a	i	-	i	m a	i	-	i	m a
i	i	m a	-	i	i	m a	-	i	i
i	m a	m a	-	i	m a	m a	-	i	m a

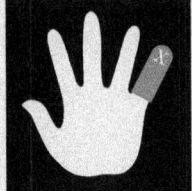

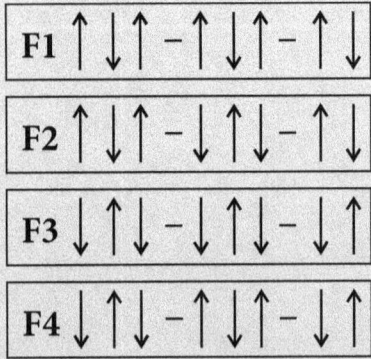

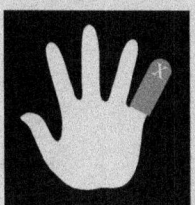

C

(ia)	m	(ia)	-	(ia)	m	(ia)	-	(ia)	m
(ia)	(ia)	m	-	(ia)	(ia)	m	-	(ia)	(ia)
(ia)	m	m	-	(ia)	m	m	-	(ia)	m

---

m	(ia)	m	-	m	(ia)	m	-	m	(ia)
m	m	(ia)	-	m	m	(ia)	-	m	m
m	(ia)	(ia)	-	m	(ia)	(ia)	-	m	(ia)

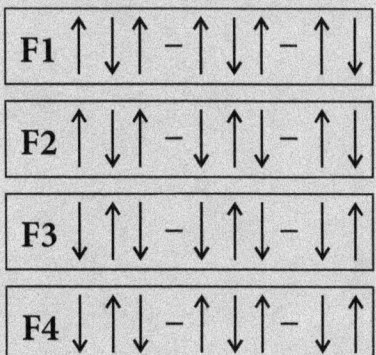

RASGUEADOS

F1	↑↓↑ – ↑↓↑ – ↑↓
F2	↑↓↑ – ↓↑↓ – ↑↓
F3	↓↑↓ – ↓↑↓ – ↓↑
F4	↓↑↓ – ↑↓↑ – ↓↑

IV
i stable
A

(m a)	x	(m a)	-	(m a)	x	(m a)	-	(m a)	x
(m a)	(m a)	x	-	(m a)	(m a)	x	-	(m a)	(m a)
(m a)	x	x	-	(m a)	x	x	-	(m a)	x

---

x	(m a)	x	-	x	(m a)	x	-	x	(m a)
x	x	(m a)	-	x	x	(m a)	-	x	x
x	(m a)	(m a)	-	x	(m a)	(m a)	-	x	(m a)

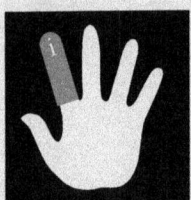

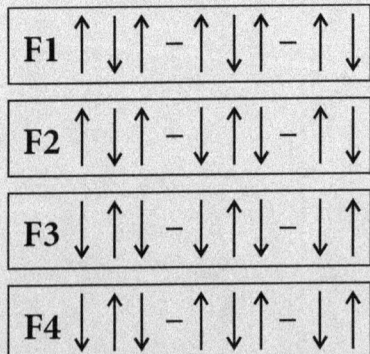

B

m x	a	m x	-	m x	a	m x	-	m x	a
m x	m x	a	-	m x	m x	a	-	m x	m x
m x	a	a	-	m x	a	a	-	m x	a

---

a	m x	a	-	a	m x	a	-	a	m x
a	a	m x	-	a	a	m x	-	a	a
a	m x	m x	-	a	m x	m x	-	a	m x

RASGUEADOS

F1	↑↓↑ - ↑↓↑ - ↑↓
F2	↑↓↑ - ↓↑↓ - ↑↓
F3	↓↑↓ - ↓↑↓ - ↓↑
F4	↓↑↓ - ↑↓↑ - ↓↑

C

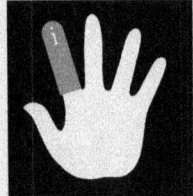

(ax)	m	(ax)	-	(ax)	m	(ax)	-	(ax)	m
(ax)	(ax)	m	-	(ax)	(ax)	m	-	(ax)	(ax)
(ax)	m	m	-	(ax)	m	m	-	(ax)	m

---

m	(ax)	m	-	m	(ax)	m	-	m	(ax)
m	m	(ax)	-	m	m	(ax)	-	m	m
m	(ax)	(ax)	-	m	(ax)	(ax)	-	m	(ax)

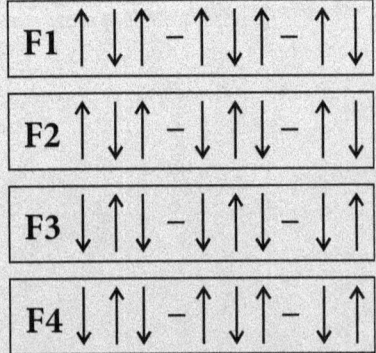

RASGUEADOS

F1	↑↓↑ - ↑↓↑ - ↑↓
F2	↑↓↑ - ↓↑↓ - ↑↓
F3	↓↑↓ - ↓↑↓ - ↓↑
F4	↓↑↓ - ↑↓↑ - ↓↑

168

GROUP 3
Finger Combinations
Triple - Triple - Double Stroke / Same Triads
18 Formulas

I

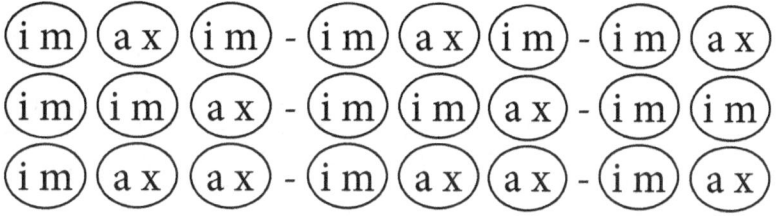

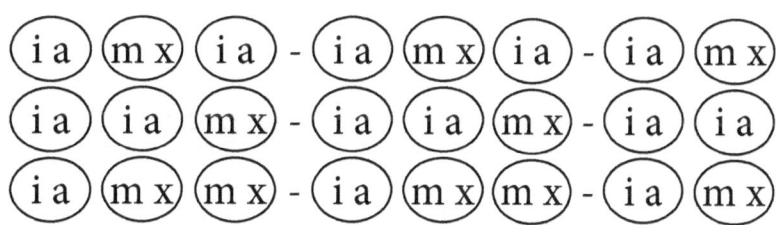

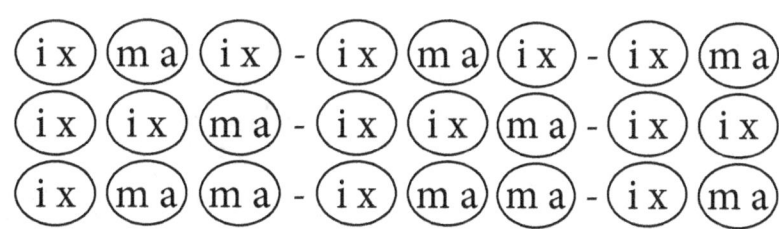

RASGUEADOS

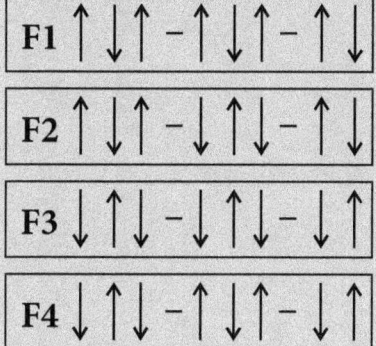

II

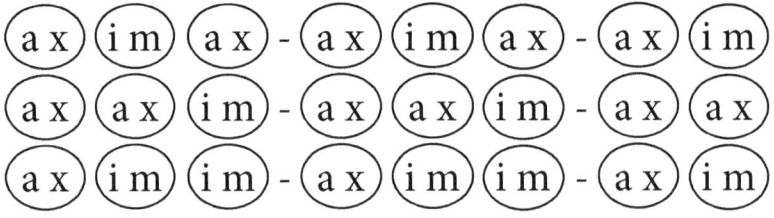

RASGUEADOS

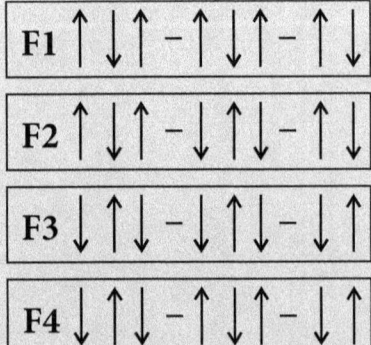

GROUP 4
Thumb And Single Fingers
Triple - Triple - Double Stroke / Same Triads
24 Formulas

I

```
p i p - p i p - p i
p m p - p m p - p m
p a p - p a p - p a
p x p - p x p - p x


p i i - p i i - p i
p m m - p m m - p m
p a a - p a a - p a
p x x - p x x - p x


p p i - p p i - p i
p p m - p p m - p m
p p a - p p a - p a
p p x - p p x - p x
```

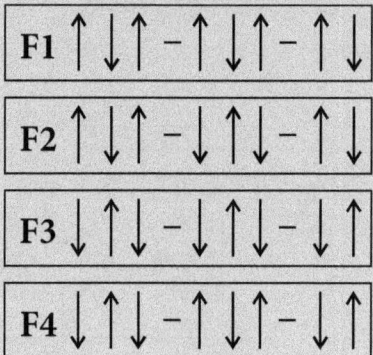

II

```
i  p  i  -  i  p  i  -  i  p
m  p  m  -  m  p  m  -  m  p
a  p  a  -  a  p  a  -  a  p
x  p  x  -  x  p  x  -  x  p

i  i  p  -  i  i  p  -  i  p
m  m  p  -  m  m  p  -  m  p
a  a  p  -  a  a  p  -  a  p
x  x  p  -  x  x  p  -  x  p

i  p  p  -  i  p  p  -  i  p
m  p  p  -  m  p  p  -  m  p
a  p  p  -  a  p  p  -  a  p
x  p  p  -  x  p  p  -  x  p
```

RASGUEADOS

F1	↑ ↓ ↑ – ↑ ↓ ↑ – ↑ ↓
F2	↑ ↓ ↑ – ↓ ↑ ↓ – ↑ ↓
F3	↓ ↑ ↓ – ↓ ↑ ↓ – ↓ ↑
F4	↓ ↑ ↓ – ↑ ↓ ↑ – ↓ ↑

GROUP 5
Thumb And Finger Combinations
Triple - Triple - Double Stroke / Same Triads
36 Formulas

I

p	(i m)	p	-	p	(i m)	p	-	p	(i m)
p	(i a)	p	-	p	(i a)	p	-	p	(i a)
p	(i x)	p	-	p	(i x)	p	-	p	(i x)
p	(m a)	p	-	p	(m a)	p	-	p	(m a)
p	(m x)	p	-	p	(m x)	p	-	p	(m x)
p	(a x)	p	-	p	(a x)	p	-	p	(a x)

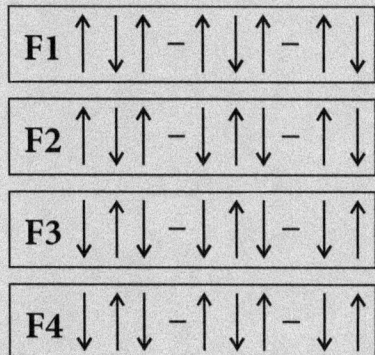

II

p	(i m)	(i m)	-	p	(i m)	(i m)	-	p	(i m)
p	(i a)	(i a)	-	p	(i a)	(i a)	-	p	(i a)
p	(i x)	(i x)	-	p	(i x)	(i x)	-	p	(i x)
p	(m a)	(m a)	-	p	(m a)	(m a)	-	p	(m a)
p	(m x)	(m x)	-	p	(m x)	(m x)	-	p	(m x)
p	(a x)	(a x)	-	p	(a x)	(a x)	-	p	(a x)

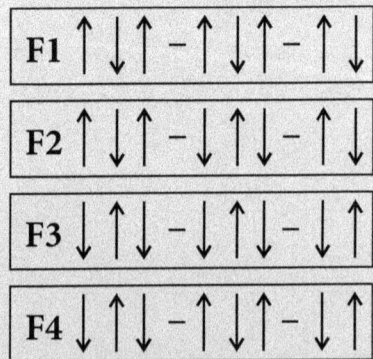

III

p	p	im	-	p	p	im	-	p	p
p	p	ia	-	p	p	ia	-	p	p
p	p	ix	-	p	p	ix	-	p	p
p	p	ma	-	p	p	ma	-	p	p
p	p	mx	-	p	p	mx	-	p	p
p	p	ax	-	p	p	ax	-	p	p

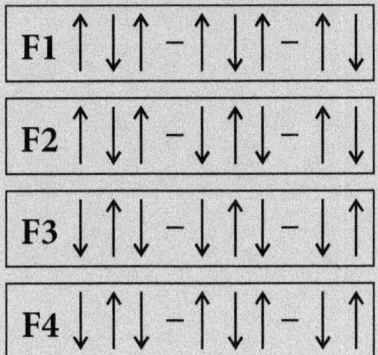

IV

(i m)	p	(i m) -	(i m)	p	(i m) -	(i m)	p
(i a)	p	(i a) -	(i a)	p	(i a) -	(i a)	p
(i x)	p	(i x) -	(i x)	p	(i x) -	(i x)	p
(m a)	p	(m a) -	(m a)	p	(m a) -	(m a)	p
(m x)	p	(m x) -	(m x)	p	(m x) -	(m x)	p
(a x)	p	(a x) -	(a x)	p	(a x) -	(a x)	p

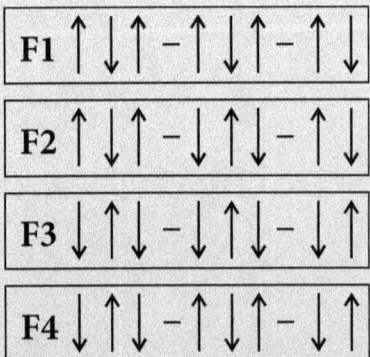

V

(i m)	(i m)	p	-	(i m)	(i m)	p	-	(i m)	p
(i a)	(i a)	p	-	(i a)	(i a)	p	-	(i a)	p
(i x)	(i x)	p	-	(i x)	(i x)	p	-	(i x)	p
(m a)	(m a)	p	-	(m a)	(m a)	p	-	(m a)	p
(m x)	(m x)	p	-	(m x)	(m x)	p	-	(m x)	p
(a x)	(a x)	p	-	(a x)	(a x)	p	-	(a x)	p

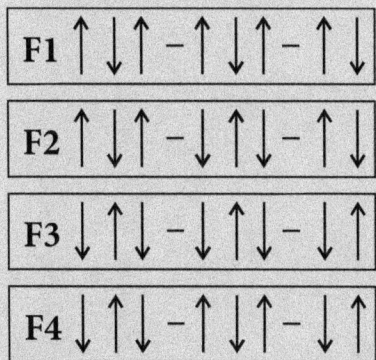

VI

(i m)	p	p	-(i m)	p	p	-(i m)	p
(i a)	p	p	-(i a)	p	p	-(i a)	p
(i x)	p	p	-(i x)	p	p	-(i x)	p
(m a)	p	p	-(m a)	p	p	-(m a)	p
(m x)	p	p	-(m x)	p	p	-(m x)	p
(a x)	p	p	-(a x)	p	p	-(a x)	p

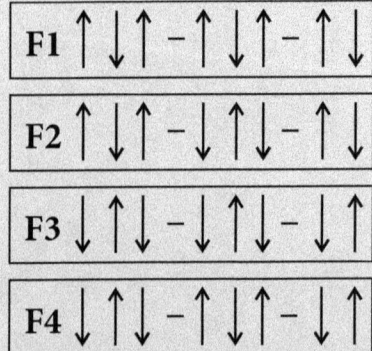

UNIT III-2
OPPOSITE TRIADS

VARIARION I

2 3 3

DOUBLE - TRIPLE - TRIPLE STROKE

VARIARION II

3 2 3

TRIPLE - DOUBLE - TRIPLE STROKE

VARIARION III

3 3 2

TRIPLE - TRIPLE - DOUBLE STROKE

*TRIPLE = TRIPLET

In unit III-2 the same remarks as in unit III-1 apply. here each triad matches with its opposite one. Three RASGUEADOS variations with 4 Formulas in each variation.

VARIATION I

2 - 3 - 3 (double - triple - triple stroke)

RASGUEADOS

F1	↑↓ - ↑↓↑ - ↑↓↑
F2	↑↓ - ↑↓↑ - ↓↑↓
F3	↓↑ - ↓↑↓ - ↓↑↓
F4	↓↑ - ↓↑↓ - ↑↓↑

VARIATION II

3 - 2 - 3 (triple - double - triple stroke)

RASGUEADOS

F1	↑↓↑ - ↑↓ - ↑↓↑
F2	↑↓↑ - ↑↓ - ↓↑↓
F3	↓↑↓ - ↓↑ - ↓↑↓
F4	↓↑↓ - ↓↑ - ↑↓↑

VARIATION III

3 - 3 - 2 (triple - triple - double stroke)

RASGUEADOS

F1	↑↓↑ - ↑↓↑ - ↑↓
F2	↑↓↑ - ↓↑↓ - ↑↓
F3	↓↑↓ - ↓↑↓ - ↓↑
F4	↓↑↓ - ↑↓↑ - ↓↑

VARIARION I
2 3 3
DOUBLE - TRIPLE - TRIPLE STROKE

OPPOSITE TRIADS

GROUP 1
(SINGLE FINGERS)
GROUP 2
(SINGLE FINGERS AND FINGER COMBINATIONS)
GROUP 3
(FINGER COMBINATIONS)
GROUP 4
(THUMB WITH SINGLE FINGERS)

RASGUEADOS

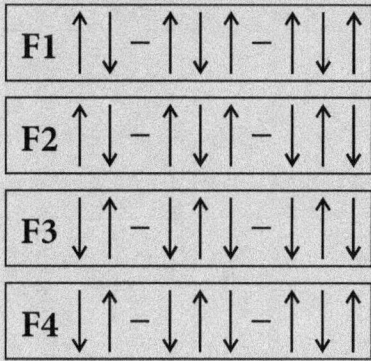

GROUP 1
Single Fingers
Double - Triple - Triple Stroke / Opposite Triads
36 Formulas

I
a and x stable

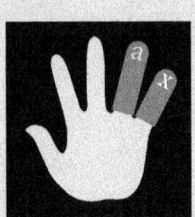

i m - i m i - m i m

i i - i i m - m i i

i m - i m m - m m i

m i - m i m - i m i

m m - m m i - i m m

m i - m i i - i i m

RASGUEADOS

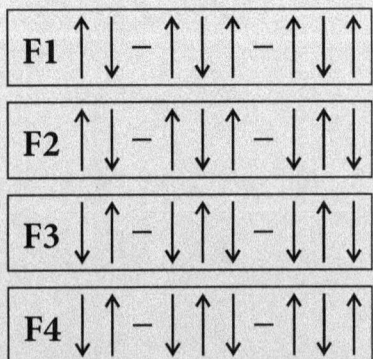

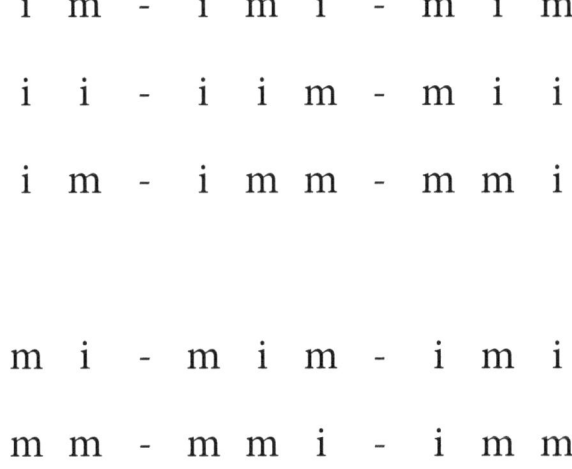

II
m and x stable

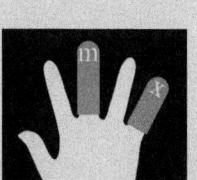

i a - i a i - a i a
i i - i i a - a i i
i a - i a a - a a i

a i - a i a - i a i
a a - a a i - i a a
a i - a i i - i i a

RASGUEADOS

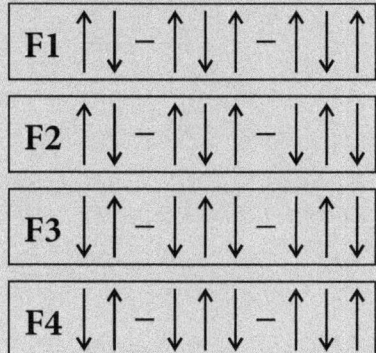

III
m and a stable

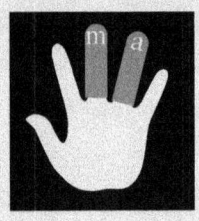

```
i x - i x i - x i x
i i - i i x - x i i
i x - i x x - x x i


x i - x i x - i x i
x x - x x i - i x x
x i - x i i - i i x
```

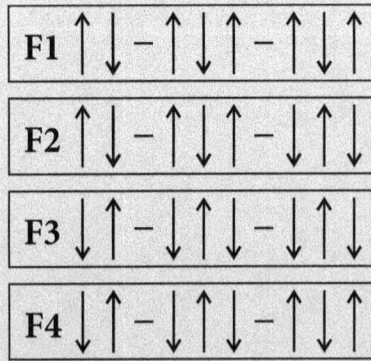

IV
i and a stable

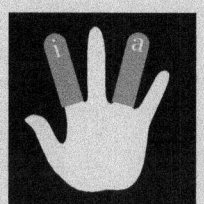

```
m x - m x m - x m x

m m - m m x - x m m

m x - m x x - x x m


x m - x m x - m x m

x x - x x m - m x x

x m - x m m - m m x
```

RASGUEADOS

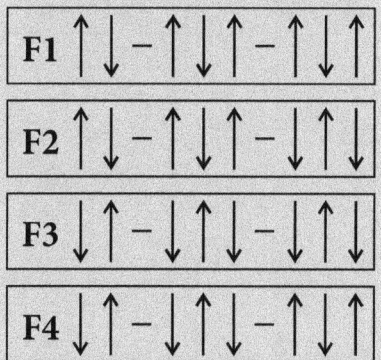

V
i and m stable

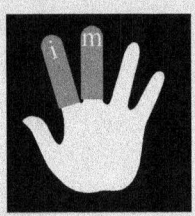

a x - a x a - x a x

a a - a a x - x a a

a x - a x x - x x a

x a - x a x - a x a

x x - x x a - a x x

x a - x a a - a a x

RASGUEADOS

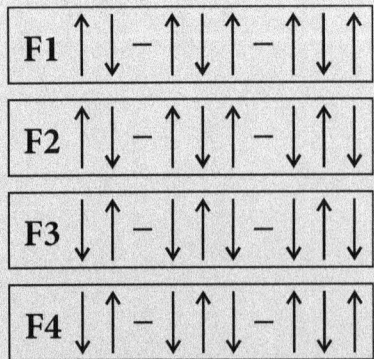

VI
i and x stable

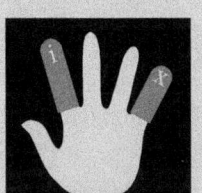

```
m a - m a m - a m a
m m - m m a - a m m
m a - m a a - a a m


a m - a m a - m a m
a a - a a m - m a a
a m - a m m - m m a
```

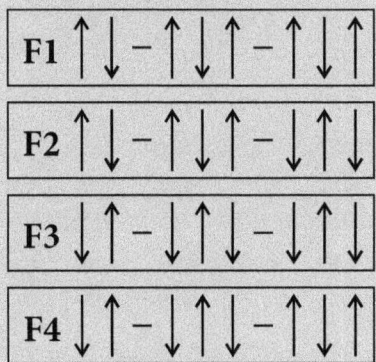

GROUP 2
Single Fingers And Finger Combinations
Double - Triple - Triple Stroke / Opposite Triads
72 Formulas

I
a stable
A

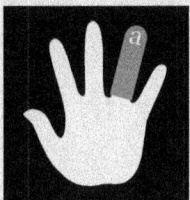

(i m)	x	-	(i m)	x	(i m)	-	x	(i m)	x
(i m)	(i m)	-	(i m)	(i m)	x	-	x	(i m)	(i m)
(i m)	x	-	(i m)	x	x	-	x	x	(i m)

---

x	(i m)	-	x	(i m)	x	-	i m	x	(i m)
x	x	-	x	x	(i m)	-	(i m)	x	x
x	(i m)	-	x	(i m)	(i m)	-	(i m)	(i m)	x

RASGUEADOS

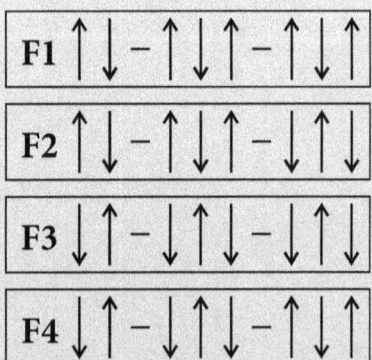

B

m x	i	-	m x	i	m x	-	i	m x	i
m x	m x	-	m x	m x	i	-	i	m x	m x
m x	i	-	m x	i	i	-	i	i	m x

i	m x	-	i	m x	i	-	m x	i	m x
i	i	-	i	i	m x	-	m x	i	i
i	m x	-	i	m x	m x	-	m x	m x	i

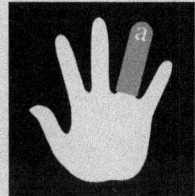

RASGUEADOS

F1	↑ ↓ – ↑ ↓ ↑ – ↑ ↓ ↑
F2	↑ ↓ – ↑ ↓ ↑ – ↓ ↑ ↓
F3	↓ ↑ – ↓ ↓ ↓ – ↓ ↑ ↓
F4	↓ ↑ – ↓ ↑ ↓ – ↑ ↓ ↑

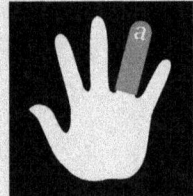

C

i x	m	-	i x	m	i x	-	m	i x	m
i x	i x	-	i x	i x	m	-	m	i x	i x
i x	m	-	i x	m	m	-	m	m	i x

---

m	i x	-	m	i x	m	-	i x	m	i x
m	m	-	m	m	i x	-	i x	m	m
m	i x	-	m	i x	i x	-	i x	i x	m

RASGUEADOS

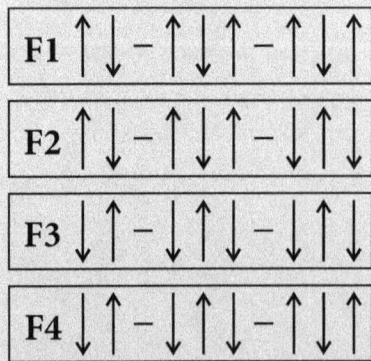

II
m stable
A

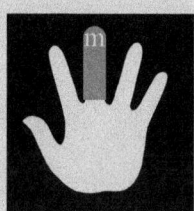

(i a)	x	-	(i a)	x	(i a)	-	x	(i a)	x
(i a)	(i a)	-	(i a)	(i a)	x	-	x	(i a)	(i a)
(i a)	x	-	(i a)	x	x	-	x	x	(i a)

x	(i a)	-	x	(i a)	x	-	(i a)	x	(i a)
x	x	-	x	x	(i a)	-	(i a)	x	x
x	(i a)	-	x	(i a)	(i a)	-	(i a)	(i a)	x

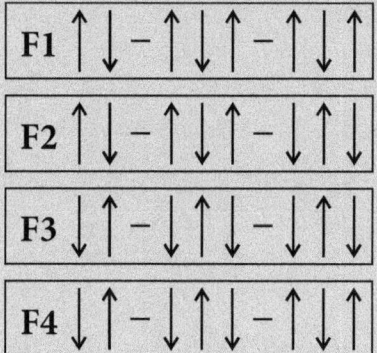

B

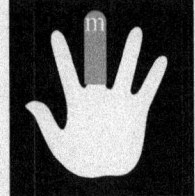

(ix)	a	-	(ix)	a	(ix)	-	a	(ix)	a
(ix)	(ix)	-	(ix)	(ix)	a	-	a	(ix)	(ix)
(ix)	a	-	(ix)	a	a	-	a	a	(ix)

a	(ix)	-	a	(ix)	a	-	(ix)	a	(ix)
a	a	-	a	a	(ix)	-	(ix)	a	a
a	(ix)	-	a	(ix)	(ix)	-	(ix)	(ix)	a

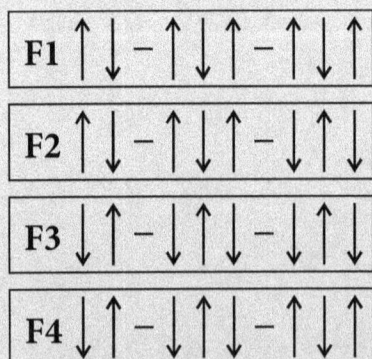

C

a x	i	- a x	i	a x	- i	a x	i
a x	a x	- a x	a x	i	- i	a x	a x
a x	i	- a x	i	i	- i	i	a x

i	a x	- i	a x	i	- a x	i	a x
i	i	- i	i	a x	- a x	i	i
i	a x	- i	a x	a x	- a x	a x	i

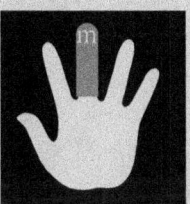

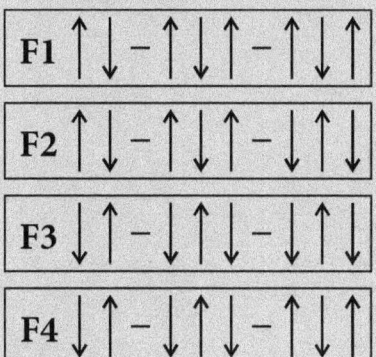

III
x stable
A

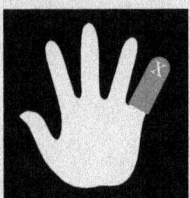

(im)	a	-	(im)	a	(im)	-	a	(im)	a
(im)	(im)	-	(im)	(im)	a	-	a	(im)	(im)
(im)	a	-	(im)	a	a	-	a	a	(im)

a	(im)	-	a	(im)	a	-	(im)	a	(im)
a	a	-	a	a	(im)	-	(im)	a	a
a	(im)	-	a	(im)	(im)	-	(im)	(im)	a

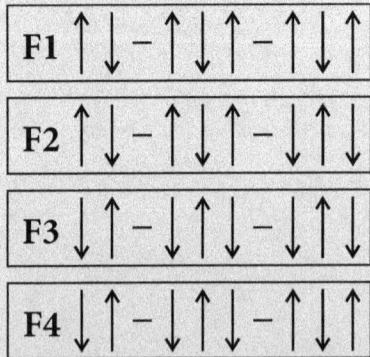

RASGUEADOS

F1	↑↓ – ↑↓↑ – ↑↓↑
F2	↑↓ – ↑↓↑ – ↓↑↓
F3	↓↑ – ↓↑↓ – ↓↑↓
F4	↓↑ – ↓↑↓ – ↑↓↑

B

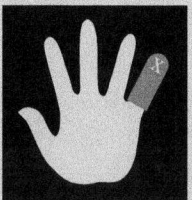

m a	i	- m a	i	m a	- i	m a	i
m a	m a	- m a	m a	i	- i	m a	m a
m a	i	- m a	i	i	- i	i	m a

i	m a	- i	m a	i	- m a	i	m a
i	i	- i	i	m a	- m a	i	i
i	m a	- i	m a	m a	- m a	m a	i

RASGUEADOS

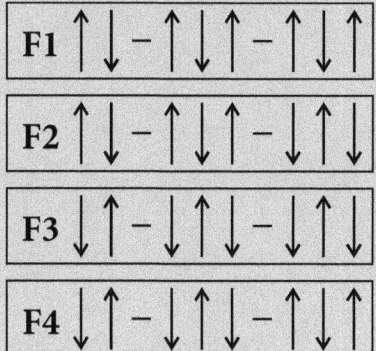

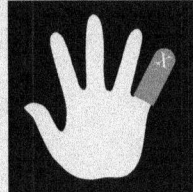

C

(ia)	m	-	(ia)	m	(ia)	-	m	(ia)	m
(ia)	(ia)	-	(ia)	(ia)	m	-	m	(ia)	(ia)
(ia)	m	-	(ia)	m	m	-	m	m	(ia)

m	(ia)	-	m	(ia)	m	-	(ia)	m	(ia)
m	m	-	m	m	(ia)	-	(ia)	m	m
m	(ia)	-	m	(ia)	(ia)	-	(ia)	(ia)	m

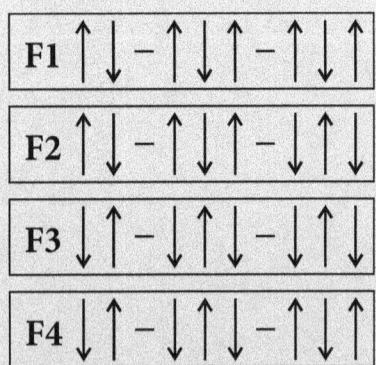

RASGUEADOS

F1	↑↓ – ↑↓↑ – ↑↓↑
F2	↑↓ – ↑↓↑ – ↓↑↓
F3	↓↑ – ↓↑↓ – ↓↑↓
F4	↓↑ – ↓↑↓ – ↑↓↑

IV
i stable
A

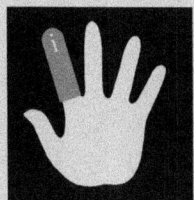

m a	x	-	m a	x	m a	-	x	m a	x
m a	m a	-	m a	m a	x	-	x	m a	m a
m a	x	-	m a	x	x	-	x	x	m a

---

x	m a	-	x	m a	x	-	m a	x	m a
x	x	-	x	x	m a	-	m a	x	x
x	m a	-	x	m a	m a	-	m a	m a	x

RASGUEADOS

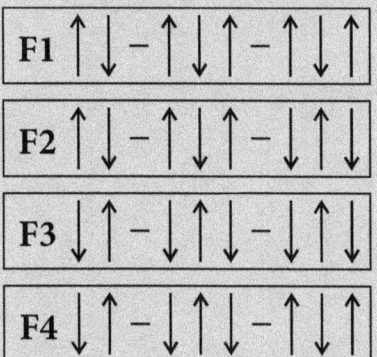

197

B

m x	a	-	m x	a	m x	-	a	m x	a
m x	m x	-	m x	m x	a	-	a	m x	m x
m x	a	-	m x	a	a	-	a	a	m x

a	m x	-	a	m x	a	-	m x	a	m x
a	a	-	a	a	m x	-	m x	a	a
a	m x	-	a	m x	m x	-	m x	m x	a

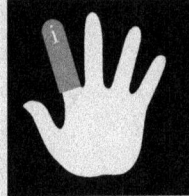

RASGUEADOS

F1	↑↓ – ↑↓↑ – ↑↓↑
F2	↑↓ – ↑↓↑ – ↓↑↓
F3	↓↑ – ↓↑↓ – ↓↑↓
F4	↓↑ – ↓↑↓ – ↑↓↑

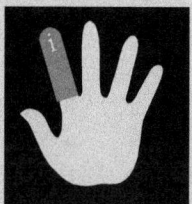

C

(a x)	m	-	(a x)	m	(a x)	-	m	(a x)	m
(a x)	(a x)	-	(a x)	(a x)	m	-	m	(a x)	(a x)
(a x)	m	-	(a x)	m	m	-	m	m	(a x)

m	(a x)	-	m	(a x)	m	-	(a x)	m	(a x)
m	m	-	m	m	(a x)	-	(a x)	m	m
m	(a x)	-	m	(a x)	(a x)	-	(a x)	(a x)	m

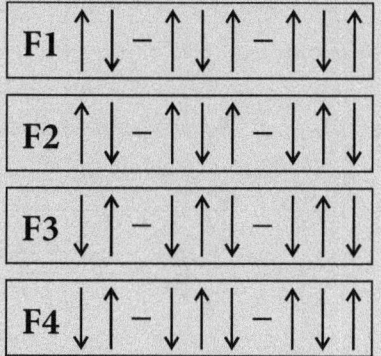

RASGUEADOS

F1 ↑↓ – ↑↓↑ – ↑↓↑

F2 ↑↓ – ↑↓↑ – ↓↑↓

F3 ↓↑ – ↓↑↓ – ↓↑↓

F4 ↓↑ – ↓↑↓ – ↑↓↑

GROUP 3
Finger Combinations
Double - Triple - Triple Stroke / Opposite Triads
18 Formulas

I

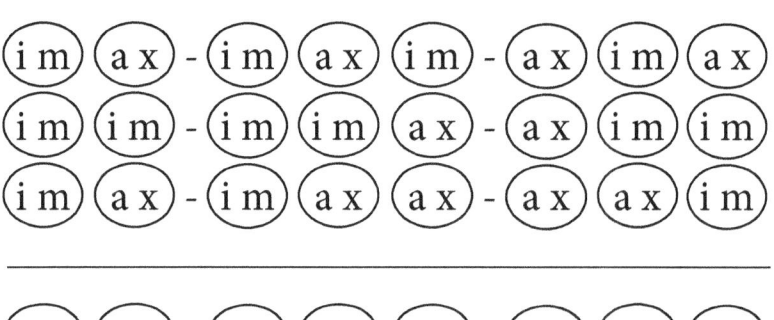

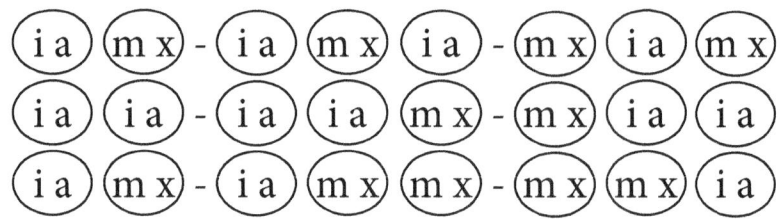

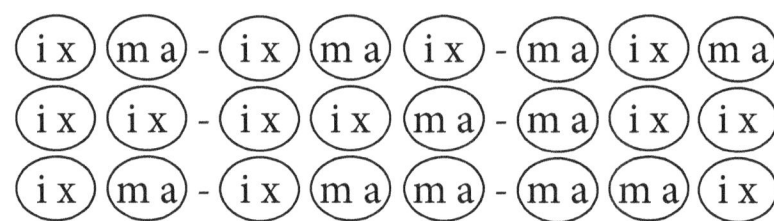

RASGUEADOS

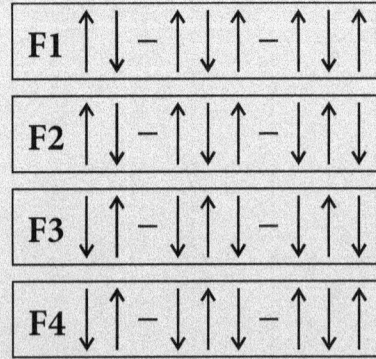

II

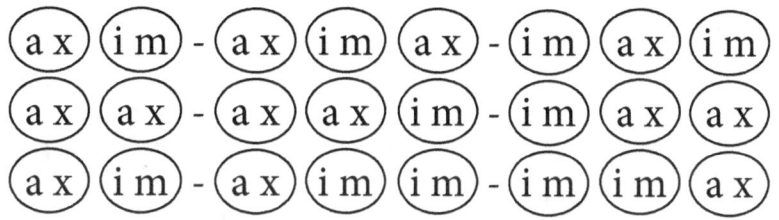

RASGUEADOS

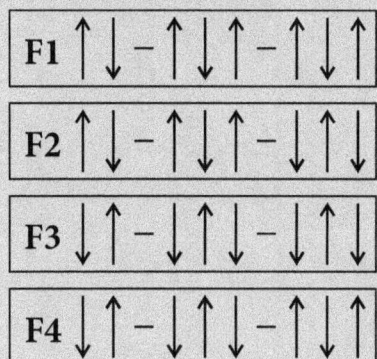

GROUP 4
Thumb And Single Fingers
Double - Triple - Triple Stroke / Opposite Triads
24 Formulas

I

```
p i - p i p - i p i
p m - p m p - m p m
p a - p a p - a p a
p x - p x p - x p x


p i - p i i - i i p
p m - p m m - m m p
p a - p a a - a a p
p x - p x x - x x p


p p - p p i - i p p
p p - p p m - m p p
p p - p p a - a p p
p p - p p x - x p p
```

RASGUEADOS

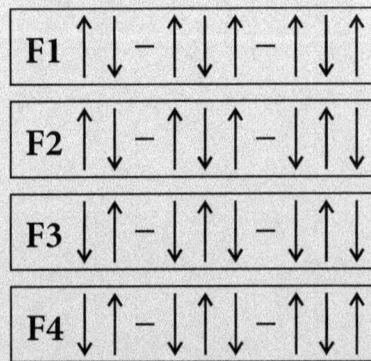

II

```
i  p  -  i  p  i  -  p  i  p
m  p  -  m  p  m  -  p  m  p
a  p  -  a  p  a  -  p  a  p
x  p  -  x  p  x  -  p  x  p

i  p  -  i  i  p  -  p  i  i
m  p  -  m  m  p  -  p  m  m
a  p  -  a  a  p  -  p  a  a
x  p  -  x  x  p  -  p  x  x

p  p  -  i  p  p  -  p  p  i
p  p  -  m  p  p  -  p  p  m
p  p  -  a  p  p  -  p  p  a
p  p  -  x  p  p  -  p  p  x
```

RASGUEADOS

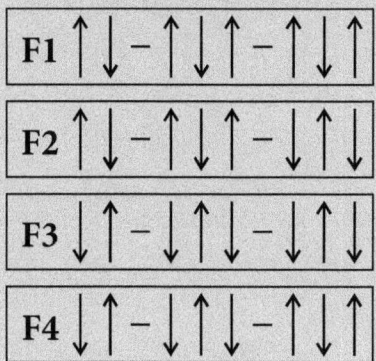

GROUP 5
Thumb And Finger Combinations
Double - Triple - Triple Stroke / Opposite Triads
36 Formulas

I

p	(i m)	-	p	(i m)	p	-	(i m)	p	(i m)
p	(i a)	-	p	(i a)	p	-	(i a)	p	(i a)
p	(i x)	-	p	(i x)	p	-	(i x)	p	(i x)
p	(m a)	-	p	(m a)	p	-	(m a)	p	(m a)
p	(m x)	-	p	(m x)	p	-	(m x)	p	(m x)
p	(a x)	-	p	(a x)	p	-	(a x)	p	(a x)

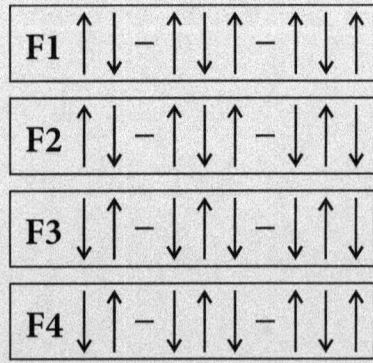

II

p (i m) - p (i m)(i m) - (i m)(i m) p
p (i a) - p (i a)(i a) - (i a)(i a) p
p (i x) - p (i x)(i x) - (i x)(i x) p
p (m a) - p (m a)(m a) - (m a)(m a) p
p (m x) - p (m x)(m x) - (m x)(m x) p
p (a x) - p (a x)(a x) - (a x)(a x) p

RASGUEADOS

F1	↑↓ – ↑↓↑ – ↑↓↑
F2	↑↓ – ↑↓↑ – ↓↑↓
F3	↓↑ – ↓↑↓ – ↓↑↓
F4	↓↑ – ↓↑↓ – ↑↓↑

III

p	p	-	p	p	(i m)	-	(i m)	p	p
p	p	-	p	p	(i a)	-	(i a)	p	p
p	p	-	p	p	(i x)	-	(i x)	p	p
p	p	-	p	p	(m a)	-	(m a)	p	p
p	p	-	p	p	(m x)	-	(m x)	p	p
p	p	-	p	p	(a x)	-	(a x)	p	p

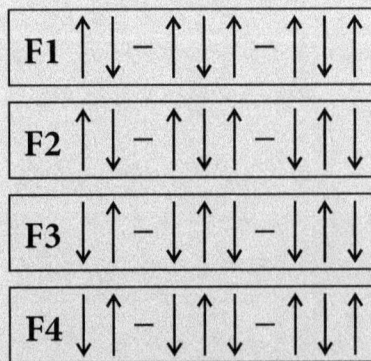

IV

p	(i m) - (i m)	p	(i m) -	p	(i m)	p
p	(i a) - (i a)	p	(i a) -	p	(i a)	p
p	(i x) - (i x)	p	(i x) -	p	(i x)	p
p	(m a) - (m a)	p	(m a) -	p	(m a)	p
p	(m x) - (m x)	p	(m x) -	p	(m x)	p
p	(a x) - (a x)	p	(a x) -	p	(a x)	p

RASGUEADOS

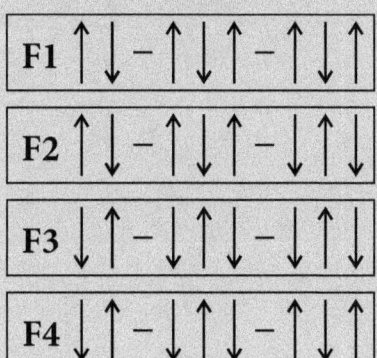

V

p	im	-	im	im	p	-	p	im	im
p	ia	-	ia	ia	p	-	p	ia	ia
p	ix	-	ix	ix	p	-	p	ix	ix
p	ma	-	ma	ma	p	-	p	ma	ma
p	mx	-	mx	mx	p	-	p	mx	mx
p	ax	-	ax	ax	p	-	p	ax	ax

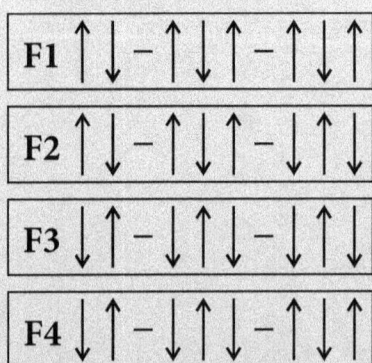

VI

p	p	-	(i m)	p	p	-	p	p	(i m)
p	p	-	(i a)	p	p	-	p	p	(i a)
p	p	-	(i x)	p	p	-	p	p	(i x)
p	p	-	(m a)	p	p	-	p	p	(m a)
p	p	-	(m x)	p	p	-	p	p	(m x)
p	p	-	(a x)	p	p	-	p	p	(a x)

RASGUEADOS

F1 ↑↓ – ↑↓↑ – ↑↓↑

F2 ↑↓ – ↑↓↑ – ↓↑↓

F3 ↓↑ – ↓↑↓ – ↓↑↓

F4 ↓↑ – ↓↑↓ – ↑↓↑

VARIARION II
3 2 3
TRIPLE - DOUBLE - TRIPLE STROKE
(OPPOSITE TRIADS)

GROUP 1
(SINGLE FINGERS)
GROUP 2
(SINGLE FINGERS
AND FINGER COMBINATIONS)
GROUP 3
(FINGER COMBINATIONS)
GROUP 4
(THUMB WITH SINGLE FINGERS)
GROUP 5
(THUMB AND FINGER COMBINATIONS)

RASGUEADOS

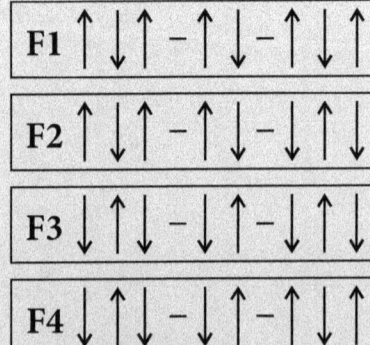

GROUP 1
Single Fingers
Triple - Double - Triple Stroke / Opposite Triads
36 Formulas

I
a and x stable

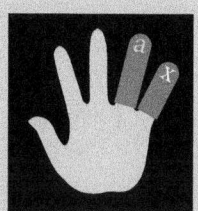

i m i - i m - m i m

i i m - i i - m i i

i m m - i m - m m i

m i m - m i - i m i

m i i - i i - i i m

m m i - m i - i m m

RASGUEADOS

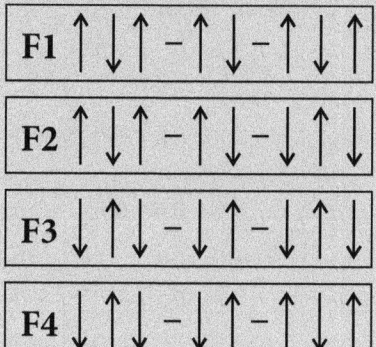

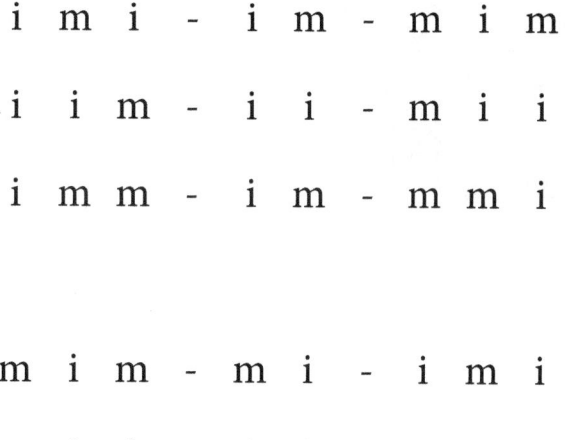

II
m and x stable

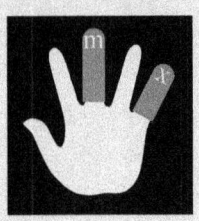

i a i - i a - a i a

i i a - i i - a i i

i a a - i a - a a i

a i a - a i - i a i

a i i - i i - i i a

a a i - a i - i a a

RASGUEADOS
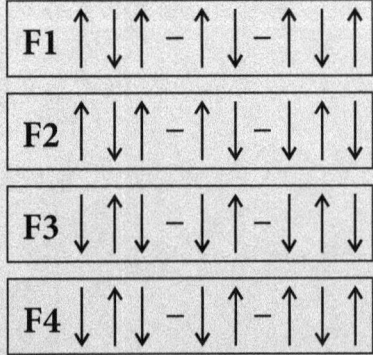

III
m and a stable

```
i x i - i x - x i x
i i x - i i - x i i
i x x - i x - x x i


x i x - x i - i x i
x i i - i i - i i x
x x i - x i - i x x
```

RASGUEADOS

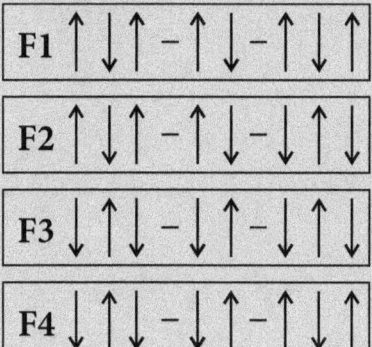

IV
i and a stable

m x m - m x - x m x

m m x - m m - x m m

m x x - m x - x x m

x m x - x m - m x m

x m m - m m - m m x

x x m - x m - m x x

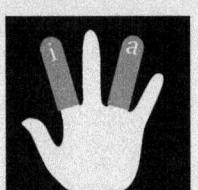

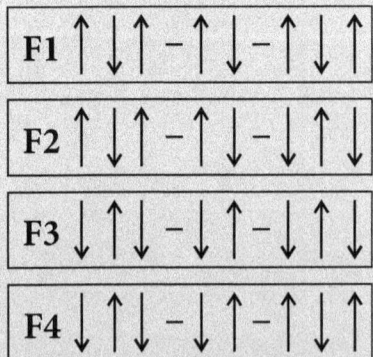

V
i and m stable

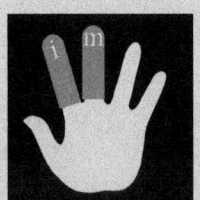

a x a - a x - x a x

a a x - a a - x a a

a x x - a x - x x a

x a x - x a - a x a

x a a - a a - a a x

x x a - x a - a x x

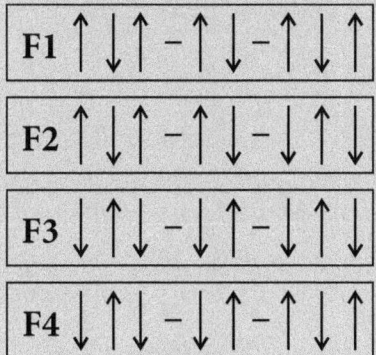

VI
i and x stable

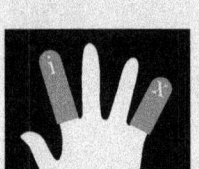

```
m a m - m a - a m a
m m a - m m - a m m
m a a - m a - a a m


a m a - a m - m a m
a m m - m m - m m a
a a m - a m - m a a
```

RASGUEADOS

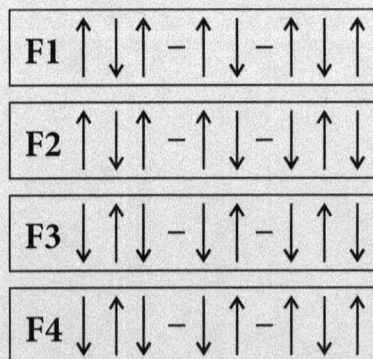

GROUP 2
Single Fingers And Finger Combinations
Triple - Double - Triple Stroke / Opposite Triads
72 Formulas

I
a stable

A

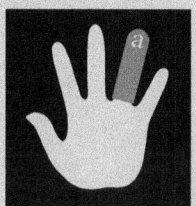

(im)	x	(im)	-	(im)	x	-	x	(im)	x
(im)	(im)	x	-	(im)	(im)	-	x	(im)	(im)
(im)	x	x	-	(im)	x	-	x	x	(im)

---

x	(im)	x	-	x	(im)	-	(im)	x	(im)
x	(im)	(im)	-	(im)	(im)	-	(im)	(im)	x
x	x	(im)	-	x	(im)	-	(im)	x	x

RASGUEADOS

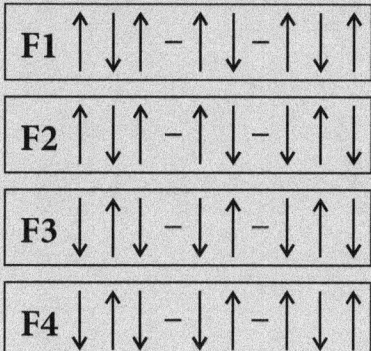

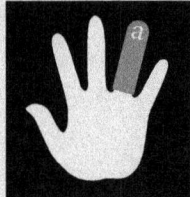

B

m x	i	m x	-	m x	i	-	i	m x	i
m x	m x	i	-	m x	m x	-	i	m x	m x
m x	i	i	-	m x	i	-	i	i	m x

i	m x	i	-	i	m x	-	m x	i	m x
i	m x	m x	-	m x	m x	-	m x	m x	i
i	i	m x	-	i	m x	-	m x	i	i

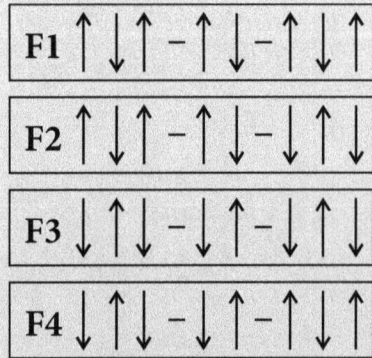

RASGUEADOS

F1	↑↓↑ – ↑↓ – ↑↓↑
F2	↑↓↑ – ↑↓ – ↓↑↓
F3	↓↑↓ – ↓↑ – ↓↑↓
F4	↓↑↓ – ↓↑ – ↑↓↑

C

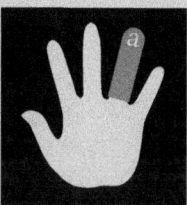

(ix)	m	(ix)	-	(ix)	m	-	m	(ix)	m
(ix)	(ix)	m	-	(ix)	(ix)	-	m	(ix)	(ix)
(ix)	m	m	-	(ix)	m	-	m	m	(ix)

m	(ix)	m	-	m	(ix)	-	(ix)	m	(ix)
m	(ix)	(ix)	-	(ix)	(ix)	-	(ix)	(ix)	m
m	m	(ix)	-	m	(ix)	-	(ix)	m	m

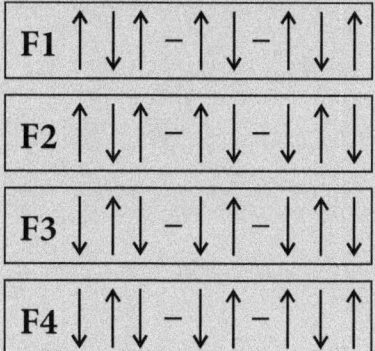

II
m stable
A

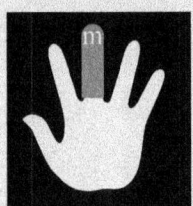

(ia)	x	(ia)	-	(ia)	x	-	x	(ia)	x
(ia)	(ia)	x	-	(ia)	(ia)	-	x	(ia)	(ia)
(ia)	x	x	-	(ia)	x	-	x	x	(ia)

x	(ia)	x	-	x	(ia)	-	(ia)	x	(ia)
x	x	(ia)	-	x	x	-	(ia)	x	x
x	(ia)	(ia)	-	x	(ia)	-	(ia)	(ia)	x

RASGUEADOS

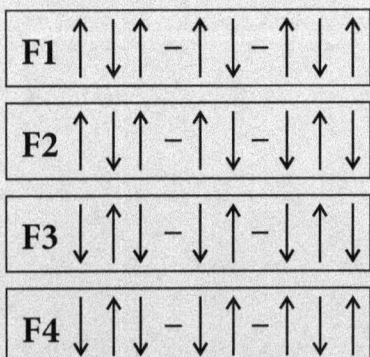

B

i x   a   i x - i x   a - a   i x   a
i x   i x   a - i x   i x - a   i x   i x
i x   a   a - i x   a - a   a   i x

---

a   i x   a - a   i x - i x   a   i x
a   a   i x - a   a - i x   a   a
a   i x   i x - a   i x - i x   i x   a

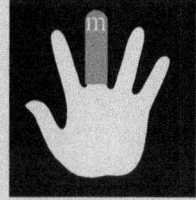

RASGUEADOS

F1	↑↓↑ - ↑↓ - ↑↓↑
F2	↑↓↑ - ↑↓ - ↓↑↓
F3	↓↑↓ - ↓↑ - ↓↑↓
F4	↓↑↓ - ↓↑ - ↑↓↑

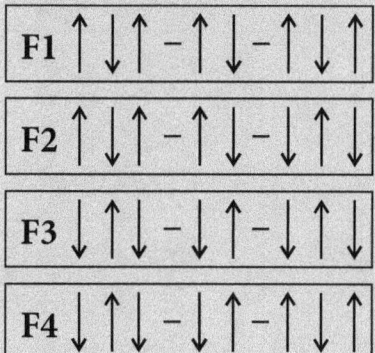

C

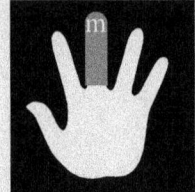

(ax)	i	(ax)	-	(ax)	i	-	i	(ax)	i
(ax)	(ax)	i	-	(ax)	(ax)	-	i	(ax)	(ax)
(ax)	i	i	-	(ax)	i	-	i	i	(ax)

i	(ax)	i	-	i	(ax)	-	(ax)	i	(ax)
i	i	(ax)	-	i	i	-	(ax)	i	i
i	(ax)	(ax)	-	i	(ax)	-	(ax)	(ax)	i

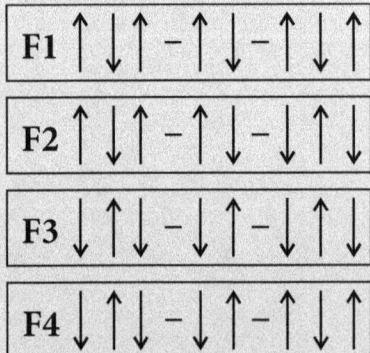

III
x stable
A

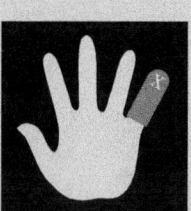

(im) a (im) - (im) a - a (im) a
(im)(im) a - (im)(im) - a (im)(im)
(im) a   a - (im) a - a   a (im)

---

a (im) a - (im) a - (im) a (im)
a (im)(im) - (im)(im) - (im)(im) a
a a (im) - (im) a - (im) a   a

RASGUEADOS

F1	↑↓↑ - ↑↓ - ↑↓↑
F2	↑↓↑ - ↑↓ - ↓↑↓
F3	↓↑↓ - ↓↑ - ↓↑↓
F4	↓↑↓ - ↓↑ - ↑↓↑

B

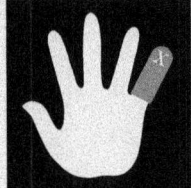

(i a)	m	(i a)	-	(i a)	m	-	m	(i a)	m
(i a)	(i a)	m	-	(i a)	(i a)	-	m	(i a)	(i a)
(i a)	m	m	-	(i a)	m	-	m	m	(i a)

m	(i a)	m	-	(i a)	m	-	(i a)	m	(i a)
m	(i a)	(i a)	-	(i a)	(i a)	-	(i a)	(i a)	m
m	m	(i a)	-	(i a)	m	-	(i a)	m	m

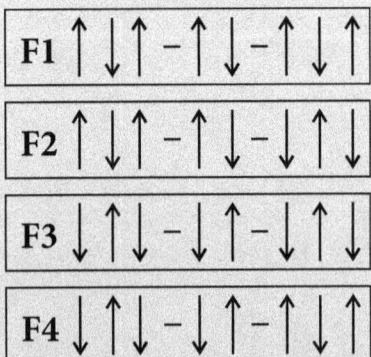

RASGUEADOS

F1	↑ ↓ ↑ – ↑ ↓ – ↑ ↓ ↑
F2	↑ ↓ ↑ – ↑ ↓ – ↓ ↑ ↓
F3	↓ ↑ ↓ – ↓ ↑ – ↓ ↑ ↓
F4	↓ ↑ ↓ – ↓ ↑ – ↑ ↓ ↑

C

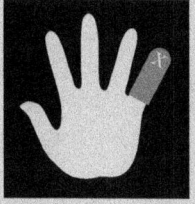

(ma)	i	(ma)	-	(ma)	i	-	i	(ma)	i
(ma)	(ma)	i	-	(ma)	(ma)	-	i	(ma)	(ma)
(ma)	i	i	-	(ma)	i	-	i	i	(ma)

i	(ma)	i	-	(ma)	i	-	(ma)	i	(ma)
i	(ma)	(ma)	-	(ma)	(ma)	-	(ma)	(ma)	i
i	i	(ma)	-	(ma)	i	-	(ma)	i	i

RASGUEADOS

F1	↑↓↑ - ↑↓ - ↑↓↑
F2	↑↓↑ - ↑↓ - ↓↑↓
F3	↓↑↓ - ↓↑ - ↓↑↓
F4	↓↑↓ - ↓↑ - ↑↓↑

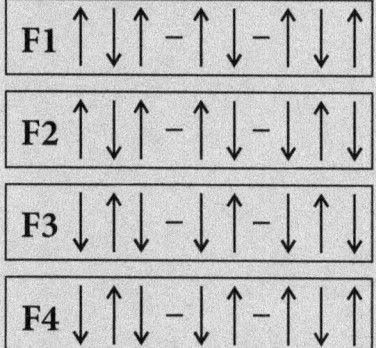

IV
i stable
A

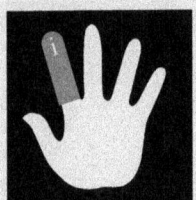

(m a)	x	(m a)	-	(m a)	x	-	x	(m a)	x
(m a)	(m a)	x	-	(m a)	(m a)	-	x	(m a)	(m a)
(m a)	x	x	-	(m a)	x	-	x	x	(m a)

x	(m a)	x	-	(m a)	x	-	(m a)	x	(m a)
x	(m a)	(m a)	-	(m a)	(m a)	-	(m a)	(m a)	x
x	x	(m a)	-	(m a)	x	-	(m a)	x	x

RASGUEADOS

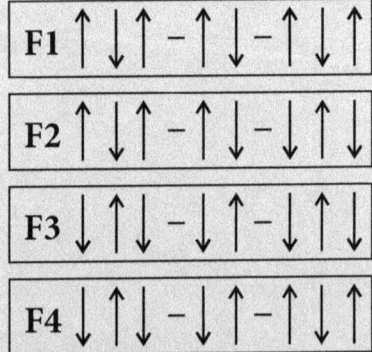

B

(m x)	a	(m x)	-	(m x)	a	-	a	(m x)	a
(m x)	(m x)	a	-	(m x)	(m x)	-	a	(m x)	(m x)
(m x)	a	a	-	(m x)	a	-	a	a	(m x)

a	(m x)	a	-	(m x)	a	-	(m x)	a	(m x)
a	(m x)	(m x)	-	(m x)	(m x)	-	(m x)	(m x)	a
a	a	(m x)	-	(m x)	a	-	(m x)	a	a

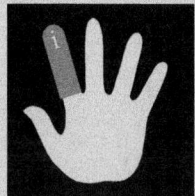

RASGUEADOS

F1	↑ ↓ ↑ - ↑ ↓ - ↑ ↓ ↑
F2	↑ ↓ ↑ - ↑ ↓ - ↓ ↑ ↓
F3	↓ ↑ ↓ - ↓ ↑ - ↓ ↑ ↓
F4	↓ ↑ ↓ - ↓ ↑ - ↑ ↓ ↑

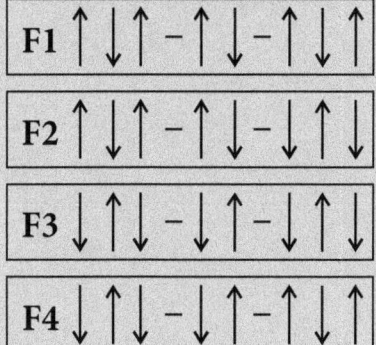

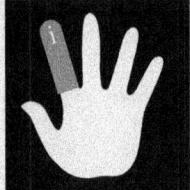

C

(a x)	m	(a x)	-	(a x)	m	-	m	(a x)	m
(a x)	(a x)	m	-	(a x)	(a x)	-	m	(a x)	(a x)
(a x)	m	m	-	(a x)	m	-	m	m	(a x)

---

m	(a x)	m	-	(a x)	m	-	(a x)	m	(a x)
m	(a x)	(a x)	-	(a x)	(a x)	-	(a x)	(a x)	m
m	m	(a x)	-	(a x)	m	-	(a x)	m	m

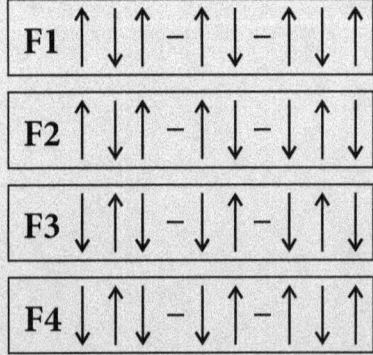

RASGUEADOS

F1	↑ ↓ ↑ - ↑ ↓ - ↑ ↓ ↑
F2	↑ ↓ ↑ - ↑ ↓ - ↓ ↑ ↓
F3	↓ ↑ ↓ - ↓ ↑ - ↓ ↑ ↓
F4	↓ ↑ ↓ - ↓ ↑ - ↑ ↓ ↑

GROUP 3
Finger Combinations
Triple - Double - Triple Stroke / Opposite Triads
18 Formulas

I

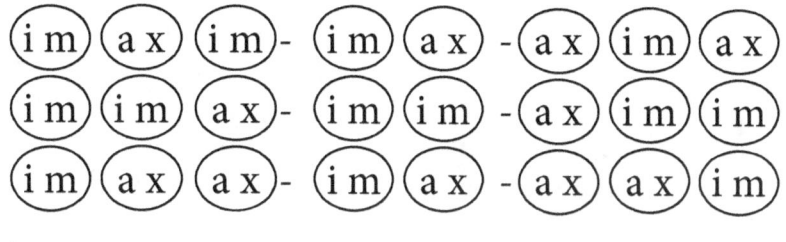

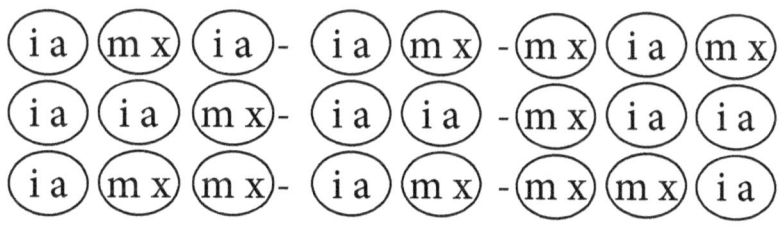

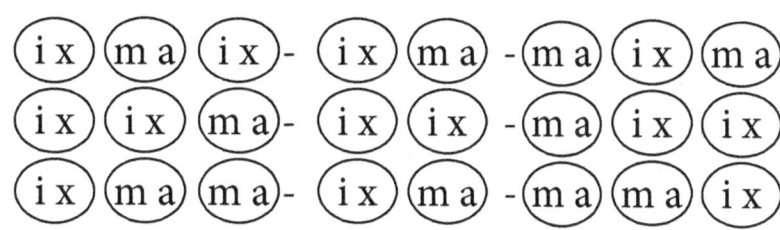

RASGUEADOS

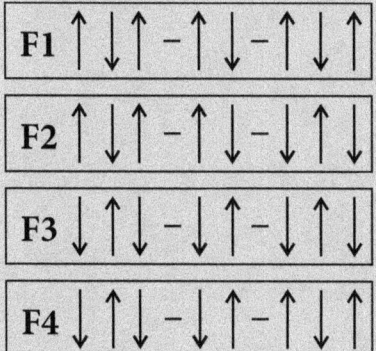

II

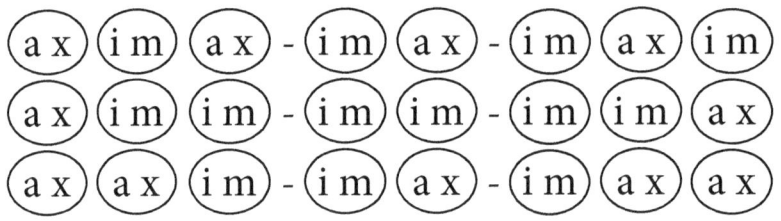

RASGUEADOS

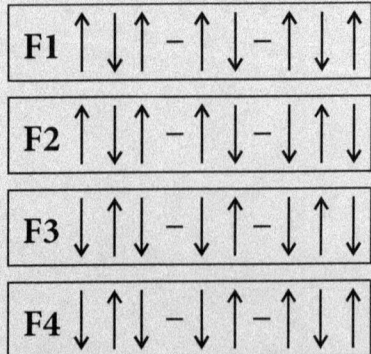

GROUP 4
Thumb And Single Fingers
Triple - Double - Triple Stroke / Opposite Triads
24 Formulas

I

```
p  i  p  -  p  i  -  i  p  i
p  m  p  -  p  m  -  m  p  m
p  a  p  -  p  a  -  a  p  a
p  x  p  -  p  x  -  x  p  x


p  i  i  -  p  i  -  i  i  p
p  m  m  -  p  m  -  m  m  p
p  a  a  -  p  a  -  a  a  p
p  x  x  -  p  x  -  x  x  p


p  p  i  -  p  p  -  i  p  p
p  p  m  -  p  p  -  m  p  p
p  p  a  -  p  p  -  a  p  p
p  p  x  -  p  p  -  x  p  p
```

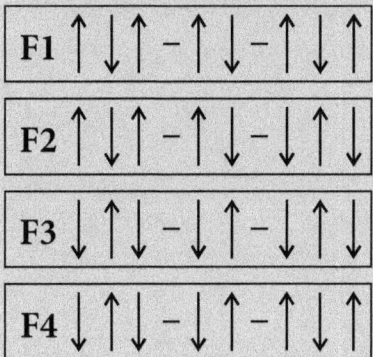

RASGUEADOS

F1 ↑↓↑ - ↑↓ - ↑↓↑
F2 ↑↓↑ - ↑↓ - ↓↑↓
F3 ↓↑↓ - ↓↑ - ↓↑↓
F4 ↓↑↓ - ↓↑ - ↑↓↑

II

```
i  p  i  -  i  p  -  p  i  p
m  p  m  -  m  p  -  p  m  p
a  p  a  -  a  p  -  p  a  p
x  p  x  -  x  p  -  p  x  p


i  i  p  -  i  p  -  p  i  i
m  m  p  -  m  p  -  p  m  m
a  a  p  -  a  p  -  p  a  a
x  x  p  -  x  p  -  p  x  x


i  p  p  -  p  p  -  p  p  i
m  p  p  -  p  p  -  p  p  m
a  p  p  -  p  p  -  p  p  a
x  p  p  -  p  p  -  p  p  x
```

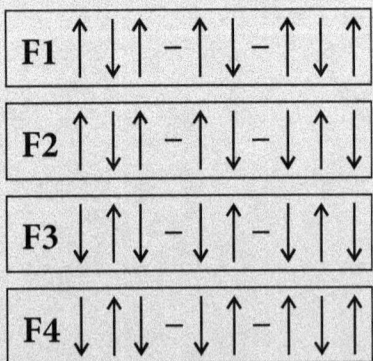

GROUP 5
Thumb And Finger Combinations
Triple - Double - Triple Stroke / Opposite Triads
36 Formulas

I

p (i m) p - p (i m) - (i m) p (i m)
p (i a) p - p (i a) - (i a) p (i a)
p (i x) p - p (i x) - (i x) p (i x)
p (m a) p - p (m a) - (m a) p (m a)
p (m x) p - p (m x) - (m x) p (m x)
p (a x) p - p (a x) - (a x) p (a x)

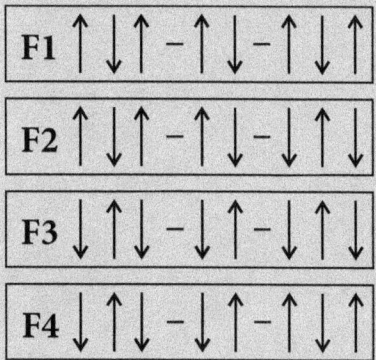

II

p (i m) (i m) - p (i m) - (i m) (i m) p
p (i a) (i a) - p (i a) - (i a) (i a) p
p (i x) (i x) - p (i x) - (i x) (i x) p
p (m a) (m a) - p (m a) - (m a) (m a) p
p (m x) (m x) - p (m x) - (m x) (m x) p
p (a x) (a x) - p (a x) - (a x) (a x) p

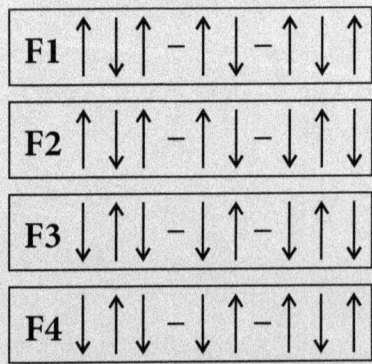

III

p	p	(i m)	-	p	p	-	(i m)	p	p
p	p	(i a)	-	p	p	-	(i a)	p	p
p	p	(i x)	-	p	p	-	(i x)	p	p
p	p	(m a)	-	p	p	-	(m a)	p	p
p	p	(m x)	-	p	p	-	(m x)	p	p
p	p	(a x)	-	p	p	-	(a x)	p	p

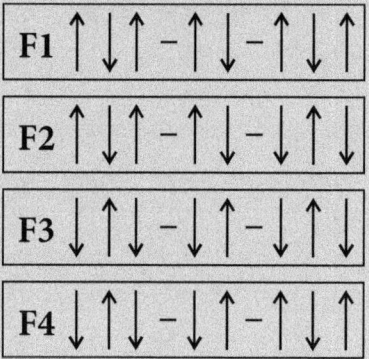

IV

(i m)	p	(i m) -	p	(i m) -	p	(i m)	p
(i a)	p	(i a) -	p	(i a) -	p	(i a)	p
(i x)	p	(i x) -	p	(i x) -	p	(i x)	p
(m a)	p	(m a) -	p	(m a) -	p	(m a)	p
(m x)	p	(m x) -	p	(m x) -	p	(m x)	p
(a x)	p	(a x) -	p	(a x) -	p	(a x)	p

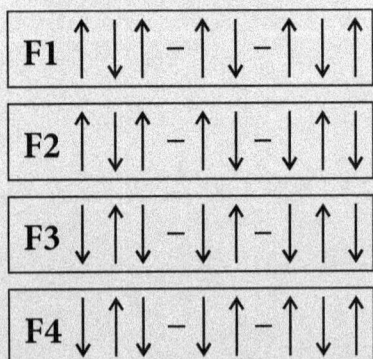

V

i m	i m	p	-	p	i m	-	p	i m	i m
i a	i a	p	-	p	i a	-	p	i a	i a
i x	i x	p	-	p	i x	-	p	i x	i x
m a	m a	p	-	p	m a	-	p	m a	m a
m x	m x	p	-	p	m x	-	p	m x	m x
a x	a x	p	-	p	a x	-	p	a x	a x

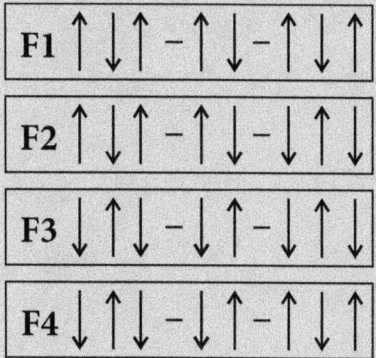

RASGUEADOS

F1	↑ ↓ ↑ – ↑ ↓ – ↑ ↓ ↑
F2	↑ ↓ ↑ – ↑ ↓ – ↓ ↑ ↓
F3	↓ ↑ ↓ – ↓ ↑ – ↓ ↑ ↓
F4	↓ ↑ ↓ – ↓ ↑ – ↑ ↓ ↑

VI

(i m)	p	p	-	p	p	-	p	p	(i m)
(i a)	p	p	-	p	p	-	p	p	(i a)
(i x)	p	p	-	p	p	-	p	p	(i x)
(m a)	p	p	-	p	p	-	p	p	(m a)
(m x)	p	p	-	p	p	-	p	p	(m x)
(a x)	p	p	-	p	p	-	p	p	(a x)

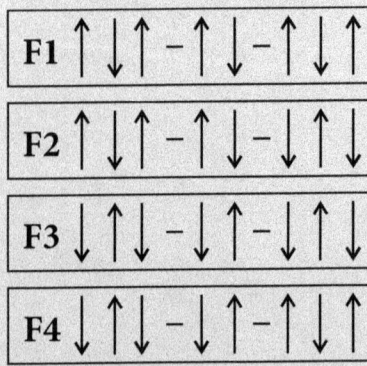

VARIARION III
3 3 2
TRIPLE - TRIPLE - DOUBLE STROKE
(OPPOSITE TRIADS)

GROUP 1
(SINGLE FINGERS)
GROUP 2
(SINGLE FINGERS
AND FINGER COMBINATIONS)
GROUP 3
(FINGER COMBINATIONS)
GROUP 4
(THUMB WITH SINGLE FINGERS)
GROUP 5
(THUMB AND FINGER COMBINATIONS)

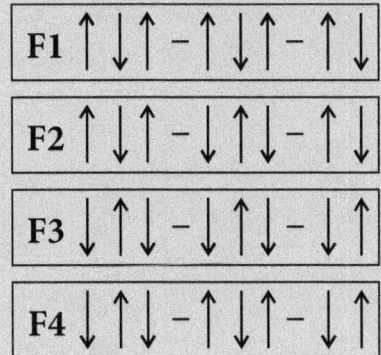

GROUP 1
Single Fingers
Triple - Triple - Double Stroke / Opposite Triads
36 Formulas

I
a and x stable

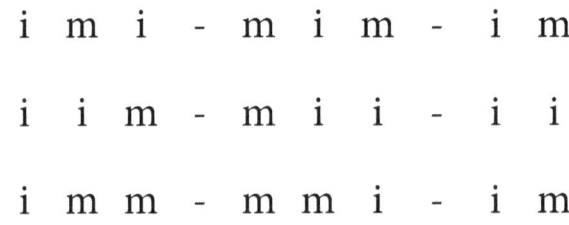

i m i - m i m - i m

i i m - m i i - i i

i m m - m m i - i m

m i m - i m i - m i

m i i - i i m - i i

m m i - i m m - m i

RASGUEADOS

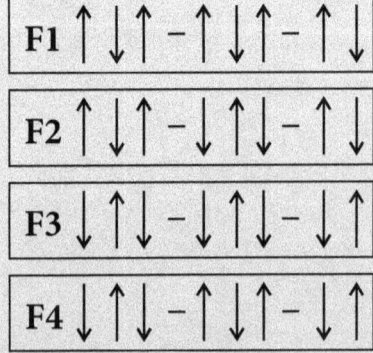

II
m and **x** stable

i a i - a i a - a i

i i a - a i i - i i

i a a - a a i - i a

a i a - i a i - i a

a i i - i i a - i i

a a i - a a i - a i

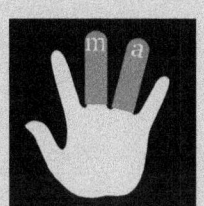

RASGUEADOS

F1	↑↓↑ - ↑↓↑ - ↑↓
F2	↑↓↑ - ↓↑↓ - ↑↓
F3	↓↑↓ - ↓↑↓ - ↓↑
F4	↓↑↓ - ↑↓↑ - ↓↑

III
m and a stable

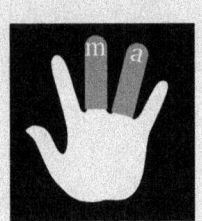

```
i x i - x i x - i x
i i x - x i i - i i
i x x - x x i - i x


x i x - i x i - x i
x i i - i i x - i i
x x i - i x x - x i
```

RASGUEADOS

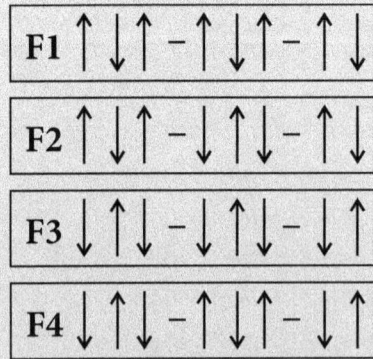

IV
i and a stable

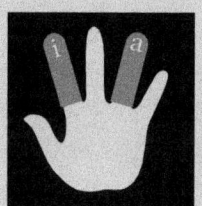

```
m x m - x m x - x m
m m x - x m m - m m
m x x - x x m - m x


x m x - m x m - m x
x m m - m m x - m m
x x m - m x x - x m
```

RASGUEADOS

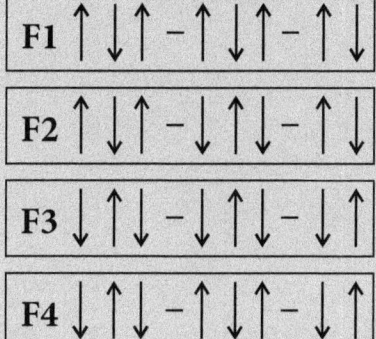

V
i and m stable

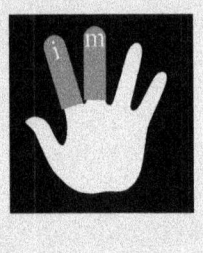

a x a - x a x - x a

a a x - x a a - a a

a x x - x x a - a x

x a x - a x a - a x

x a a - a a x - a a

x x a - a x x - x a

RASGUEADOS

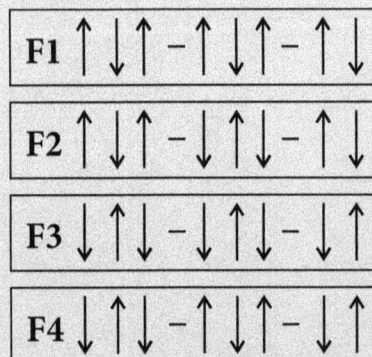

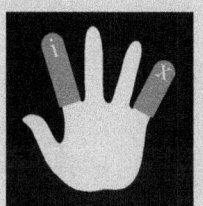

VI
i and **x** stable

m a m - a m a - a m

m m a - a m m - m m

m a a - a a m - m a

a m a - m a m - m a

a m m - m m a - m m

a a m - m a a - a m

RASGUEADOS

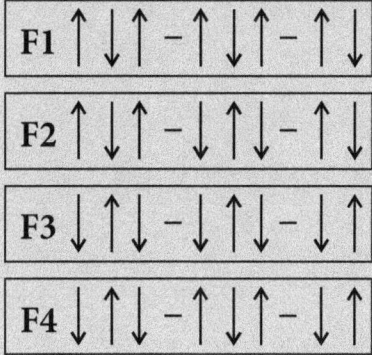

GROUP 2
Single Fingers And Finger Combinations
Triple - Triple - Double Stroke / Opposite Triads
72 Formulas

I
a stable
A

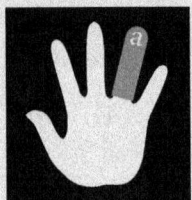

(i m)	x	(i m)	-	x	(i m)	x	-	(i m)	x
(i m)	(i m)	x	-	x	(i m)	(i m)	-	(i m)	(i m)
(i m)	x	x	-	x	x	(i m)	-	(i m)	x

x	(i m)	x	-	(i m)	x	i m	-	(i m)	x
x	x	(i m)	-	(i m)	(i m)	x	-	(i m)	(i m)
x	(i m)	(i m)	-	(i m)	x	x	-	x	(i m)

RASGUEADOS

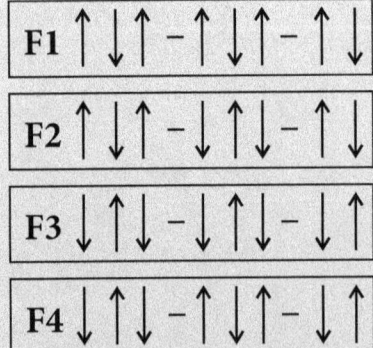

B

m x	i	m x	-	i	m x	i	-	i	m x
m x	m x	i	-	i	m x	m x	-	m x	m x
m x	i	i	-	i	i	m x	-	m x	i

i	m x	i	-	m x	i	m x	-	m x	i
i	m x	m x	-	m x	m x	i	-	m x	m x
i	i	m x	-	m x	i	i	-	i	m x

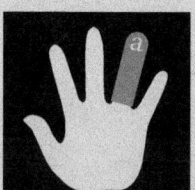

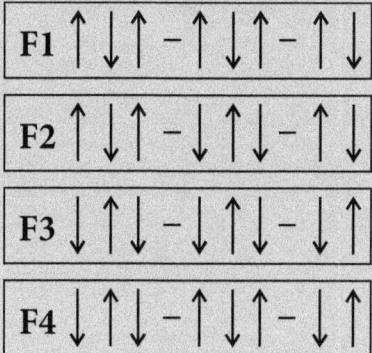

C

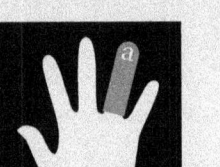

(i x)	m	(i x)	-	m	(i x)	m	-	m	(i x)
(i x)	(i x)	m	-	m	(i x)	(i x)	-	(i x)	(i x)
(i x)	m	m	-	m	m	(i x)	-	(i x)	m

m	(i x)	m	-	(i x)	m	(i x)	-	(i x)	m
m	m	(i x)	-	(i x)	(i x)	m	-	(i x)	(i x)
m	(i x)	(i x)	-	(i x)	m	m	-	m	(i x)

RASGUEADOS

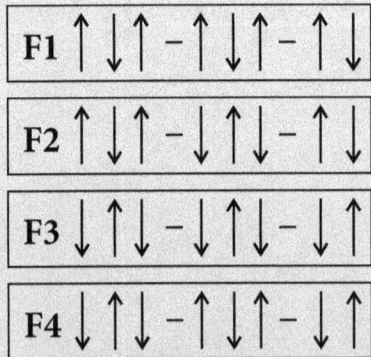

II
m stable
A

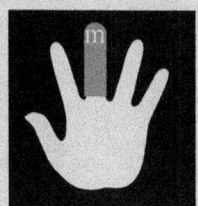

ⓘⓐ x ⓘⓐ - x ⓘⓐ x - ⓘⓐ x
ⓘⓐ ⓘⓐ x - x ⓘⓐ ⓘⓐ - ⓘⓐ ⓘⓐ
ⓘⓐ x x - x x ⓘⓐ - ⓘⓐ x

---

x ⓘⓐ x - ⓘⓐ x ⓘⓐ - x ⓘⓐ
x x ⓘⓐ - ⓘⓐ x x - x x
x ⓘⓐ ⓘⓐ - ⓘⓐ ⓘⓐ x - x ⓘⓐ

RASGUEADOS

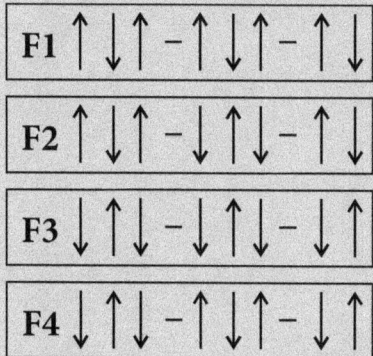

B

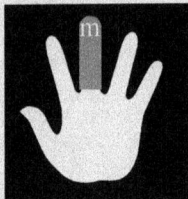

(ix)	a	(ix)	- a	(ix)	a	- (ix)	a
(ix)	(ix)	a	- a	(ix)	(ix)	- (ix)	(ix)
(ix)	a	a	- a	a	(ix)	- (ix)	a

a	(ix)	a	- (ix)	a	(ix)	- a	(ix)
a	a	(ix)	- (ix)	a	a	- a	a
a	(ix)	(ix)	- (ix)	(ix)	a	- a	(ix)

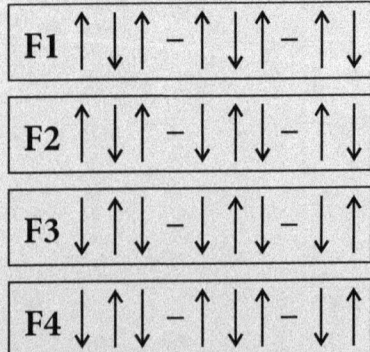

C

a x	i	a x	-	i	a x	i	-	a x	i
a x	a x	i	-	i	a x	a x	-	a x	a x
a x	i	i	-	i	i	a x	-	a x	i

i	a x	i	-	a x	i	a x	-	i	a x
i	i	a x	-	a x	i	i	-	i	i
i	a x	a x	-	a x	a x	i	-	i	a x

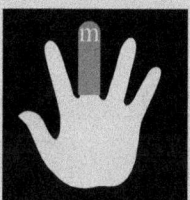

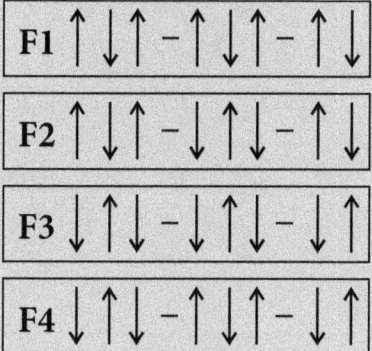

III
x stable
A

(i m)　a　(i m) - a　(i m)　a　-　a　(i m)
(i m) (i m)　a　-　a　(i m) (i m) - (i m) (i m)
(i m)　a　a　-　a　a　(i m) - (i m)　a

---

a　(i m)　a - (i m)　a　(i m) - (i m)　a
a　(i m) (i m) - (i m) (i m)　a　- (i m) (i m)
a　a　(i m) - (i m)　a　a　- a　(i m)

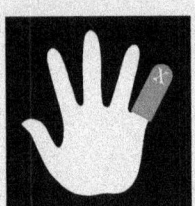

RASGUEADOS

F1	↑↓↑ - ↑↓↑ - ↑↓
F2	↑↓↑ - ↓↑↓ - ↑↓
F3	↓↑↓ - ↓↑↓ - ↓↑
F4	↓↑↓ - ↑↓↑ - ↓↑

B

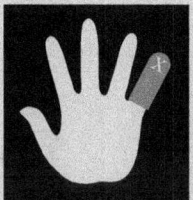

ma	i	ma	-	i	ma	i	-	i	ma
ma	ma	i	-	i	ma	ma	-	ma	ma
ma	i	i	-	i	i	ma	-	ma	i

i	ma	i	-	ma	i	ma	-	ma	i
i	ma	ma	-	ma	ma	i	-	ma	ma
i	i	ma	-	ma	i	i	-	i	ma

RASGUEADOS

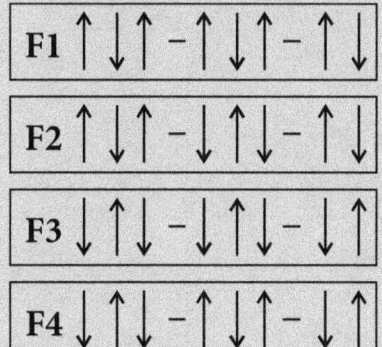

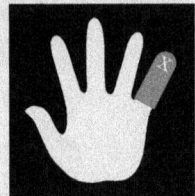

C

(i a)	m	(i a)	-	m	(i a)	m	-	m	(i a)
(i a)	(i a)	m	-	m	(i a)	(i a)	-	(i a)	(i a)
(i a)	m	m	-	m	m	(i a)	-	(i a)	m

m	(i a)	m	-	(i a)	m	(i a)	-	(i a)	m
m	(i a)	(i a)	-	(i a)	(i a)	m	-	(i a)	(i a)
m	m	(i a)	-	(i a)	m	m	-	m	(i a)

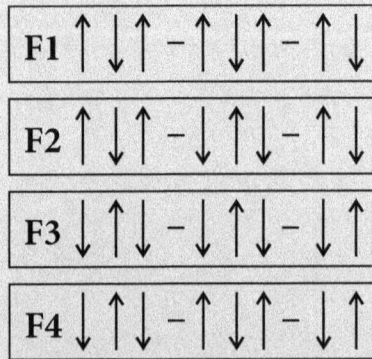

RASGUEADOS

F1 ↑↓↑ – ↑↓↑ – ↑↓
F2 ↑↓↑ – ↓↑↓ – ↑↓
F3 ↓↑↓ – ↓↑↓ – ↓↑
F4 ↓↑↓ – ↑↓↑ – ↓↑

IV
i stable
A

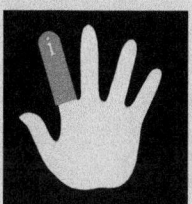

(m a)	x	(m a)	-	x	(m a)	x	-	(m a)	x
(m a)	(m a)	x	-	x	(m a)	(m a)	-	(m a)	(m a)
(m a)	x	x	-	x	x	(m a)	-	(m a)	x

---

x	(m a)	x	-	(m a)	x	(m a)	-	x	(m a)
x	x	(m a)	-	(m a)	x	x	-	x	x
x	(m a)	(m a)	-	(m a)	(m a)	x	-	x	(m a)

RASGUEADOS

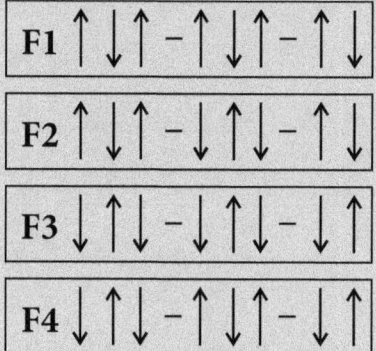

B

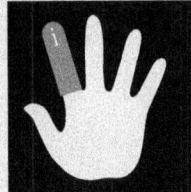

(a x)	m	(a x)	-	m	(a x)	m	-	(a x)	m
(a x)	(a x)	m	-	m	(a x)	(a x)	-	(a x)	(a x)
(a x)	m	m	-	m	m	(a x)	-	(a x)	m

m	(a x)	m	-	(a x)	m	(a x)	-	m	(a x)
m	m	(a x)	-	(a x)	m	m	-	m	m
m	(a x)	(a x)	-	(a x)	(a x)	m	-	m	(a x)

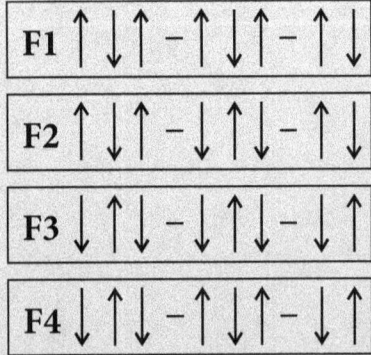

C

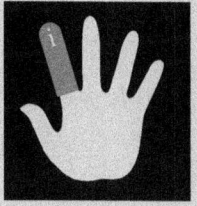

m x	a	m x	-	a	m x	a	-	m x	a
m x	m x	a	-	a	m x	m x	-	m x	m x
m x	a	a	-	a	a	m x	-	m x	a

a	m x	a	-	m x	a	m x	-	a	m x
a	a	m x	-	m x	a	a	-	a	a
a	m x	m x	-	m x	m x	a	-	a	m x

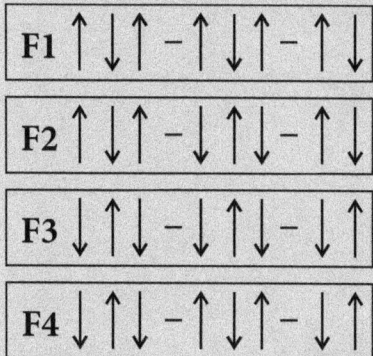

RASGUEADOS

F1	↑↓↑ – ↑↓↑ – ↑↓
F2	↑↓↑ – ↓↑↓ – ↑↓
F3	↓↑↓ – ↑↓↑ – ↓↑
F4	↓↑↓ – ↑↓↑ – ↓↑

GROUP 3
Finger Combinations
Triple - Triple - Double Stroke / Opposite Triads
18 Formulas

I

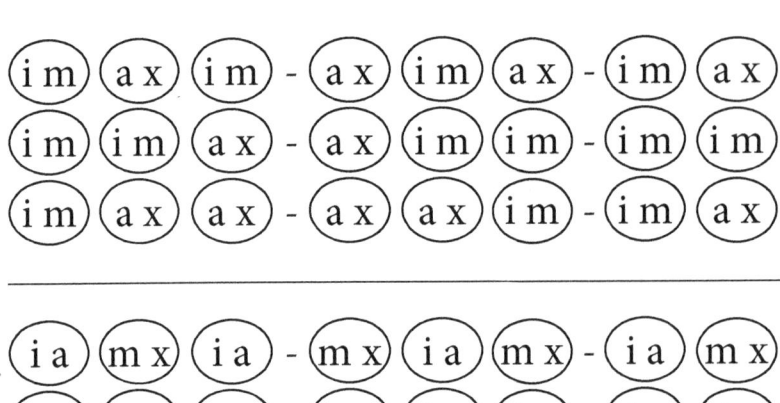

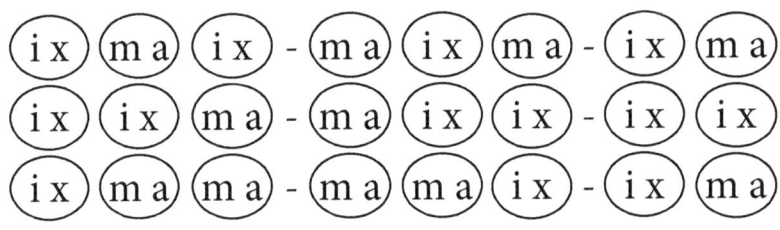

RASGUEADOS

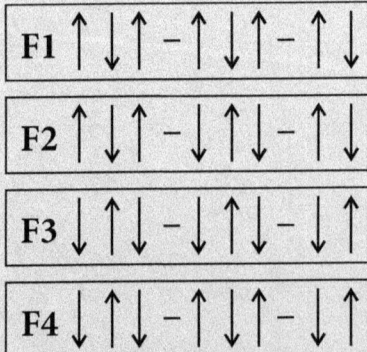

II

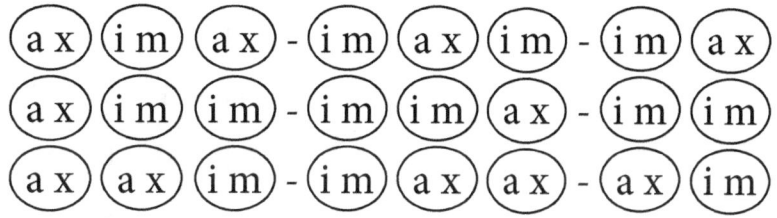

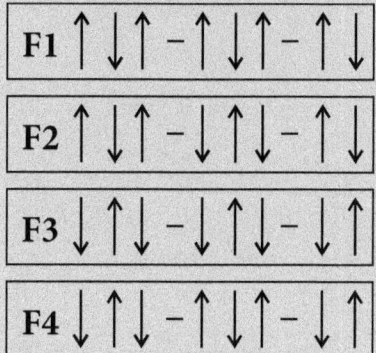

RASGUEADOS

F1	↑↓↑ − ↑↓↑ − ↑↓
F2	↑↓↑ − ↓↑↓ − ↑↓
F3	↓↑↓ − ↓↑↓ − ↓↑
F4	↓↑↓ − ↑↓↑ − ↓↑

GROUP 4
Thumb And Single Fingers
Triple - Triple - Double Stroke / Opposite Triads
24 Formulas

I

p i p - i p i - p i
p m p - m p m - p m
p a p - a p a - p a
p x p - x p x - p x

p i i - i i p - p i
p m m - m m p - p m
p a a - a a p - p a
p x x - x x p - p x

p p i - i p p - p p
p p m - m p p - p p
p p a - a p p - p p
p p x - x p p - p p

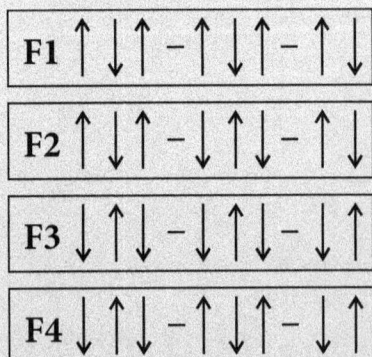

II

```
i p i - p i p - i p
m p m - p m p - m p
a p a - p a p - a p
x p x - p x p - x p


i i p - p i i - i p
m m p - p m m - m p
a a p - p a a - a p
x x p - p x x - x p


i p p - p p i - p p
m p p - p p m - p p
a p p - p p a - p p
x p p - p p x - p p
```

RASGUEADOS

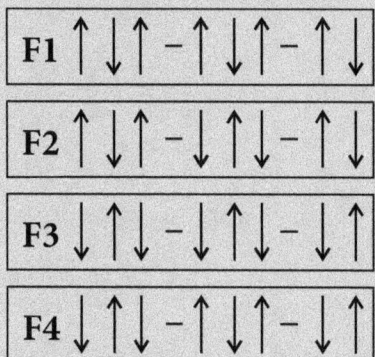

GROUP 5
Thumb And Finger Combinations
Triple - Triple - Double Stroke / Opposite Triads
36 Formulas

I

p (i m) p - (i m) p (i m) - (i m) p
p (i a) p - (i a) p (i a) - (i a) p
p (i x) p - (i x) p (i x) - (i x) p
p (m a) p - (m a) p (m a) - (m a) p
p (m x) p - (m x) p (m x) - (m x) p
p (a x) p - (a x) p (a x) - (a x) p

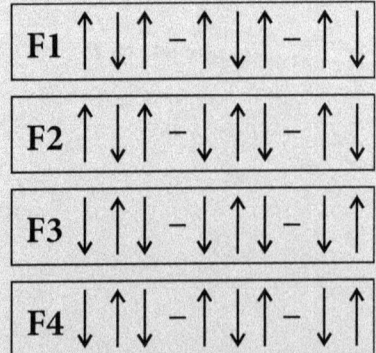

II

p (im)(im) - (im)(im) p - p (im)
p (ia)(ia) - (ia)(ia) p - p (ia)
p (ix)(ix) - (ix)(ix) p - p (ix)
p (ma)(ma) - (ma)(ma) p - p (ma)
p (mx)(mx) - (mx)(mx) p - p (mx)
p (ax)(ax) - (ax)(ax) p - p (ax)

RASGUEADOS

F1	↑↓↑ - ↑↓↑ - ↑↓
F2	↑↓↑ - ↓↑↓ - ↑↓
F3	↓↑↓ - ↓↑↓ - ↓↑
F4	↓↑↓ - ↑↓↑ - ↓↑

III

p	p	(i m)	-	(i m)	p	p	-	p	p
p	p	(i a)	-	(i a)	p	p	-	p	p
p	p	(i x)	-	(i x)	p	p	-	p	p
p	p	(m a)	-	(m a)	p	p	-	p	p
p	p	(m x)	-	(m x)	p	p	-	p	p
p	p	(a x)	-	(a x)	p	p	-	p	p

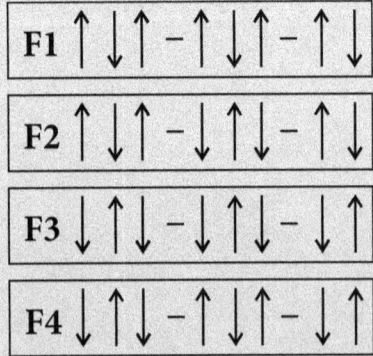

IV

(i m)	p	(i m)	- p	(i m)	p -	(i m)	p
(i a)	p	(i a)	- p	(i a)	p -	(i a)	p
(i x)	p	(i x)	- p	(i x)	p -	(i x)	p
(m a)	p	(m a)	- p	(m a)	p -	(m a)	p
(m x)	p	(m x)	- p	(m x)	p -	(m x)	p
(a x)	p	(a x)	- p	(a x)	p -	(a x)	p

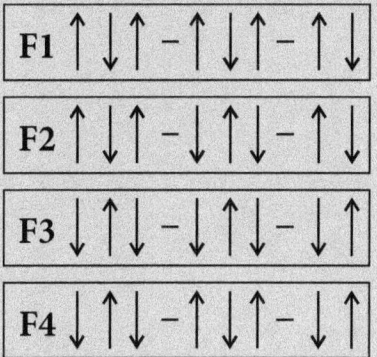

V

(i m)	(i m)	p	-	p	(i m)	(i m)	-	p	(i m)
(i a)	(i a)	p	-	p	(i a)	(i a)	-	p	(i a)
(i x)	(i x)	p	-	p	(i x)	(i x)	-	p	(i x)
(m a)	(m a)	p	-	p	(m a)	(m a)	-	p	(m a)
(m x)	(m x)	p	-	p	(m x)	(m x)	-	p	(m x)
(a x)	(a x)	p	-	p	(a x)	(a x)	-	p	(a x)

RASGUEADOS

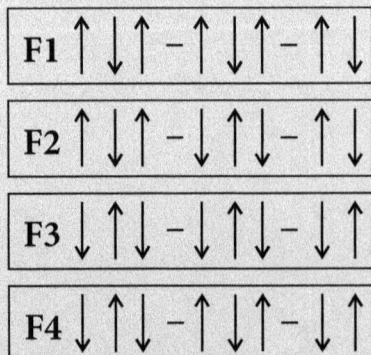

VI

(i m)	p	p	-	p	p	(i m)	-	p	p
(i a)	p	p	-	p	p	(i a)	-	p	p
(i x)	p	p	-	p	p	(i x)	-	p	p
(m a)	p	p	-	p	p	(m a)	-	p	p
(m x)	p	p	-	p	p	(m x)	-	p	p
(a x)	p	p	-	p	p	(a x)	-	p	p

RASGUEADOS

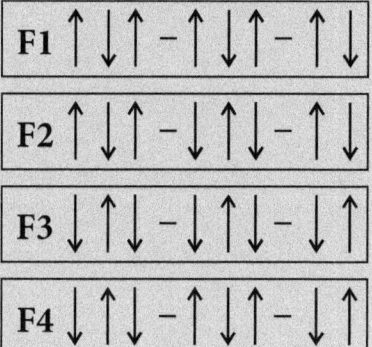

CHAPTER 3-2
Triple Stroke Of Three Different Elements

1. Rasgueados With Same Triads
2. Rasgueados With Opposite Triads

UNIT I
TRIPLE STROKE
EIGHT RASGUEADOS FORMULAS IN TOTAL

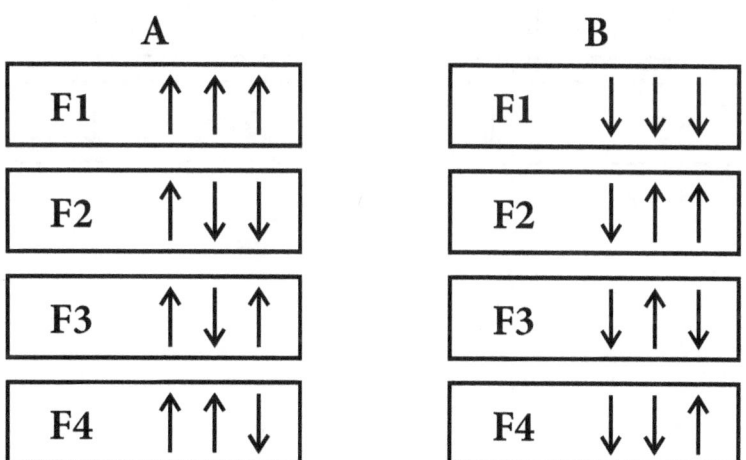

UNIT I
TRIPLE STROKE
EIGHT RASGUEADOS FORMULAS IN TOTAL

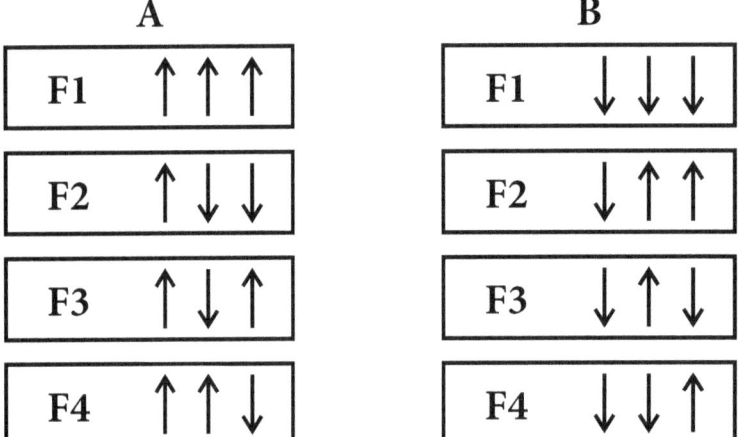

UNIT II
TWO TRIPLE STROKES
FOUR RASGUEADOS FORMULAS IN TOTAL

F1	↑↓↑ - ↑↓↑
F2	↑↓↑ - ↓↑↓
F3	↓↑↓ - ↓↑↓
F4	↓↑↓ - ↑↓↑

F1	↑↓↑ - ↑↑↓
F2	↓↑↓ - ↑↑↓
F3	↓↑↓ - ↑↓↓
F4	↓↑↓ - ↓↑↑

F1	↑↑↓ - ↑↓↑
F2	↑↑↓ - ↓↑↓
F3	↑↓↓ - ↑↓↑
F4	↑↓↓ - ↓↑↓

F1	↑↓↓ - ↑↓↑
F2	↑↓↓ - ↓↑↓
F3	↓↑↑ - ↑↓↑
F4	↓↑↑ - ↓↑↓

F1	↑↓↓ - ↑↓↓
F2	↑↓↓ - ↓↑↑
F3	↓↑↑ - ↓↑↑
F4	↓↑↑ - ↑↓↓

F1	↑↑↓ - ↑↑↓
F2	↑↑↓ - ↓↓↑
F3	↓↓↑ - ↓↓↑
F4	↓↓↑ - ↑↑↓

F1	↑↓↓ - ↑↑↓
F2	↑↓↓ - ↓↓↑
F3	↓↑↑ - ↓↓↑
F4	↓↑↑ - ↑↑↓

F1	↑↑↓ - ↑↓↓
F2	↑↑↓ - ↓↑↑
F3	↓↓↑ - ↓↑↑
F4	↓↓↑ - ↑↓↓

UNIT II concerns two cases:
UNIT II-1: Same triads, eg. (ima - ima)
UNIT II-2: Opposite triads, eg. (ima - ami)

UNIT III

ONE DOUBLE AND TWO TRIPLE STROKES WITHIN EACH FORMULA

This unit includes three variations with four Rasguados formulas in each variation.
Combination of one double and two triple strokes.
The variations depend on the position of the double stroke within the formula.
In the first variation there is double - triple - triple stroke.
In the second variation there is triple - double - triple stroke.
In the third variation there is triple - triple - double stroke.

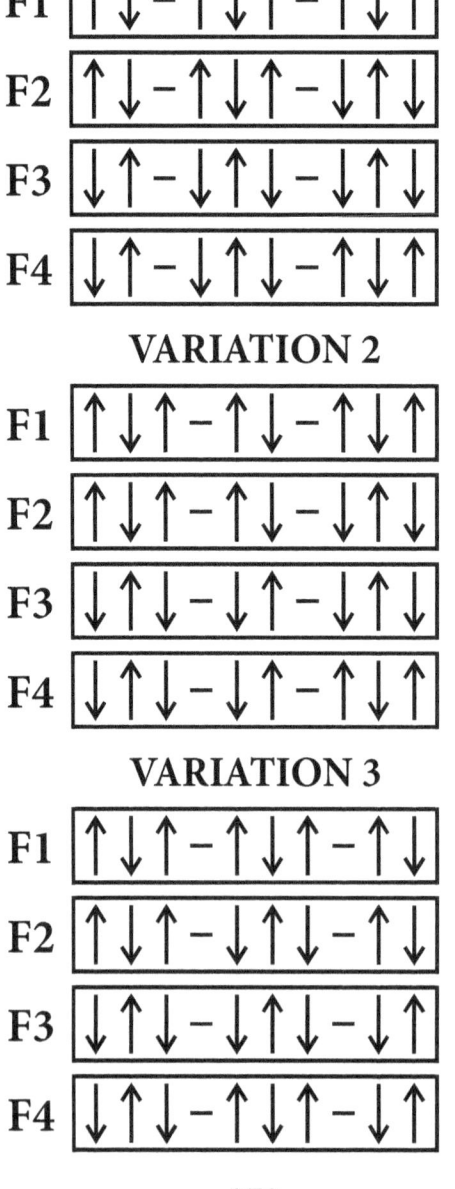

UNIT III concerns two cases:

UNIT III-1
Same triads in the triple stroke,
Eg.

F1 ↑↓ – ↑↓↑ – ↑↓↑
   im   ima ima

UNIT III-2
Opposite triads in the triple stroke,
Eg.

F1 ↑↓ – ↑↓↑ – ↑↓↑
   im   ima ami

The right hand fingers form the following five fingering groups:

GROUP 1 - SINGLE FINGERS
GROUP 2 - SINGLE FINGERS AND FINGER COMBINATIONS
GROUP 3 - FINGER COMBINATIONS
GROUP 4 - THUMB AND SINGLE FINGERS
GROUP 5 - THUMB AND FINGER COMBINATIONS

*These five fingering groups are mentioned below.

GROUP 1
Single Fingers

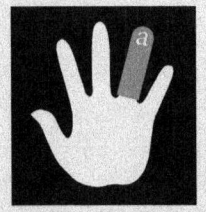

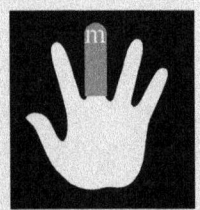

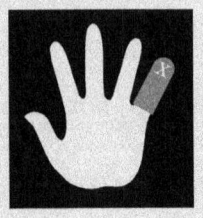

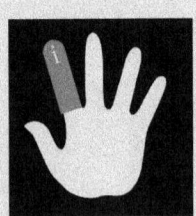

I			II		
a stable			**m** stable		
i	m	x	i	a	x
i	x	m	i	x	a
m	i	x	a	i	x
m	x	i	a	x	i
x	m	i	x	a	i
x	i	m	x	i	a

III			IV		
x stable			**i** stable		
i	m	a	a	m	x
i	a	m	a	x	m
m	i	a	x	a	m
m	a	i	x	m	a
a	m	i	m	a	x
a	i	m	m	x	a

GROUP 2
Single Fingers And Finger Combinations

I	II	III
(im) a x	a x (im)	x (im) a
(im) x a	x a (im)	a (im) x
(ma) i x	i x (ma)	x (ma) i
(ma) x i	x i (ma)	i (ma) x
(ia) m x	m x (ia)	x (ia) m
(ia) x m	x m (ia)	m (ia) x
(mx) i a	i a (mx)	a (mx) i
(mx) a i	a i (mx)	i (mx) a
(ix) m a	m a (ix)	a (ix) m
(ix) a m	a m (ix)	m (ix) a
(ax) m i	m i (ax)	i (ax) m
(ax) i m	i m (ax)	m (ax) i

GROUP 3
Thumb And Single Fingers
(3 Different Elements)

A	1	B
p a x		a x p
p m x		m x p
p m a		m a p
p i x		i x p
p i a		i a p
p i m		i m p

A	2	B
p x a		x a p
p x m		x m p
p a m		a m p
p x i		x i p
p a i		a i p
p m i		m i p

A	3	B
a p x		x p a
m p x		x p m
m p a		a p m
i p x		x p i
i p a		a p i
i p m		m p i

GROUP 4
Thumb With Single Fingers
And Finger Combinations
(3 Different Elements)

	I			II	
p	i	(m a)	i	(m a)	p
p	i	(a x)	i	(a x)	p
p	i	(m x)	i	(m x)	p
p	m	(i a)	m	(i m)	p
p	m	(i x)	m	(i x)	p
p	m	(a x)	m	(a x)	p
p	a	(i m)	a	(i m)	p
p	a	(i x)	a	(i x)	p
p	a	(m x)	a	(m x)	p
p	x	(i m)	x	(i m)	p
p	x	(i a)	x	(i a)	p
p	x	(m a)	x	(m a)	p

III					IV
(m a)	p	i	i	p	(m a)
(a x)	p	i	i	p	(a x)
(m x)	p	i	i	p	(m x)
(i a)	p	m	m	p	(i a)
(i x)	p	m	m	p	(i x)
(a x)	p	m	m	p	(a x)
(i m)	p	a	a	p	(i m)
(i x)	p	a	a	p	(i x)
(a x)	p	a	a	p	(a x)
(i m)	p	x	x	p	(i m)
(i a)	p	x	x	p	(i a)
(m a)	p	x	x	p	(m a)

V

p (m a) i
p (a x) i
p (m x) i

p (i a) m
p (i x) m
p (a x) m

p (i m) a
p (i x) a
p (a x) a

p (i m) x
p (i a) x
p (m a) x

VI

(m a) i p
(a x) i p
(m x) i p

(i a) m p
(i x) m p
(a x) m p

(i m) a p
(i x) a p
(a x) a p

(i m) x p
(i a) x p
(m a) x p

GROUP 5
Thumb And Finger Combinations
(3 Different Elements)

I

p	(m a)	(i x)
p	(i a)	(m x)
p	(i m)	(a x)
p	(i x)	(m a)
p	(m x)	(i a)
p	(a x)	(i m)

I I

(m a)	p	(i x)
(i a)	p	(m x)
(i m)	p	(a x)
(i x)	p	(m a)
(m x)	p	(i a)
(a x)	p	(i m)

I I I

(m a)	(i x)	p
(i a)	(m x)	p
(i m)	(a x)	p
(i x)	(m a)	p
(m x)	(i a)	p
(a x)	(i m)	p

UNIT I
TRIPLE STROKE (RASGUEADO) OF THREE ELEMENTS (TWO OF THEM THE SAME)

GROUP 1
Single Fingers
Triple Stroke
(Three Different Elements) 24 Formulas

I
a stable

i m x
i x m

m i x
m x i

x m i
x i m

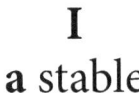

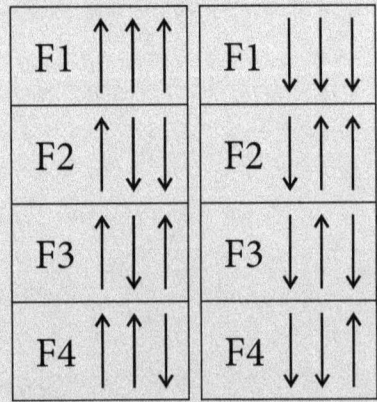

RASGUEADOS

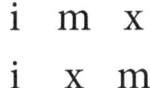

II
m stable

i a x
i x a

a i x
a x i

x a i
x i a

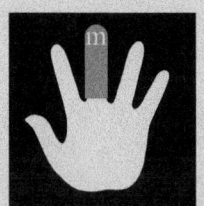

RASGUEADOS

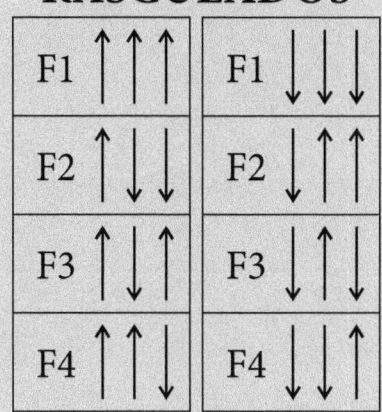

III
x stable

```
i   m       a
i   a   m

m   i       a
m       a   i

    a   m   i
    a   i   m
```

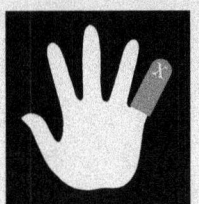

RASGUEADOS

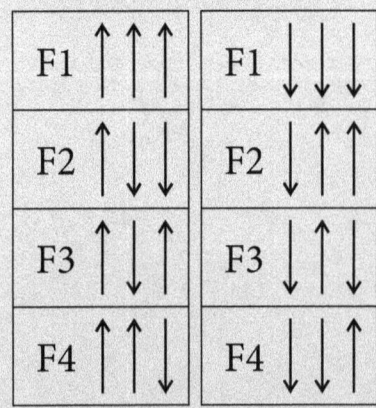

IV
i stable

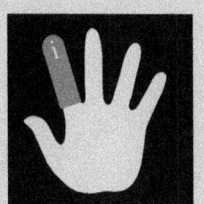

| m | a | x |
| m | x | a |

| a | m | x |
| a | x | m |

| x | a | m |
| x | m | a |

RASGUEADOS

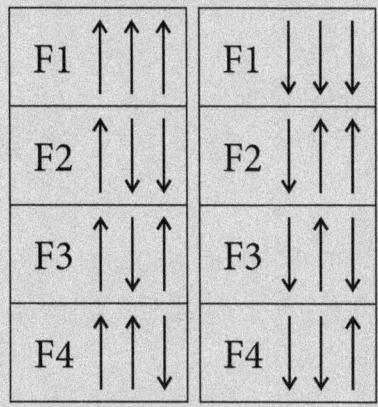

GROUP 2
Single Fingers And Finger Combinations
Triple Stroke
(Three Different Elements) 24 Formulas

I

(i m)	a	x
(i m)	x	a
(m a)	i	x
(m a)	x	i
(i a)	m	x
(i a)	x	m
(m x)	i	a
(m x)	a	i
(i x)	m	a
(i x)	a	m
(a x)	m	i
(a x)	i	m

RASGUEADOS

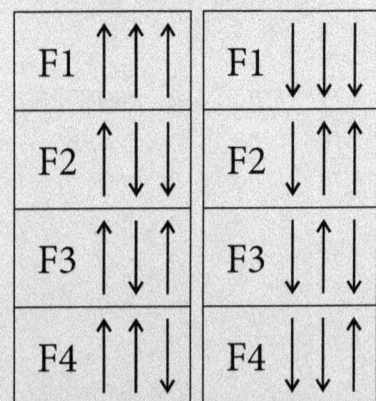

II

a	x	(i m)
x	a	(i m)
i	x	(m a)
x	i	(m a)
m	x	(i a)
x	m	(i a)
i	a	(m x)
a	i	(m x)
m	a	(i x)
a	m	(i x)
m	i	(a x)
i	m	(a x)

RASGUEADOS

F1 ↑↑↑	F1 ↓↓↓
F2 ↑↓↓	F2 ↓↑↑
F3 ↑↓↑	F3 ↓↑↓
F4 ↑↑↓	F4 ↓↓↑

III

x	(i m)	a
a	(i m)	x
x	(m a)	i
i	(m a)	x
x	(i a)	m
m	(i a)	x
a	(m x)	i
i	(m x)	a
a	(i x)	m
m	(i x)	a
i	(a x)	m
m	(a x)	i

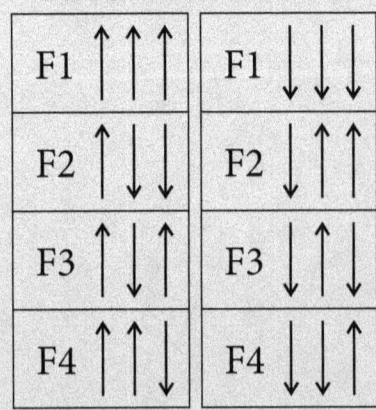

GROUP 3
Thumb And Single Fingers
Triple Stroke
(Three Different Elements) 36 Formulas

I

p a x

p m x

p m a

p i x

p i a

p i m

p x a

p x m

p a m

p x i

p a i

p m i

RASGUEADOS

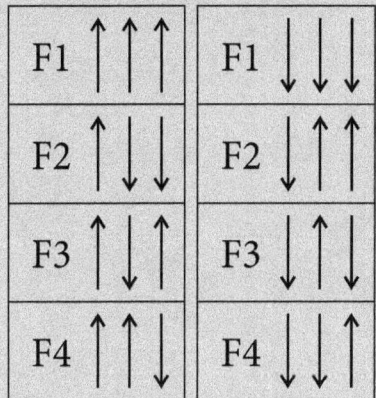

II

a	x	p
m	x	p
m	a	p
i	x	p
i	a	p
i	m	p
x	a	p
x	m	p
a	m	p
x	i	p
a	i	p
m	i	p

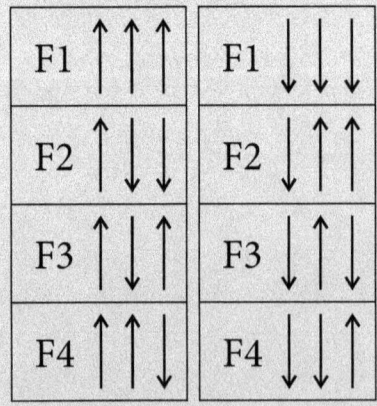

III

a	p	x
m	p	x
m	p	a
i	p	x
i	p	a
i	p	m
x	p	a
x	p	m
a	p	m
x	p	i
a	p	i
m	p	i

RASGUEADOS

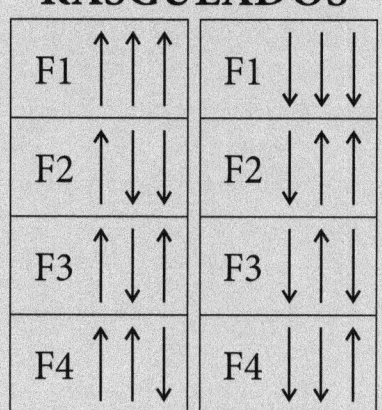

GROUP 4
Thumb with Single Fingers
And Finger Combinations
Triple Stroke
(Three Different Elements) 72 Formulas

I

i	(m a)	p
i	(a x)	p
i	(m x)	p
m	(i a)	p
m	(i x)	p
m	(a x)	p
a	(i m)	p
a	(i x)	p
a	(m x)	p
x	(i m)	p
x	(i a)	p
x	(m a)	p

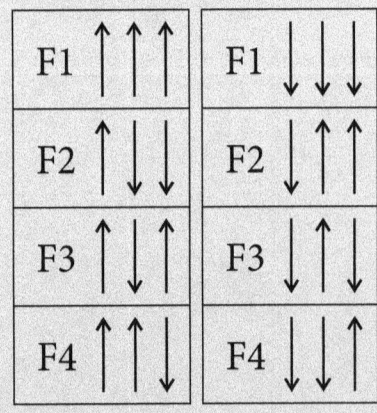

II

p	(m a)	i
p	(a x)	i
p	(m x)	i
p	(i a)	m
p	(i x)	m
p	(a x)	m
p	(i m)	a
p	(i x)	a
p	(m x)	a
p	(i m)	x
p	(i a)	x
p	(m a)	x

RASGUEADOS

F1	↑↑↑	F1	↓↓↓
F2	↑↓↓	F2	↓↑↑
F3	↑↓↑	F3	↓↑↓
F4	↑↑↓	F4	↓↓↑

III

(m a)	p	i
(a x)	p	i
(m x)	p	i
(i a)	p	m
(i x)	p	m
(a x)	p	m
(i m)	p	a
(i x)	p	a
(m x)	p	a
(i m)	p	x
(i a)	p	x
(m a)	p	x

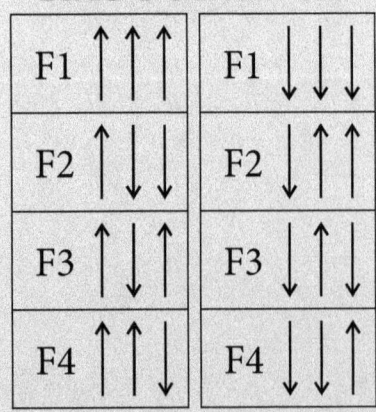

RASGUEADOS

F1 ↑↑↑	F1 ↓↓↓
F2 ↑↓↓	F2 ↓↑↑
F3 ↑↓↑	F3 ↓↑↓
F4 ↑↑↓	F4 ↓↓↑

IV

i	p	(m a)
i	p	(a x)
i	p	(m x)
m	p	(i a)
m	p	(i x)
m	p	(a x)
a	p	(i m)
a	p	(i x)
a	p	(m x)
x	p	(i m)
x	p	(i a)
x	p	(m a)

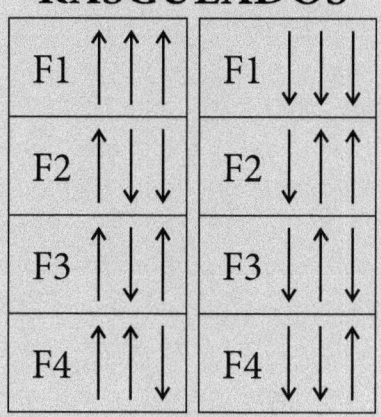

RASGUEADOS

F1 ↑↑↑		F1 ↓↓↓
F2 ↑↓↓		F2 ↓↑↑
F3 ↑↓↑		F3 ↓↑↓
F4 ↑↑↓		F4 ↓↓↑

V

p	i	(m a)
p	i	(a x)
p	i	(m x)
p	m	(i a)
p	m	(i x)
p	m	(a x)
p	a	(i m)
p	a	(i x)
p	a	(m x)
p	x	(i m)
p	x	(i a)
p	x	(m a)

RASGUEADOS

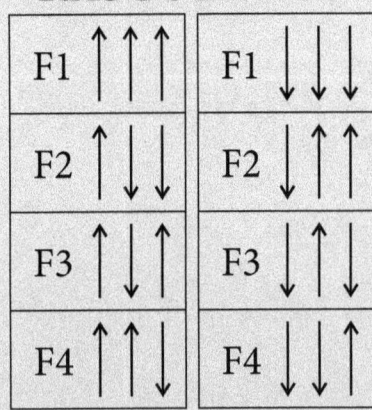

VI

(m a)	i	p
(a x)	i	p
(m x)	i	p
(i a)	m	p
(i x)	m	p
(a x)	m	p
(i m)	a	p
(i x)	a	p
(m x)	a	p
(i m)	x	p
(i a)	x	p
(m a)	x	p

RASGUEADOS

F1 ↑↑↑	F1 ↓↓↓
F2 ↑↓↓	F2 ↓↑↑
F3 ↑↓↓	F3 ↓↑↓
F4 ↑↑↓	F4 ↓↓↑

GROUP 5
Thumb And Finger Combinations
Triple Stroke
(Three Different Elements) 18 Formulas

I

p (m a) (i x)
p (i a) (m x)
p (i m) (a x)

p (i x) (m a)
p (m x) (i a)
p (a x) (i m)

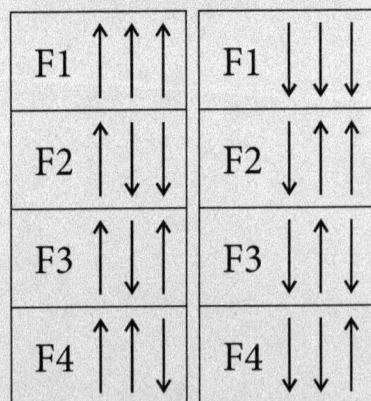

RASGUEADOS

II

(m a)	p	(i x)
(i a)	p	(m x)
(i m)	p	(a x)
(i x)	p	(m a)
(m x)	p	(i a)
(a x)	p	(i m)

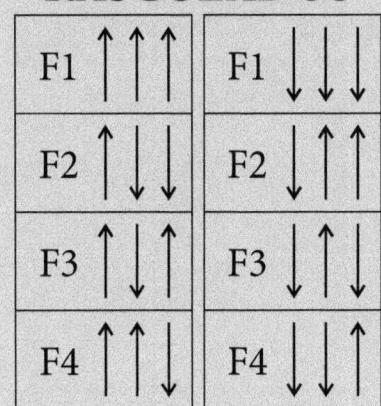

III

(m a) (i x) p
(i a) (m x) p
(i m) (a x) p

(i x) (m a) p
(m x) (i a) p
(a x) (i m) p

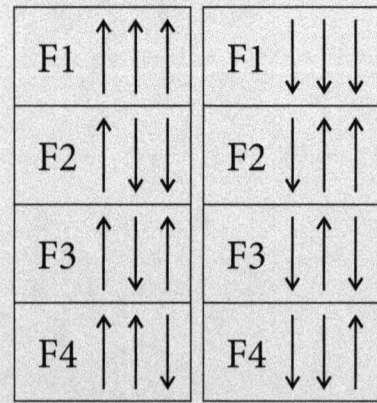

UNIT II-1
TRIPLE STROKE (RASGUEADO)
SAME TRIADS

GROUP 1: SINGLE FINGERS
GROUP 2: SINGLE FINGERS AND FINGER COMBINATIONS
GROUP 3: FINGER COMBINATIONS
GROUP 4: THUMB AND SINGLE FINGERS
GROUP 5: THUMB AND FINGER COMBINATIONS

The groups of elements are played on thirty two FORMULES.

RASGUEADOS

F1 ↑↓↑ - ↑↓↑	F1 ↑↓↑ - ↑↑↓
F2 ↑↓↑ - ↓↑↓	F2 ↓↑↓ - ↑↑↓
F3 ↓↑↓ - ↓↑↓	F3 ↓↑↓ - ↑↓↓
F4 ↓↑↓ - ↑↓↑	F4 ↓↑↓ - ↓↑↑

F1 ↑↑↓ - ↑↓↑	F1 ↑↓↓ - ↑↓↑
F2 ↑↑↓ - ↓↑↓	F2 ↑↓↓ - ↓↑↓
F3 ↑↓↓ - ↑↓↑	F3 ↓↑↑ - ↑↓↑
F4 ↑↓↓ - ↓↑↓	F4 ↓↑↑ - ↓↑↓

F1 ↑↓↓ - ↑↓↓	F1 ↑↑↓ - ↑↑↓
F2 ↑↓↓ - ↓↑↑	F2 ↑↑↓ - ↓↓↑
F3 ↓↑↑ - ↓↑↑	F3 ↓↓↑ - ↓↓↑
F4 ↓↑↑ - ↑↓↓	F4 ↓↓↑ - ↑↑↓

F1 ↑↓↓ - ↑↑↓	F1 ↑↑↓ - ↑↓↓
F2 ↑↓↓ - ↓↓↑	F2 ↑↑↓ - ↓↑↑
F3 ↓↑↑ - ↓↓↑	F3 ↓↓↑ - ↓↑↑
F4 ↓↑↑ - ↑↑↓	F4 ↓↓↑ - ↑↓↓

GROUP 1
Single Fingers - Triple Stroke
Same Triads
(Three Different Elements) 24 Formulas

I

a stable

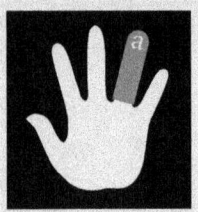

i m x - i m x
i x m - i x m

m i x - m i x
m x i - m x i

x m i - x m i
x i m - x i m

RASGUEADOS

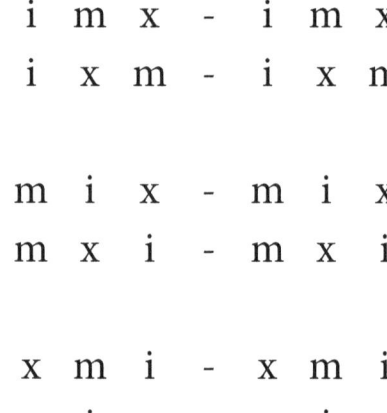

II
m stable

i a x - i a x
i x a - i x a

a i x - a i x
a x i - a x i

x a i - x a i
x i a - x i a

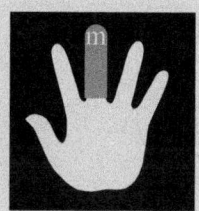

RASGUEADOS

F1 ↑↓↑ - ↑↓↑	F1 ↑↓↑ - ↑↑↓
F2 ↑↓↑ - ↓↑↓	F2 ↓↑↓ - ↑↑↓
F3 ↓↑↓ - ↓↑↓	F3 ↓↑↓ - ↑↓↓
F4 ↓↑↓ - ↑↓↑	F4 ↓↑↓ - ↓↑↑
F1 ↑↑↓ - ↑↓↑	F1 ↑↓↓ - ↑↓↑
F2 ↑↑↓ - ↓↑↓	F2 ↑↓↓ - ↓↑↓
F3 ↑↓↓ - ↑↓↑	F3 ↓↑↑ - ↑↓↑
F4 ↑↓↓ - ↓↑↓	F4 ↓↑↑ - ↓↑↓
F1 ↑↓↓ - ↑↓↓	F1 ↑↑↓ - ↑↑↑
F2 ↑↓↓ - ↓↑↑	F2 ↑↑↓ - ↓↓↑
F3 ↓↑↑ - ↓↑↑	F3 ↓↓↑ - ↓↓↑
F4 ↓↑↑ - ↑↓↓	F4 ↓↓↑ - ↑↑↓
F1 ↑↓↓ - ↑↑↓	F1 ↑↑↓ - ↑↓↓
F2 ↑↓↓ - ↓↓↑	F2 ↑↑↓ - ↓↑↑
F3 ↓↑↑ - ↓↓↑	F3 ↓↓↑ - ↓↑↑
F4 ↓↑↑ - ↑↑↓	F4 ↓↓↑ - ↑↓↓

III
x stable

i m a - i m a
i a m - i a m

m i a - m i a
m a i - m a i

a m i - a m i
a i m - a i m

RASGUEADOS

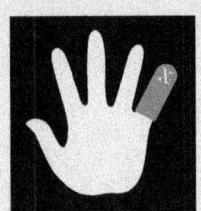

F1 ↑↓↑ - ↑↓↑	F1 ↑↓↑ - ↑↑↓
F2 ↑↓↑ - ↓↑↓	F2 ↓↑↓ - ↑↑↓
F3 ↓↑↓ - ↓↑↓	F3 ↓↑↓ - ↑↓↓
F4 ↓↑↓ - ↑↓↑	F4 ↓↑↓ - ↓↑↑

F1 ↑↑↓ - ↑↓↑	F1 ↑↓↓ - ↑↓↑
F2 ↑↑↓ - ↓↑↓	F2 ↑↓↓ - ↓↑↓
F3 ↑↓↓ - ↑↓↑	F3 ↓↑↑ - ↑↓↑
F4 ↑↓↓ - ↓↑↓	F4 ↓↑↑ - ↓↑↓

F1 ↑↓↓ - ↑↓↓	F1 ↑↑↓ - ↑↑↓
F2 ↑↓↓ - ↓↑↑	F2 ↑↑↓ - ↓↓↑
F3 ↓↑↑ - ↓↑↑	F3 ↓↓↑ - ↓↓↑
F4 ↓↑↑ - ↑↓↓	F4 ↓↓↑ - ↑↑↓

F1 ↑↓↓ - ↑↑↓	F1 ↑↑↓ - ↑↓↓
F2 ↑↓↓ - ↓↓↑	F2 ↑↑↓ - ↓↑↑
F3 ↓↑↑ - ↓↓↑	F3 ↓↓↑ - ↓↑↑
F4 ↓↑↑ - ↑↑↓	F4 ↓↓↑ - ↑↓↓

IV
i stable

m a x - m a x
m x a - m x a

a m x - a m x
a x m - a x m

x a m - x a m
x m a - x m a

RASGUEADOS

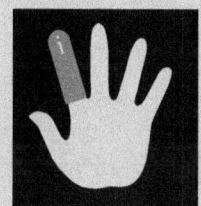

F1 ↑↓↑ - ↑↓↑	F1 ↑↓↑ - ↑↑↓
F2 ↑↓↑ - ↓↑↓	F2 ↓↑↓ - ↑↑↓
F3 ↓↑↓ - ↓↑↓	F3 ↓↑↓ - ↑↓↓
F4 ↓↑↓ - ↑↓↑	F4 ↓↑↓ - ↓↑↑

F1 ↑↑↓ - ↑↑↓	F1 ↑↓↓ - ↑↓↑
F2 ↑↑↓ - ↓↑↓	F2 ↑↓↓ - ↓↑↓
F3 ↑↓↓ - ↑↓↑	F3 ↓↑↑ - ↑↓↑
F4 ↑↓↓ - ↓↑↓	F4 ↓↑↑ - ↓↑↓

F1 ↑↓↓ - ↑↓↓	F1 ↑↑↓ - ↑↑↓
F2 ↑↓↓ - ↓↑↑	F2 ↑↑↓ - ↓↓↑
F3 ↓↑↑ - ↓↑↑	F3 ↓↓↑ - ↓↓↑
F4 ↓↑↑ - ↑↓↓	F4 ↓↓↑ - ↑↑↓

F1 ↑↓↓ - ↑↑↓	F1 ↑↑↓ - ↑↓↓
F2 ↑↓↓ - ↓↓↑	F2 ↑↑↓ - ↓↑↑
F3 ↓↑↑ - ↓↓↑	F3 ↓↓↑ - ↓↑↑
F4 ↓↑↑ - ↑↑↓	F4 ↓↓↑ - ↑↓↓

GROUP 2
Single Fingers And Finger Combinations
Two Triple Stroke / Same Triads
(Three Different Elements) 36 Formulas

I

(i m)	a	x	-	(i m)	a	x
(i m)	x	a	-	(i m)	x	a
(m a)	i	x	-	(m a)	i	x
(m a)	x	i	-	(m a)	x	i
(i a)	m	x	-	(i a)	m	x
(i a)	x	m	-	(i a)	x	m
(m x)	i	a	-	(m x)	i	a
(m x)	a	i	-	(m x)	a	i
(i x)	m	a	-	(i x)	m	a
(i x)	a	m	-	(i x)	a	m
(a x)	m	i	-	(a x)	m	i
(a x)	i	m	-	(a x)	i	m

RASGUEADOS

F1 ↑↓↑ - ↑↓↑	F1 ↑↓↑ - ↑↑↓
F2 ↑↓↑ - ↓↑↓	F2 ↓↑↓ - ↑↑↓
F3 ↓↑↓ - ↓↑↓	F3 ↓↑↓ - ↑↓↓
F4 ↓↑↓ - ↑↑↓	F4 ↓↑↓ - ↓↑↑

F1 ↑↑↓ - ↑↓↑	F1 ↑↓↓ - ↑↓↑
F2 ↑↑↓ - ↓↑↓	F2 ↑↓↓ - ↓↑↓
F3 ↑↓↓ - ↑↓↑	F3 ↓↑↑ - ↑↓↑
F4 ↑↓↓ - ↓↑↓	F4 ↓↑↑ - ↓↑↓

F1 ↑↓↓ - ↑↓↓	F1 ↑↑↓ - ↑↑↓
F2 ↑↓↓ - ↓↑↑	F2 ↑↑↓ - ↓↓↑
F3 ↓↑↑ - ↓↑↑	F3 ↓↓↑ - ↓↓↑
F4 ↓↑↑ - ↑↓↓	F4 ↓↓↑ - ↑↑↓

F1 ↑↓↓ - ↑↑↓	F1 ↑↑↓ - ↑↓↓
F2 ↑↓↓ - ↓↓↑	F2 ↑↑↓ - ↓↑↑
F3 ↓↑↑ - ↓↓↑	F3 ↓↓↑ - ↓↑↑
F4 ↓↑↑ - ↑↑↓	F4 ↓↓↑ - ↑↓↓

II

a	x	(i m)	-	a	x	(i m)
x	a	(i m)	-	x	a	(i m)
i	x	(m a)	-	i	x	(m a)
x	i	(m a)	-	x	i	(m a)
m	x	(i a)	-	m	x	(i a)
x	m	(i a)	-	x	m	(i a)
i	a	(m x)	-	i	a	(m x)
a	i	(m x)	-	a	i	(m x)
m	a	(i x)	-	m	a	(i x)
a	m	(i x)	-	a	m	(i x)
m	i	(a x)	-	m	i	(a x)
i	m	(a x)	-	i	m	(a x)

RASGUEADOS

F1 ↑↓↑ - ↑↓↑	F1 ↑↓↑ - ↑↑↓
F2 ↑↓↑ - ↓↑↓	F2 ↓↑↓ - ↑↑↓
F3 ↓↑↓ - ↓↑↓	F3 ↓↑↓ - ↑↓↓
F4 ↓↑↓ - ↑↓↑	F4 ↓↑↓ - ↓↑↑
F1 ↑↑↓ - ↑↓↑	F1 ↑↓↓ - ↑↓↑
F2 ↑↑↓ - ↓↑↓	F2 ↑↓↓ - ↓↑↓
F3 ↑↓↓ - ↑↓↑	F3 ↓↑↑ - ↑↓↑
F4 ↑↓↓ - ↓↑↓	F4 ↓↑↑ - ↓↑↓
F1 ↑↓↓ - ↑↓↓	F1 ↑↑↓ - ↑↑↓
F2 ↑↓↓ - ↓↑↑	F2 ↑↑↓ - ↓↓↑
F3 ↓↑↑ - ↓↑↑	F3 ↓↓↑ - ↓↓↑
F4 ↓↑↑ - ↑↓↓	F4 ↓↓↑ - ↑↑↓
F1 ↑↓↓ - ↑↑↓	F1 ↑↑↓ - ↑↓↓
F2 ↑↓↓ - ↓↓↑	F2 ↑↑↓ - ↓↑↑
F3 ↓↑↑ - ↓↓↑	F3 ↓↓↑ - ↓↑↑
F4 ↓↑↑ - ↑↑↓	F4 ↓↓↑ - ↑↓↓

III

a	(i m)	x	-	a	(i m)	x
x	(i m)	a	-	x	(i m)	a
i	(m a)	x	-	i	(m a)	x
x	(m a)	i	-	x	(m a)	i
m	(i a)	x	-	m	(i a)	x
x	(i a)	m	-	x	(i a)	m
i	(m x)	a	-	i	(m x)	a
a	(m x)	i	-	a	(m x)	i
m	(i x)	a	-	m	(i x)	a
a	(i x)	m	-	a	(i x)	m
m	(a x)	i	-	m	(a x)	i
i	(a x)	m	-	i	(a x)	m

RASGUEADOS

F1 ↑↓↑ - ↑↓↑	F1 ↑↓↑ - ↑↑↓
F2 ↑↓↑ - ↓↑↓	F2 ↓↑↓ - ↑↑↓
F3 ↓↑↓ - ↓↑↓	F3 ↓↑↓ - ↑↓↓
F4 ↓↑↓ - ↑↓↑	F4 ↓↑↓ - ↓↑↑

F1 ↑↑↓ - ↑↓↑	F1 ↑↓↓ - ↑↓↑
F2 ↑↑↓ - ↓↑↓	F2 ↑↓↓ - ↓↑↓
F3 ↑↓↓ - ↑↓↑	F3 ↓↑↑ - ↑↓↑
F4 ↑↓↓ - ↓↑↓	F4 ↓↑↑ - ↓↑↓

F1 ↑↓↓ - ↑↓↓	F1 ↑↑↓ - ↑↑↓
F2 ↑↓↓ - ↓↑↑	F2 ↑↑↓ - ↓↓↑
F3 ↓↑↑ - ↓↑↑	F3 ↓↓↑ - ↓↓↑
F4 ↓↑↑ - ↑↓↓	F4 ↓↓↑ - ↑↑↓

F1 ↑↓↓ - ↑↑↓	F1 ↑↑↓ - ↑↓↓
F2 ↑↓↓ - ↓↓↑	F2 ↑↑↓ - ↓↑↑
F3 ↓↑↑ - ↓↓↑	F3 ↓↓↑ - ↓↑↑
F4 ↓↑↑ - ↑↑↓	F4 ↓↓↑ - ↑↓↓

GROUP 3
Thumb And Single Fingers
Two Triple Stroke / Same Triads
(Three Different Elements) 36 Formulas

I

p a x - p a x
p m x - p m x
p m a - p m a
p i x - p i x
p i a - p i a
p i m - p i m

p x a - p x a
p x m - p x m
p a m - p a m
p x i - p x i
p a i - p a i
p m i - p m i

a p x - a p x
m p x - m p x
m p a - m p a
i p x - i p x
i p a - i p a
i p m - i p m

RASGUEADOS

F1 ↑↓↑ - ↑↓↑	F1 ↑↓↑ - ↑↑↓
F2 ↑↓↑ - ↓↑↓	F2 ↓↑↓ - ↑↑↓
F3 ↓↑↓ - ↓↑↓	F3 ↓↑↓ - ↑↓↓
F4 ↓↑↓ - ↑↓↑	F4 ↓↑↓ - ↓↑↑

F1 ↑↑↓ - ↑↑↓	F1 ↑↓↓ - ↑↓↓
F2 ↑↑↓ - ↓↑↓	F2 ↑↓↓ - ↓↑↓
F3 ↑↓↓ - ↑↑↓	F3 ↓↑↑ - ↑↓↑
F4 ↑↓↓ - ↓↑↓	F4 ↓↑↑ - ↓↑↑

F1 ↑↓↓ - ↑↑↓	F1 ↑↑↓ - ↑↑↓
F2 ↑↓↓ - ↓↑↑	F2 ↑↑↓ - ↓↓↑
F3 ↓↑↑ - ↓↑↑	F3 ↓↓↑ - ↓↓↑
F4 ↓↑↑ - ↑↓↓	F4 ↓↓↑ - ↑↑↑

F1 ↑↓↓ - ↑↑↓	F1 ↑↑↓ - ↑↓↓
F2 ↑↓↓ - ↓↓↑	F2 ↑↑↓ - ↓↑↑
F3 ↓↑↑ - ↓↓↑	F3 ↓↓↑ - ↓↑↑
F4 ↓↑↑ - ↑↑↓	F4 ↓↓↑ - ↑↓↓

II

a x p - a x p
m x p - m x p
m a p - m a p
i x p - i x p
i a p - i a p
i m p - i m p

x a p - x a p
x m p - x m p
a m p - a m p
x i p - x i p
a i p - a i p
m i p - m i p

x p a - x p a
x p m - x p m
a p m - a p m
x p i - x p i
a p i - a p i
m p i - m p i

RASGUEADOS

F1 ↑↓↑ - ↑↓↑	F1 ↑↓↑ - ↑↑↓
F2 ↑↓↑ - ↓↑↓	F2 ↓↑↓ - ↑↑↓
F3 ↓↑↓ - ↓↑↓	F3 ↓↑↓ - ↑↓↓
F4 ↓↑↓ - ↑↑↓	F4 ↓↑↓ - ↓↑↑

F1 ↑↑↓ - ↑↑↓	F1 ↑↓↓ - ↑↑↓
F2 ↑↑↓ - ↓↑↓	F2 ↑↓↓ - ↓↑↓
F3 ↑↓↓ - ↑↑↓	F3 ↓↑↑ - ↑↓↑
F4 ↑↓↓ - ↓↑↓	F4 ↓↑↑ - ↓↑↓

F1 ↑↓↓ - ↑↓↓	F1 ↑↑↓ - ↑↑↓
F2 ↑↓↓ - ↓↑↑	F2 ↑↑↓ - ↓↓↑
F3 ↓↑↑ - ↓↑↑	F3 ↓↓↑ - ↓↓↑
F4 ↓↑↑ - ↑↓↓	F4 ↓↓↑ - ↑↑↓

F1 ↑↓↓ - ↑↑↓	F1 ↑↑↓ - ↑↓↓
F2 ↑↓↓ - ↓↓↑	F2 ↑↑↓ - ↓↑↑
F3 ↓↑↑ - ↓↓↑	F3 ↓↓↑ - ↓↑↑
F4 ↓↑↑ - ↑↑↓	F4 ↓↓↑ - ↑↓↓

GROUP 4
Thumb with Single Fingers
And Finger Combinations
Two Triple Stroke / Same Triads
(Three Different Elements) 48 Formulas

I

p	i	(m a)	-	p	i	(m a)
p	i	(a x)	-	p	i	(a x)
p	i	(m x)	-	p	i	(m x)
p	m	(i a)	-	p	m	(i a)
p	m	(i x)	-	p	m	(i x)
p	m	(a x)	-	p	m	(a x)
p	a	(i m)	-	p	a	(i m)
p	a	(i x)	-	p	a	(i x)
p	a	(m x)	-	p	a	(m x)
p	x	(i m)	-	p	x	(i m)
p	x	(i a)	-	p	x	(i a)
p	x	(m a)	-	p	x	(m a)

RASGUEADOS

F1 ↑↓↑ - ↑↓↑	F1 ↑↓↑ - ↑↑↓
F2 ↑↓↑ - ↓↑↓	F2 ↓↑↓ - ↑↑↓
F3 ↓↑↓ - ↓↑↓	F3 ↓↑↓ - ↑↓↓
F4 ↓↑↓ - ↑↓↑	F4 ↓↑↓ - ↓↑↑

F1 ↑↑↓ - ↑↓↑	F1 ↑↓↓ - ↑↓↑
F2 ↑↑↓ - ↓↑↓	F2 ↑↓↓ - ↓↑↓
F3 ↑↓↓ - ↑↓↑	F3 ↓↑↑ - ↑↓↑
F4 ↑↓↓ - ↓↑↓	F4 ↓↑↑ - ↓↑↓

F1 ↑↓↓ - ↑↓↓	F1 ↑↑↓ - ↑↑↓
F2 ↑↓↓ - ↓↑↑	F2 ↑↑↓ - ↓↓↑
F3 ↓↑↑ - ↓↑↑	F3 ↓↓↑ - ↓↓↑
F4 ↓↑↑ - ↑↓↓	F4 ↓↓↑ - ↑↑↓

F1 ↑↓↓ - ↑↑↓	F1 ↑↑↓ - ↑↓↓
F2 ↑↓↓ - ↓↓↑	F2 ↑↑↓ - ↓↑↑
F3 ↓↑↑ - ↓↓↑	F3 ↓↓↑ - ↓↑↑
F4 ↓↑↑ - ↑↑↓	F4 ↓↓↑ - ↑↓↓

II

i	(m a)	p	-	i	(m a)	p
i	(a x)	p	-	i	(a x)	p
i	(m x)	p	-	i	(m x)	p
m	(i a)	p	-	m	(i a)	p
m	(i x)	p	-	m	(i x)	p
m	(a x)	p	-	m	(a x)	p
a	(i m)	p	-	a	(i m)	p
a	(i x)	p	-	a	(i x)	p
a	(m x)	p	-	a	(m x)	p
x	(i m)	p	-	x	(i m)	p
x	(i a)	p	-	x	(i a)	p
x	(m a)	p	-	x	(m a)	p

RASGUEADOS

F1 ↑↓↑ - ↑↓↑	F1 ↑↓↑ - ↑↑↓
F2 ↑↓↑ - ↓↑↓	F2 ↓↑↓ - ↑↑↓
F3 ↓↑↓ - ↓↑↓	F3 ↓↑↓ - ↑↓↓
F4 ↓↑↓ - ↑↓↑	F4 ↓↑↓ - ↓↑↑

F1 ↑↑↓ - ↑↓↑	F1 ↑↓↓ - ↑↓↑
F2 ↑↑↓ - ↓↑↓	F2 ↑↓↓ - ↓↑↓
F3 ↑↓↓ - ↑↓↑	F3 ↓↑↑ - ↑↓↑
F4 ↑↓↓ - ↓↑↓	F4 ↓↑↑ - ↓↑↓

F1 ↑↓↓ - ↑↓↓	F1 ↑↑↓ - ↑↑↓
F2 ↑↓↓ - ↓↑↑	F2 ↑↑↓ - ↓↓↑
F3 ↓↑↑ - ↓↑↑	F3 ↓↓↑ - ↓↓↑
F4 ↓↑↑ - ↑↓↓	F4 ↓↓↑ - ↑↑↓

F1 ↑↓↓ - ↑↑↓	F1 ↑↑↓ - ↑↓↓
F2 ↑↓↓ - ↓↓↑	F2 ↑↑↓ - ↓↑↑
F3 ↓↑↑ - ↓↓↑	F3 ↓↓↑ - ↓↑↑
F4 ↓↑↑ - ↑↑↓	F4 ↓↓↑ - ↑↓↓

III

(m a)	i	p	- (m a)	i	p
(a x)	i	p	- (a x)	i	p
(m x)	i	p	- (m x)	i	p
(i a)	m	p	- (i a)	m	p
(i x)	m	p	- (i x)	m	p
(a x)	m	p	- (a x)	m	p
(i m)	a	p	- (i m)	a	p
(i x)	a	p	- (i x)	a	p
(m x)	a	p	- (m x)	a	p
(i m)	x	p	- (i m)	x	p
(i a)	x	p	- (i a)	x	p
(m a)	x	p	- (m a)	x	p

RASGUEADOS

F1 ↑↓↑ - ↑↓↑	F1 ↑↓↑ - ↑↑↓
F2 ↑↓↑ - ↓↑↓	F2 ↓↑↓ - ↑↑↓
F3 ↓↑↓ - ↓↑↓	F3 ↓↑↓ - ↑↓↓
F4 ↓↑↓ - ↑↓↓	F4 ↓↑↓ - ↓↑↑

F1 ↑↑↓ - ↑↓↑	F1 ↑↓↓ - ↑↓↑
F2 ↑↑↓ - ↓↑↓	F2 ↑↓↓ - ↓↑↓
F3 ↑↓↓ - ↑↓↑	F3 ↓↑↑ - ↑↓↑
F4 ↑↓↓ - ↓↑↓	F4 ↓↑↑ - ↓↑↑

F1 ↑↓↓ - ↑↑↓	F1 ↑↑↓ - ↑↑↓
F2 ↑↓↓ - ↓↑↑	F2 ↑↑↓ - ↓↓↑
F3 ↓↑↑ - ↓↑↑	F3 ↓↓↑ - ↓↓↑
F4 ↓↑↑ - ↑↓↓	F4 ↓↓↑ - ↑↑↑

F1 ↑↓↓ - ↑↑↓	F1 ↑↑↓ - ↑↓↓
F2 ↑↓↓ - ↓↓↑	F2 ↑↑↓ - ↓↑↑
F3 ↓↑↑ - ↓↓↑	F3 ↓↓↑ - ↓↑↑
F4 ↓↑↑ - ↑↑↓	F4 ↓↓↑ - ↑↓↓

RASGUEADOS

F1 ↑↓↑ - ↑↓↑	F1 ↑↓↑ - ↑↑↓
F2 ↑↓↑ - ↓↑↓	F2 ↓↑↓ - ↑↑↓
F3 ↓↑↓ - ↓↑↓	F3 ↓↑↓ - ↑↓↓
F4 ↓↑↓ - ↑↑↓	F4 ↓↑↓ - ↓↑↑

F1 ↑↑↓ - ↑↑↓	F1 ↑↓↓ - ↑↑↓
F2 ↑↑↓ - ↓↑↓	F2 ↑↓↓ - ↓↑↓
F3 ↑↓↓ - ↑↑↓	F3 ↓↑↑ - ↑↓↑
F4 ↑↓↓ - ↓↑↓	F4 ↓↑↑ - ↓↑↓

F1 ↑↓↓ - ↑↓↓	F1 ↑↑↓ - ↑↑↓
F2 ↑↓↓ - ↓↑↑	F2 ↑↑↓ - ↓↑↑
F3 ↓↑↑ - ↓↑↑	F3 ↓↓↑ - ↓↓↑
F4 ↓↑↑ - ↑↑↓	F4 ↓↓↑ - ↑↑↓

F1 ↑↓↓ - ↑↑↓	F1 ↑↑↓ - ↑↓↓
F2 ↑↓↓ - ↓↓↑	F2 ↑↑↓ - ↓↑↑
F3 ↓↑↑ - ↓↓↑	F3 ↓↓↑ - ↓↑↑
F4 ↓↑↑ - ↑↑↓	F4 ↓↓↑ - ↑↑↓

IV

i	p	(m a)	-	i	p	(m a)
i	p	(a x)	-	i	p	(a x)
i	p	(m x)	-	i	p	(m x)
m	p	(i a)	-	m	p	(i a)
m	p	(i x)	-	m	p	(i x)
m	p	(a x)	-	m	p	(a x)
a	p	(i m)	-	a	p	(i m)
a	p	(i x)	-	a	p	(i x)
a	p	(m x)	-	a	p	(m x)
x	p	(i m)	-	x	p	(i m)
x	p	(i a)	-	x	p	(i a)
x	p	(m a)	-	x	p	(m a)

GROUP 5
Thumb And Finger Combinations
Two Triple Stroke / Same Triads
(Three Different Elements) 18 Formulas

I

p	(m a)	(i x)	-	p	(m a)	(i x)
p	(i a)	(m x)	-	p	(i a)	(m x)
p	(i m)	(a x)	-	p	(i m)	(a x)

(m a)	p	(i x)	-	(m a)	p	(i x)
(i a)	p	(m x)	-	(i a)	p	(m x)
(i m)	p	(a x)	-	(i m)	p	(a x)

(m a)	(i x)	p	-	(m a)	(i x)	p
(i a)	(m x)	p	-	(i a)	(m x)	p
(i m)	(a x)	p	-	(i m)	(a x)	p

RASGUEADOS

F1 ↑↓↑ - ↑↓↑	F1 ↑↓↑ - ↑↑↓
F2 ↑↓↑ - ↓↑↓	F2 ↓↑↓ - ↑↑↓
F3 ↓↑↓ - ↓↑↓	F3 ↓↑↓ - ↑↓↓
F4 ↓↑↓ - ↑↓↑	F4 ↓↑↓ - ↓↑↑

F1 ↑↑↓ - ↑↓↑	F1 ↑↓↓ - ↑↓↑
F2 ↑↑↓ - ↓↑↓	F2 ↑↓↓ - ↓↑↓
F3 ↑↓↓ - ↑↓↑	F3 ↓↑↑ - ↑↓↑
F4 ↑↓↓ - ↓↑↓	F4 ↓↑↑ - ↓↑↓

F1 ↑↓↓ - ↑↓↓	F1 ↑↑↓ - ↑↑↓
F2 ↑↓↓ - ↓↑↑	F2 ↑↑↓ - ↓↓↑
F3 ↓↑↑ - ↓↑↑	F3 ↓↓↑ - ↓↓↑
F4 ↓↑↑ - ↑↓↓	F4 ↓↓↑ - ↑↑↓

F1 ↑↓↓ - ↑↑↓	F1 ↑↑↓ - ↑↓↓
F2 ↑↓↓ - ↓↓↑	F2 ↑↑↓ - ↓↑↑
F3 ↓↑↑ - ↓↓↑	F3 ↓↓↑ - ↓↑↑
F4 ↓↑↑ - ↑↑↓	F4 ↓↓↑ - ↑↓↓

RASGUEADOS

F1 ↑↓↑ - ↑↓↑	F1 ↑↓↑ - ↑↑↓
F2 ↑↓↑ - ↓↑↓	F2 ↓↑↓ - ↑↑↓
F3 ↓↑↓ - ↓↑↓	F3 ↓↑↓ - ↑↓↓
F4 ↓↑↓ - ↑↑↓	F4 ↓↑↓ - ↓↑↑
F1 ↑↑↓ - ↑↑↓	F1 ↑↓↓ - ↑↑↓
F2 ↑↑↓ - ↓↑↓	F2 ↑↓↓ - ↓↑↓
F3 ↑↓↓ - ↑↓↑	F3 ↓↑↑ - ↑↓↑
F4 ↑↓↓ - ↓↓↓	F4 ↓↑↑ - ↓↑↓
F1 ↑↓↓ - ↑↓↓	F1 ↑↑↓ - ↑↑↓
F2 ↑↓↓ - ↓↑↑	F2 ↑↑↓ - ↓↓↑
F3 ↓↑↑ - ↓↑↑	F3 ↓↓↑ - ↓↓↑
F4 ↓↑↑ - ↑↓↓	F4 ↓↓↑ - ↑↑↓
F1 ↑↓↓ - ↑↑↓	F1 ↑↑↓ - ↑↓↓
F2 ↑↓↓ - ↓↓↑	F2 ↑↑↓ - ↓↑↑
F3 ↓↑↑ - ↓↓↑	F3 ↓↓↑ - ↓↑↑
F4 ↓↑↑ - ↑↑↓	F4 ↓↓↑ - ↑↓↓

II

p	(i x)	(m a)	-	p	(i x)	(m a)
p	(m x)	(i a)	-	p	(m x)	(i a)
p	(a x)	(i m)	-	p	(a x)	(i m)

(i x)	p	(m a)	-	(i x)	p	(m a)
(m x)	p	(i a)	-	(m x)	p	(i a)
(a x)	p	(i m)	-	(a x)	p	(i m)

(i x)	(m a)	p	-	(i x)	(m a)	p
(m x)	(i a)	p	-	(m x)	(i a)	p
(a x)	(i m)	p	-	(a x)	(i m)	p

UNIT II-2
TWO TRIPLE STROKE (RASGUEADO)
PAIRS OF OPPOSITE TRIADS
TRIADS OF THREE DIFFERENT ELEMENTS

GROUP 1
Single Fingers
Opposite Triads / Two Triple Stroke
(Three Different Elements) 24 Formulas

I

a stable

i m x - x m i

i x m - m x i

m i x - x i m

m x i - i x m

x m i - i m x

x i m - m i x

RASGUEADOS

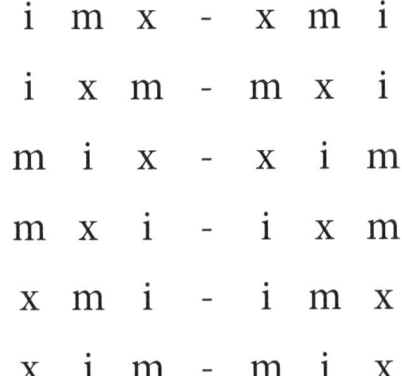

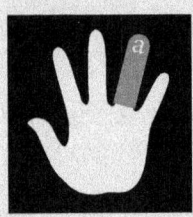

II
m stable

i a x - x a i
i x a - a x i
a i x - x i a
a x i - i x a
x a i - i a x
x i a - a i x

RASGUEADOS

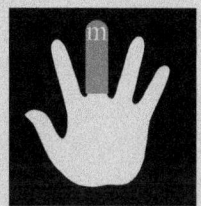

F1 ↑↓↑ - ↑↓↑	F1 ↑↓↑ - ↑↑↓
F2 ↑↓↑ - ↓↑↓	F2 ↓↑↓ - ↑↑↓
F3 ↓↑↓ - ↓↑↓	F3 ↓↑↓ - ↑↓↓
F4 ↓↑↓ - ↑↓↑	F4 ↓↑↓ - ↓↑↑

F1 ↑↑↓ - ↑↓↑	F1 ↑↓↓ - ↑↓↑
F2 ↑↑↓ - ↓↑↓	F2 ↑↓↓ - ↓↑↓
F3 ↑↓↓ - ↑↓↑	F3 ↓↑↑ - ↑↓↑
F4 ↑↓↓ - ↓↑↓	F4 ↓↑↑ - ↓↑↓

F1 ↑↓↓ - ↑↓↓	F1 ↑↑↓ - ↑↑↓
F2 ↑↓↓ - ↓↑↑	F2 ↑↑↓ - ↓↓↑
F3 ↓↑↑ - ↓↑↑	F3 ↓↓↑ - ↓↓↑
F4 ↓↑↑ - ↑↓↓	F4 ↓↓↑ - ↑↑↓

F1 ↑↓↓ - ↑↑↓	F1 ↑↑↓ - ↑↓↓
F2 ↑↓↓ - ↓↓↑	F2 ↑↑↓ - ↓↑↑
F3 ↓↑↑ - ↓↓↑	F3 ↓↓↑ - ↓↑↑
F4 ↓↑↑ - ↑↑↓	F4 ↓↓↑ - ↑↓↓

III
x stable

```
i m a - a m i
i a m - m a i
m i a - a i m
m a i - i a m
a m i - i m a
a i m - m i a
```

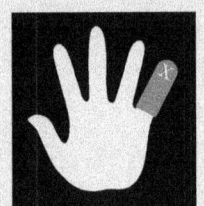

RASGUEADOS

F1 ↑↓↑ - ↑↓↑	F1 ↑↓↑ - ↑↑↓
F2 ↑↓↑ - ↓↑↓	F2 ↓↑↓ - ↑↑↓
F3 ↓↑↓ - ↓↑↓	F3 ↓↑↓ - ↑↓↓
F4 ↓↑↓ - ↑↓↑	F4 ↓↑↓ - ↓↑↑
F1 ↑↑↓ - ↑↓↑	F1 ↑↓↓ - ↑↓↑
F2 ↑↑↓ - ↓↑↓	F2 ↑↓↓ - ↓↑↓
F3 ↑↓↓ - ↑↓↑	F3 ↓↑↑ - ↑↓↑
F4 ↑↓↓ - ↓↑↓	F4 ↓↑↑ - ↓↑↓
F1 ↑↓↓ - ↑↓↓	F1 ↑↑↓ - ↑↑↓
F2 ↑↓↓ - ↓↑↑	F2 ↑↑↓ - ↓↓↑
F3 ↓↑↑ - ↓↑↑	F3 ↓↓↑ - ↓↓↑
F4 ↓↑↑ - ↑↓↓	F4 ↓↓↑ - ↑↑↓
F1 ↑↓↓ - ↑↑↓	F1 ↑↑↓ - ↑↓↓
F2 ↑↓↓ - ↓↓↑	F2 ↑↑↓ - ↓↑↑
F3 ↓↑↑ - ↓↓↑	F3 ↓↓↑ - ↓↑↑
F4 ↓↑↑ - ↑↑↓	F4 ↓↓↑ - ↑↓↓

IV
i stable

```
m a x - x a m
m x a - a x m
a m x - x m a
a x m - m x a
x m a - a m x
x a m - m a x
```

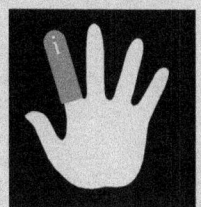

RASGUEADOS

F1 ↑↓↑ - ↑↓↑	F1 ↑↓↑ - ↑↑↓
F2 ↑↓↑ - ↓↑↓	F2 ↓↑↓ - ↑↑↓
F3 ↓↑↓ - ↓↑↓	F3 ↓↑↓ - ↑↓↓
F4 ↓↑↓ - ↑↓↑	F4 ↓↑↓ - ↓↑↑

F1 ↑↑↓ - ↑↓↑	F1 ↑↓↓ - ↑↓↑
F2 ↑↑↓ - ↓↑↓	F2 ↑↓↓ - ↓↑↓
F3 ↑↓↓ - ↑↓↑	F3 ↓↑↑ - ↑↓↓
F4 ↑↓↓ - ↓↑↓	F4 ↓↑↑ - ↓↑↓

F1 ↑↓↓ - ↑↓↓	F1 ↑↑↓ - ↑↑↓
F2 ↑↓↓ - ↓↑↑	F2 ↑↑↓ - ↓↓↑
F3 ↓↑↑ - ↓↑↑	F3 ↓↓↑ - ↓↓↑
F4 ↓↑↑ - ↑↓↓	F4 ↓↓↑ - ↑↑↓

F1 ↑↓↓ - ↑↑↓	F1 ↑↑↓ - ↑↓↓
F2 ↑↓↓ - ↓↓↑	F2 ↑↑↓ - ↓↑↑
F3 ↓↑↑ - ↓↓↑	F3 ↓↓↑ - ↓↑↑
F4 ↓↑↑ - ↑↑↓	F4 ↓↓↑ - ↑↓↓

GROUP 2
Single Fingers And Finger Combinations
Two Triple Stroke /Opposite Triads
(Three Different Elements) 36 Formulas

I

(i m)	a	x	-	x	a	(i m)
(i m)	x	a	-	a	x	(i m)
(m a)	i	x	-	x	i	(m a)
(m a)	x	i	-	i	x	(m a)
(i a)	m	x	-	x	m	(i a)
(i a)	x	m	-	m	x	(i a)
(m x)	i	a	-	a	i	(m x)
(m x)	a	i	-	i	a	(m x)
(i x)	m	a	-	a	m	(i x)
(i x)	a	m	-	m	a	(i x)
(a x)	m	i	-	i	m	(a x)
(a x)	i	m	-	m	i	(a x)

RASGUEADOS

F1 ↑↓↑ - ↑↓↑	F1 ↑↓↑ - ↑↑↓
F2 ↑↓↑ - ↓↑↓	F2 ↓↑↓ - ↑↑↓
F3 ↓↑↓ - ↓↑↓	F3 ↓↑↓ - ↑↓↓
F4 ↓↑↓ - ↑↓↑	F4 ↓↑↓ - ↓↑↑

F1 ↑↑↓ - ↑↓↑	F1 ↑↓↓ - ↑↓↑
F2 ↑↑↓ - ↓↑↓	F2 ↑↓↓ - ↓↑↓
F3 ↑↓↓ - ↑↓↑	F3 ↓↑↑ - ↑↓↑
F4 ↑↓↓ - ↓↑↓	F4 ↓↑↑ - ↓↑↓

F1 ↑↓↓ - ↑↓↓	F1 ↑↑↓ - ↑↑↓
F2 ↑↓↓ - ↓↑↑	F2 ↑↑↓ - ↓↓↑
F3 ↓↑↑ - ↓↑↑	F3 ↓↓↑ - ↓↓↑
F4 ↓↑↑ - ↑↓↓	F4 ↓↓↑ - ↑↑↓

F1 ↑↓↓ - ↑↑↓	F1 ↑↑↓ - ↑↓↓
F2 ↑↓↓ - ↓↓↑	F2 ↑↑↓ - ↓↑↑
F3 ↓↑↑ - ↓↓↑	F3 ↓↓↑ - ↓↑↑
F4 ↓↑↑ - ↑↑↓	F4 ↓↓↑ - ↑↓↓

RASGUEADOS

F1 ↑↓↑ - ↑↓↑	F1 ↑↓↑ - ↑↑↓
F2 ↑↓↑ - ↓↑↓	F2 ↓↑↓ - ↑↑↓
F3 ↓↑↓ - ↓↑↓	F3 ↓↑↓ - ↑↓↓
F4 ↓↑↓ - ↑↓↑	F4 ↓↑↓ - ↓↑↑
F1 ↑↑↓ - ↑↓↑	F1 ↑↓↓ - ↑↓↑
F2 ↑↑↓ - ↓↓↑	F2 ↑↓↓ - ↓↓↑
F3 ↑↓↓ - ↑↓↑	F3 ↓↑↑ - ↑↓↑
F4 ↑↓↓ - ↓↓↓	F4 ↓↑↑ - ↓↓↑
F1 ↑↓↓ - ↑↓↓	F1 ↑↑↓ - ↑↑↓
F2 ↑↓↓ - ↓↑↑	F2 ↑↑↓ - ↓↓↑
F3 ↓↑↑ - ↓↑↑	F3 ↓↓↑ - ↓↓↑
F4 ↓↑↑ - ↑↓↓	F4 ↓↓↑ - ↑↑↓
F1 ↑↓↓ - ↑↑↓	F1 ↑↑↓ - ↑↓↓
F2 ↑↓↓ - ↓↓↑	F2 ↑↑↓ - ↓↑↑
F3 ↓↑↑ - ↓↓↑	F3 ↓↓↑ - ↓↑↑
F4 ↓↑↑ - ↑↑↓	F4 ↓↓↑ - ↑↑↓

II

a	x	(i m)	-	(i m)	x	a
x	a	(i m)	-	(i m)	a	x
i	x	(m a)	-	(m a)	x	i
x	i	(m a)	-	(m a)	i	x
m	x	(i a)	-	(i a)	x	m
x	m	(i a)	-	(i a)	m	x
i	a	(m x)	-	(m x)	a	i
a	i	(m x)	-	(m x)	i	a
m	a	(i x)	-	(i x)	a	m
a	m	(i x)	-	(i x)	m	a
m	i	(a x)	-	(a x)	i	m
i	m	(a x)	-	(a x)	m	i

III

a	(i m)	x	-	x	(i m)	a
x	(i m)	a	-	a	(i m)	x
i	(m a)	x	-	x	(m a)	i
x	(m a)	i	-	i	(m a)	x
m	(i a)	x	-	x	(i a)	m
x	(i a)	m	-	m	(i a)	x
i	(m x)	a	-	a	(m x)	i
a	(m x)	i	-	i	(m x)	a
m	(i x)	a	-	a	(i x)	m
a	(i x)	m	-	m	(i x)	a
m	(a x)	i	-	i	(a x)	m
i	(a x)	m	-	m	(a x)	i

RASGUEADOS

F1 ↑↓↑ - ↑↓↑	F1 ↑↓↑ - ↑↑↓
F2 ↑↓↑ - ↓↑↓	F2 ↓↑↓ - ↑↑↓
F3 ↓↑↓ - ↓↑↓	F3 ↓↑↓ - ↑↓↓
F4 ↓↑↓ - ↑↑↓	F4 ↓↑↓ - ↓↑↑

F1 ↑↑↓ - ↑↑↓	F1 ↑↓↓ - ↑↑↓
F2 ↑↑↓ - ↓↑↓	F2 ↑↓↓ - ↓↑↓
F3 ↑↓↓ - ↑↑↓	F3 ↓↑↑ - ↑↓↑
F4 ↑↓↓ - ↓↑↓	F4 ↓↑↑ - ↓↑↓

F1 ↑↓↓ - ↑↓↓	F1 ↑↑↓ - ↑↑↓
F2 ↑↓↓ - ↓↑↑	F2 ↑↑↓ - ↓↑↑
F3 ↓↑↑ - ↓↑↑	F3 ↓↓↑ - ↓↓↑
F4 ↓↑↑ - ↑↓↓	F4 ↓↓↑ - ↑↑↓

F1 ↑↓↓ - ↑↑↓	F1 ↑↑↓ - ↑↓↓
F2 ↑↓↓ - ↓↓↑	F2 ↑↑↓ - ↓↑↑
F3 ↓↑↑ - ↓↓↑	F3 ↓↓↑ - ↓↑↑
F4 ↓↑↑ - ↑↑↓	F4 ↓↓↑ - ↑↓↓

GROUP 3
Thumb And Single Fingers
Two Triple Stroke / Opposite Triads
(Three Different Elements) 36 Formulas

I

p a x - x a p
p m x - x m p
p m a - a m p
p i x - x i p
p i a - a i p
p i m - m i p

p x a - a x p
p x m - m x p
p a m - m a p
p x i - i x p
p a i - i a p
p m i - i m p

a p x - x p a
m p x - x p m
m p a - a p m
i p x - x p i
i p a - a p i
i p m - m p i

RASGUEADOS

F1 ↑↓↑ - ↑↓↑	F1 ↑↓↑ - ↑↑↓
F2 ↑↓↑ - ↓↑↓	F2 ↓↑↓ - ↑↑↓
F3 ↓↑↓ - ↓↑↓	F3 ↓↑↓ - ↑↓↓
F4 ↓↑↓ - ↑↑↓	F4 ↓↑↓ - ↓↑↑
F1 ↑↑↓ - ↑↑↓	F1 ↑↓↓ - ↑↑↓
F2 ↑↑↓ - ↓↑↓	F2 ↑↓↓ - ↓↑↓
F3 ↑↓↓ - ↑↑↓	F3 ↓↑↑ - ↑↑↓
F4 ↑↓↓ - ↓↑↓	F4 ↓↑↑ - ↓↑↓
F1 ↑↓↓ - ↑↓↓	F1 ↑↑↓ - ↑↑↓
F2 ↑↓↓ - ↓↑↑	F2 ↑↑↓ - ↓↓↑
F3 ↓↑↑ - ↓↑↑	F3 ↓↓↑ - ↓↓↑
F4 ↓↑↑ - ↑↑↓	F4 ↓↓↑ - ↑↑↑
F1 ↑↓↓ - ↑↑↓	F1 ↑↑↓ - ↑↓↓
F2 ↑↓↓ - ↓↓↑	F2 ↑↑↓ - ↓↑↑
F3 ↓↑↑ - ↓↓↑	F3 ↓↓↑ - ↓↑↑
F4 ↓↑↑ - ↑↑↓	F4 ↓↓↑ - ↑↓↓

RASGUEADOS

F1 ↑↓↑-↑↓↑	F1 ↑↓↑-↑↑↓
F2 ↑↓↑-↓↑↓	F2 ↓↑↓-↑↑↓
F3 ↓↑↓-↓↑↓	F3 ↓↑↓-↑↓↓
F4 ↓↑↓-↑↓↑	F4 ↓↑↓-↓↑↑

F1 ↑↑↓-↑↑↓	F1 ↑↓↓-↑↑↓
F2 ↑↑↓-↓↑↓	F2 ↑↓↓-↓↑↓
F3 ↑↓↓-↑↑↓	F3 ↓↑↑-↑↓↑
F4 ↑↓↓-↓↑↓	F4 ↓↑↑-↓↑↓

F1 ↑↓↓-↑↓↓	F1 ↑↑↓-↑↑↓
F2 ↑↓↓-↓↑↑	F2 ↑↑↓-↓↓↑
F3 ↓↑↑-↓↑↑	F3 ↓↓↑-↓↓↑
F4 ↓↑↑-↑↓↓	F4 ↓↓↑-↑↑↓

F1 ↑↓↓-↑↑↓	F1 ↑↑↓-↑↓↓
F2 ↑↓↓-↓↑↑	F2 ↑↑↓-↓↑↑
F3 ↓↑↑-↓↑↑	F3 ↓↓↑-↓↑↑
F4 ↓↑↑-↑↑↓	F4 ↓↓↑-↑↓↓

II

```
a  x  p  -  p  x  a
m  x  p  -  p  x  m
m  a  p  -  p  a  m
i  x  p  -  p  x  i
i  a  p  -  p  a  i
i  m  p  -  p  m  i


x  a  p  -  p  a  x
x  m  p  -  p  m  x
a  m  p  -  p  m  a
x  i  p  -  p  i  x
a  i  p  -  p  i  a
m  i  p  -  p  i  m


x  p  a  -  a  p  x
x  p  m  -  m  p  x
a  p  m  -  m  p  a
x  p  i  -  i  p  x
a  p  i  -  i  p  a
m  p  i  -  i  p  m
```

GROUP 4
Thumb with Single Fingers
And Finger Combinations
Two Triple Stroke / Opposite Triads
(Three Different Elements) 48 Formulas

I

p	i	(m a)	-	(m a)	i	p
p	i	(a x)	-	(a x)	i	p
p	i	(m x)	-	(m x)	i	p
p	m	(i a)	-	(i a)	m	p
p	m	(i x)	-	(i x)	m	p
p	m	(a x)	-	(a x)	m	p
p	a	(i m)	-	(i m)	a	p
p	a	(i x)	-	(i x)	a	p
p	a	(m x)	-	(m x)	a	p
p	x	(i m)	-	(i m)	x	p
p	x	(i a)	-	(i a)	x	p
p	x	(m a)	-	(m a)	x	p

RASGUEADOS

F1 ↑↓↑ - ↑↓↑	F1 ↑↓↑ - ↑↑↓
F2 ↑↓↑ - ↓↑↓	F2 ↓↑↓ - ↑↑↓
F3 ↓↑↓ - ↓↑↓	F3 ↓↑↓ - ↑↓↓
F4 ↓↑↓ - ↑↓↑	F4 ↓↑↓ - ↓↑↑

F1 ↑↑↓ - ↑↓↑	F1 ↑↓↓ - ↑↓↑
F2 ↑↑↓ - ↓↑↓	F2 ↑↓↓ - ↓↑↓
F3 ↑↓↓ - ↑↓↑	F3 ↓↑↑ - ↑↓↑
F4 ↑↓↓ - ↓↑↓	F4 ↓↑↑ - ↓↑↓

F1 ↑↓↓ - ↑↓↓	F1 ↑↑↓ - ↑↑↓
F2 ↑↓↓ - ↓↑↑	F2 ↑↑↓ - ↓↓↑
F3 ↓↑↑ - ↓↑↑	F3 ↓↓↑ - ↓↓↑
F4 ↓↑↑ - ↑↓↓	F4 ↓↓↑ - ↑↑↓

F1 ↑↓↓ - ↑↑↓	F1 ↑↑↓ - ↑↓↓
F2 ↑↓↓ - ↓↓↑	F2 ↑↑↓ - ↓↑↑
F3 ↓↑↑ - ↓↓↑	F3 ↓↓↑ - ↓↑↑
F4 ↓↑↑ - ↑↑↓	F4 ↓↓↑ - ↑↓↓

II

i	(m a)	p	-	p	(m a)	i
i	(a x)	p	-	p	(a x)	i
i	(m x)	p	-	p	(m x)	i
m	(i a)	p	-	p	(i a)	m
m	(i x)	p	-	p	(i x)	m
m	(a x)	p	-	p	(a x)	m
a	(i m)	p	-	p	(i m)	a
a	(i x)	p	-	p	(i x)	a
a	(m x)	p	-	p	(m x)	a
x	(i m)	p	-	p	(i m)	x
x	(i a)	p	-	p	(i a)	x
x	(m a)	p	-	p	(m a)	x

RASGUEADOS

F1 ↑↓↑ - ↑↓↑	F1 ↑↓↑ - ↑↑↓
F2 ↑↓↑ - ↓↑↓	F2 ↓↑↓ - ↑↑↓
F3 ↓↑↓ - ↓↑↓	F3 ↓↑↓ - ↑↓↓
F4 ↓↑↓ - ↑↓↑	F4 ↓↑↓ - ↓↑↑

F1 ↑↑↓ - ↑↑↓	F1 ↑↓↓ - ↑↑↓
F2 ↑↑↓ - ↓↑↓	F2 ↑↓↓ - ↓↑↓
F3 ↑↓↓ - ↑↑↓	F3 ↓↑↑ - ↑↑↓
F4 ↑↓↓ - ↓↑↓	F4 ↓↑↑ - ↓↑↓

F1 ↑↓↓ - ↑↓↓	F1 ↑↑↓ - ↑↑↓
F2 ↑↓↓ - ↓↑↑	F2 ↑↑↓ - ↓↓↑
F3 ↓↑↑ - ↓↑↑	F3 ↓↓↑ - ↓↓↑
F4 ↓↑↑ - ↑↓↓	F4 ↓↓↑ - ↑↑↓

F1 ↑↓↓ - ↑↑↓	F1 ↑↑↓ - ↑↓↓
F2 ↑↓↓ - ↓↓↑	F2 ↑↑↓ - ↓↑↑
F3 ↓↑↑ - ↓↓↑	F3 ↓↓↑ - ↓↑↑
F4 ↓↑↑ - ↑↑↓	F4 ↓↓↑ - ↑↓↓

III

(m a)	i	p	-	p	i	(m a)
(a x)	i	p	-	p	i	(a x)
(m x)	i	p	-	p	i	(m x)
(i a)	m	p	-	p	m	(i a)
(i x)	m	p	-	p	m	(i x)
(a x)	m	p	-	p	m	(a x)
(i m)	a	p	-	p	a	(i m)
(i x)	a	p	-	p	a	(i x)
(m x)	a	p	-	p	a	(m x)
(i m)	x	p	-	p	x	(i m)
(i a)	x	p	-	p	x	(i a)
(m a)	x	p	-	p	x	(m a)

RASGUEADOS

F1 ↑↓↑ - ↑↓↑	F1 ↑↓↑ - ↑↑↓
F2 ↑↓↑ - ↓↑↓	F2 ↓↑↓ - ↑↑↓
F3 ↓↑↓ - ↓↑↓	F3 ↓↑↓ - ↑↓↓
F4 ↓↑↓ - ↑↓↑	F4 ↓↑↓ - ↓↑↑

F1 ↑↑↓ - ↑↑↓	F1 ↑↓↓ - ↑↑↓
F2 ↑↑↓ - ↓↑↓	F2 ↑↓↓ - ↓↑↓
F3 ↑↓↓ - ↑↑↓	F3 ↓↑↑ - ↑↓↑
F4 ↑↓↓ - ↓↑↓	F4 ↓↑↑ - ↓↑↓

F1 ↑↓↓ - ↑↓↓	F1 ↑↑↓ - ↑↑↓
F2 ↑↓↓ - ↓↑↑	F2 ↑↑↓ - ↓↓↑
F3 ↓↑↑ - ↓↑↑	F3 ↓↓↑ - ↓↓↑
F4 ↓↑↑ - ↑↓↓	F4 ↓↓↑ - ↑↑↓

F1 ↑↓↓ - ↑↑↓	F1 ↑↑↓ - ↑↓↓
F2 ↑↓↓ - ↓↓↑	F2 ↑↑↓ - ↓↑↑
F3 ↓↑↑ - ↓↓↑	F3 ↓↓↑ - ↓↑↑
F4 ↓↑↑ - ↑↑↓	F4 ↓↓↑ - ↑↓↓

IV

i	p	(m a)	-	(m a)	p	i
i	p	(a x)	-	(a x)	p	i
i	p	(m x)	-	(m x)	p	i
m	p	(i a)	-	(i a)	p	m
m	p	(i x)	-	(i x)	p	m
m	p	(a x)	-	(a x)	p	m
a	p	(i m)	-	(i m)	p	a
a	p	(i x)	-	(i x)	p	a
a	p	(m x)	-	(m x)	p	a
x	p	(i m)	-	(i m)	p	x
x	p	(i a)	-	(i a)	p	x
x	p	(m a)	-	(m a)	p	x

RASGUEADOS

F1 ↑↓↑ - ↑↓↑	F1 ↑↓↑ - ↑↑↓
F2 ↑↓↑ - ↓↑↓	F2 ↓↑↓ - ↑↑↓
F3 ↓↑↓ - ↓↑↓	F3 ↓↑↓ - ↑↓↓
F4 ↓↑↓ - ↑↑↓	F4 ↓↑↓ - ↓↑↑

F1 ↑↑↓ - ↑↑↓	F1 ↑↓↓ - ↑↓↑
F2 ↑↑↓ - ↓↑↓	F2 ↑↓↓ - ↓↑↓
F3 ↑↓↓ - ↑↓↑	F3 ↓↑↑ - ↑↓↑
F4 ↑↓↓ - ↓↑↓	F4 ↓↑↑ - ↓↑↓

F1 ↑↓↓ - ↑↓↓	F1 ↑↑↓ - ↑↑↓
F2 ↑↓↓ - ↓↑↑	F2 ↑↑↓ - ↓↓↑
F3 ↓↑↑ - ↓↑↑	F3 ↓↓↑ - ↓↓↑
F4 ↓↑↑ - ↑↓↓	F4 ↓↓↑ - ↑↑↓

F1 ↑↓↓ - ↑↑↓	F1 ↑↑↓ - ↑↓↓
F2 ↑↓↓ - ↓↓↑	F2 ↑↑↓ - ↓↑↑
F3 ↓↑↑ - ↓↓↑	F3 ↓↓↑ - ↓↑↑
F4 ↓↑↑ - ↑↑↓	F4 ↓↓↑ - ↑↓↓

GROUP 5
Thumb And Finger Combinations
Two Triple Stroke / Opposite Triads
(Three Different Elements)
18 Formulas

I

p	(m a)	(i x)	-	(i x)	(m a)	p
p	(i a)	(m x)	-	(m x)	(i a)	p
p	(i m)	(a x)	-	(a x)	(i m)	p

(m a)	p	(i x)	-	(i x)	p	(m a)
(i a)	p	(m x)	-	(m x)	p	(i a)
(i m)	p	(a x)	-	(a x)	p	(i m)

(m a)	(i x)	p	-	p	(i x)	(m a)
(i a)	(m x)	p	-	p	(m x)	(i a)
(i m)	(a x)	p	-	p	(a x)	(i m)

RASGUEADOS

F1 ↑↓↑ - ↑↓↑	F1 ↑↓↑ - ↑↑↓
F2 ↑↓↑ - ↓↑↑	F2 ↓↑↓ - ↑↑↓
F3 ↓↑↓ - ↓↑↓	F3 ↓↑↓ - ↑↓↓
F4 ↓↑↓ - ↑↓↓	F4 ↓↑↓ - ↓↑↑

F1 ↑↑↓ - ↑↓↑	F1 ↑↓↓ - ↑↓↑
F2 ↑↑↓ - ↓↑↓	F2 ↑↓↓ - ↓↑↓
F3 ↑↓↓ - ↑↓↑	F3 ↓↑↑ - ↑↓↑
F4 ↑↓↓ - ↓↑↓	F4 ↓↑↑ - ↓↑↓

F1 ↑↓↓ - ↑↓↓	F1 ↑↑↓ - ↑↑↓
F2 ↑↓↓ - ↓↑↑	F2 ↑↑↓ - ↓↓↑
F3 ↓↑↑ - ↓↑↑	F3 ↓↓↑ - ↓↓↑
F4 ↓↑↑ - ↑↓↓	F4 ↓↓↑ - ↑↑↓

F1 ↑↓↓ - ↑↑↑	F1 ↑↑↓ - ↑↓↓
F2 ↑↓↓ - ↓↓↓	F2 ↑↑↓ - ↓↑↑
F3 ↓↑↑ - ↓↓↓	F3 ↓↓↑ - ↓↑↑
F4 ↓↑↑ - ↑↑↓	F4 ↓↓↑ - ↑↓↓

II

p	i x	m a	-	m a	i x	p
p	m x	i a	-	i a	m x	p
p	a x	i m	-	i m	a x	p

i x	p	m a	-	m a	p	i x
m x	p	i a	-	i a	p	m x
a x	p	i m	-	i m	p	a x

i x	m a	p	-	p	m a	i x
m x	i a	p	-	p	i a	m x
a x	i m	p	-	p	i m	a x

RASGUEADOS

F1 ↑↓↑ - ↑↓↑	F1 ↑↓↑ - ↑↑↓
F2 ↑↓↑ - ↓↑↓	F2 ↓↑↓ - ↑↑↓
F3 ↓↑↓ - ↓↑↓	F3 ↓↑↓ - ↑↓↓
F4 ↓↑↓ - ↑↓↑	F4 ↓↑↓ - ↓↑↑
F1 ↑↑↓ - ↑↑↓	F1 ↑↓↓ - ↑↑↓
F2 ↑↑↓ - ↓↑↓	F2 ↑↓↓ - ↓↑↓
F3 ↑↓↓ - ↑↑↓	F3 ↓↑↑ - ↑↑↓
F4 ↑↓↓ - ↓↑↓	F4 ↓↑↑ - ↓↑↓
F1 ↑↓↓ - ↑↓↓	F1 ↑↑↓ - ↑↑↓
F2 ↑↓↓ - ↓↑↑	F2 ↑↑↓ - ↓↓↑
F3 ↓↑↑ - ↓↑↑	F3 ↓↓↑ - ↓↓↑
F4 ↓↑↑ - ↑↓↓	F4 ↓↓↑ - ↑↑↓
F1 ↑↓↓ - ↑↑↓	F1 ↑↑↓ - ↑↓↓
F2 ↑↓↓ - ↓↓↑	F2 ↑↑↓ - ↓↑↑
F3 ↓↑↑ - ↓↓↑	F3 ↓↓↑ - ↓↑↑
F4 ↓↑↑ - ↑↑↓	F4 ↓↓↑ - ↑↓↓

UNIT III

In unit III includes three fingering variations RASGUEADOS with four formulas in each one:

VARIATION I

2 - 3 - 3 (double - triple - triple stroke)

RASGUEADOS

F1	↑↓ - ↑↓↑ - ↑↓↑
F2	↑↓ - ↑↓↑ - ↓↑↓
F3	↓↑ - ↓↑↓ - ↓↑↓
F4	↓↑ - ↓↑↓ - ↑↓↑

VARIATION II

3 - 2 - 3 (triple - double - triple stroke)

RASGUEADOS

F1	↑↓↑ - ↑↓ - ↑↓↑
F2	↑↓↑ - ↑↓ - ↓↑↓
F3	↓↑↓ - ↓↑ - ↓↑↓
F4	↓↑↓ - ↓↑ - ↑↓↑

VARIATION III

3 - 3 - 2 (triple - triple - double stroke)

RASGUEADOS

F1	↑↓↑ - ↑↓↑ - ↑↓
F2	↑↓↑ - ↓↑↓ - ↑↓
F3	↓↑↓ - ↓↑↓ - ↓↑
F4	↓↑↓ - ↑↓↑ - ↓↑

UNIT III-1
RASCUEADOS
OF THREE DIFFERENT ELEMENTS
SAME TRIADS

VARIARION I
2 3 3
**DOUBLE - TRIPLE - TRIPLE
STROKE
SAME TRIADS**

Combination of double stroke (of two different elements) with two triple strokes (of three different fingers on each triad). The two triple strokes are performed by the same fingers, the same triads. The basis of this unit is the finger groups of the previous unit.

GROUP 1
(SINGLE FINGERS)
GROUP 2
(SINGLE FINGERS AND
FINGER COMBINATIONS)
GROUP 3
(FINGER COMBINATIONS)
GROUP 4
(THUMB WITH SINGLE FINGERS)

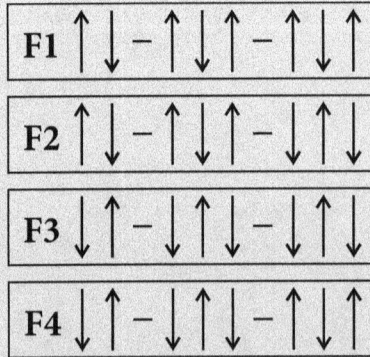

GROUP 1
Single Fingers
Double - Triple - Triple Stroke / Same Triads
(3 Different Elements)
36 Formulas

I
a stable

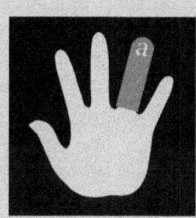

i m - i m x - i m x

i x - i x m - i x m

m i - m i x - m i x

m x - m x i - m x i

x m - x m i - x m i

x i - x i m - x i m

RASGUEADOS

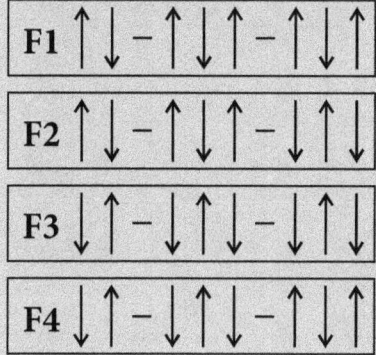

II
m stable

i a - i a x - i a x

i x - i x a - i x a

a i - a i x - a i x

a x - a x i - a x i

x a - x a i - x a i

x i - x i a - x i a

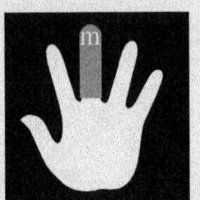

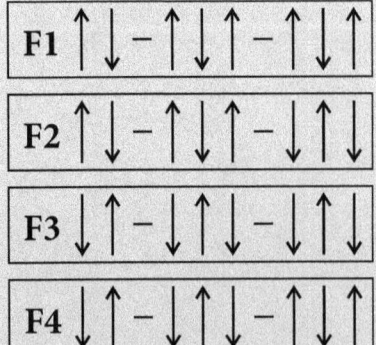

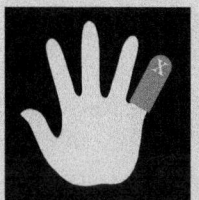

III
x stable

i m - i m a - i m a

i a - i a m - i a m

m i - m i a - m i a

m a - m a i - m a i

a m - a m i - a m i

a i - a i m - a i m

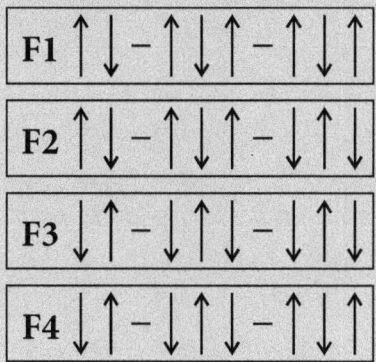

IV
i stable

m a - m a x - m a x

m x - m x a - m x a

a m - a m x - a m x

a x - a x m - a x m

x a - x a m - x a m

x m - x m a - x m a

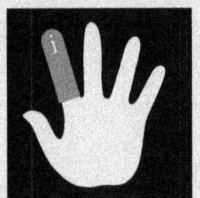

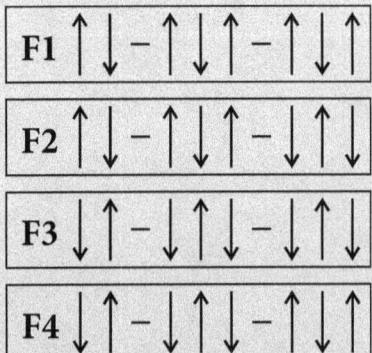

GROUP 2
Single Fingers And Finger Combinations
Double - Triple - Triple Stroke / Same Triads
(3 Different Elements) / 36 Formulas

I

(im) a - (im) a x - (im) a x
(im) x - (im) x a - (im) x a
(ma) i - (ma) i x - (ma) i x
(ma) x - (ma) x i - (ma) x i
(ia) m - (ia) m x - (ia) m x
(ia) x - (ia) x m - (ia) x m
(mx) i - (mx) i a - (mx) i a
(mx) a - (mx) a i - (mx) a i
(ix) m - (ix) m a - (ix) m a
(ix) a - (ix) a m - (ix) a m
(ax) m - (ax) m i - (ax) m i
(ax) i - (ax) i m - (ax) i m

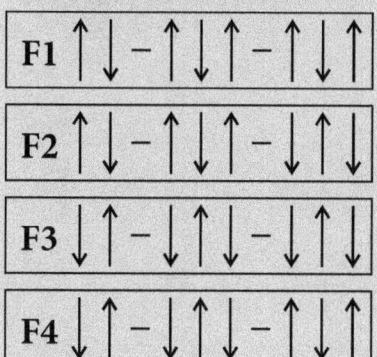

II

a	x	-	a	x	(i m)	-	a	x	(i m)
x	a	-	x	a	(i m)	-	x	a	(i m)
i	x	-	i	x	(m a)	-	i	x	(m a)
x	i	-	x	i	(m a)	-	x	i	(m a)
m	x	-	m	x	(i a)	-	m	x	(i a)
x	m	-	x	m	(i a)	-	x	m	(i a)
i	a	-	i	a	(m x)	-	i	a	(m x)
a	i	-	a	i	(m x)	-	a	i	(m x)
m	a	-	m	a	(i x)	-	m	a	(i x)
a	m	-	a	m	(i x)	-	a	m	(i x)
m	i	-	m	i	(a x)	-	m	i	(a x)
i	m	-	i	m	(a x)	-	i	m	(a x)

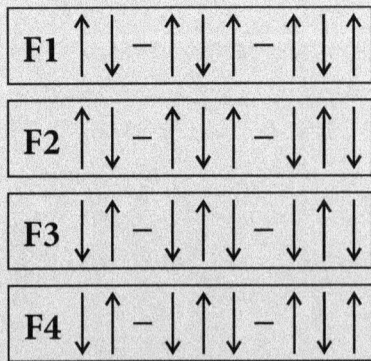

III

x (i m)	-	x (i m) a	-	x (i m) a
a (i m)	-	a (i m) x	-	a (i m) x
x (m a)	-	x (m a) i	-	x (m a) i
i (m a)	-	i (m a) x	-	i (m a) x
x (i a)	-	x (i a) m	-	x (i a) m
m (i a)	-	m (i a) x	-	m (i a) x
a (m x)	-	a (m x) i	-	a (m x) i
i (m x)	-	i (m x) a	-	i (m x) a
a (i x)	-	a (i x) m	-	a (i x) m
m (i x)	-	m (i x) a	-	m (i x) a
i (a x)	-	i (a x) m	-	i (a x) m
m (a x)	-	m (a x) i	-	m (a x) i

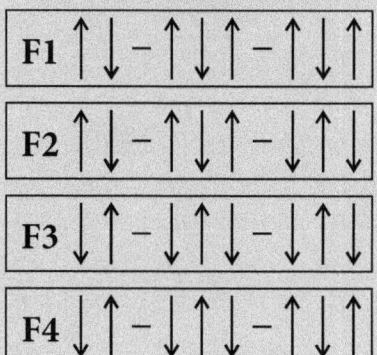

RASGUEADOS

F1	↑↓ – ↑↓↑ – ↑↓↑
F2	↑↓ – ↑↓↑ – ↓↑↓
F3	↓↑ – ↓↑↓ – ↓↑↓
F4	↓↑ – ↓↑↓ – ↑↓↑

GROUP 3
Thumb and single fingers
Double - Triple - Triple Stroke / Same Triads
(3 Different Elements)
36 Formulas

I

p a - p a x - p a x
p m - p m x - p m x
p m - p m a - p m a
p i - p i x - p i x
p i - p i a - p i a
p i - p i m - p i m

p x - p x a - p x a
p x - p x m - p x m
p a - p a m - p a m
p x - p x i - p x i
p a - p a i - p a i
p m - p m i - p m i

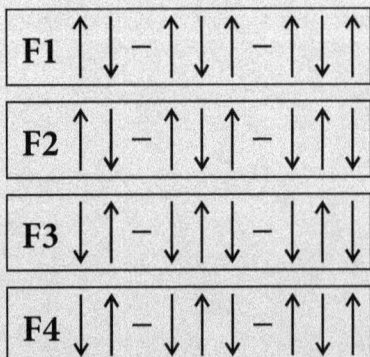

II

x p - x p a - x p a
x p - x p m - x p m
a p - a p m - a p m
x p - x p i - x p i
a p - a p i - a p i
m p - m p i - m p i

a p - a p x - a p x
m p - m p x - m p x
m p - m p a - m p a
i p - i p x - i p x
i p - i p a - i p a
i p - i p m - i p m

RASGUEADOS

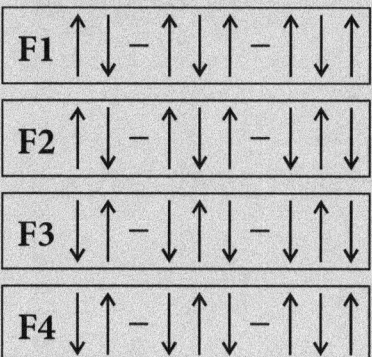

III

```
a x - a x p - a x p
m x - m x p - m x p
m a - m a p - m a p
i x - i x p - i x p
i a - i a p - i a p
i m - i m p - i m p

x a - x a p - x a p
x m - x m p - x m p
a m - a m p - a m p
x i - x i p - x i p
a i - a i p - a i p
m i - m i p - m i p
```

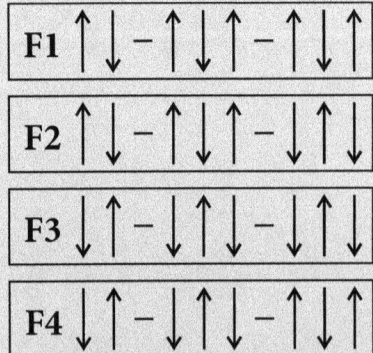

GROUP 4
Thumb with Single Fingers and Finger Combinations
Double - Triple - Triple Stroke / Same Triads
(3 Different Elements)
48 Formulas

I

p	i	-	p	i	(m a)	-	p	i	(m a)
p	i	-	p	i	(a x)	-	p	i	(a x)
p	i	-	p	i	(m x)	-	p	i	(m x)
p	m	-	p	m	(i a)	-	p	m	(i a)
p	m	-	p	m	(i x)	-	p	m	(i x)
p	m	-	p	m	(a x)	-	p	m	(a x)
p	a	-	p	a	(i m)	-	p	a	(i m)
p	a	-	p	a	(i x)	-	p	a	(i x)
p	a	-	p	a	(m x)	-	p	a	(m x)
p	x	-	p	x	(i m)	-	p	x	(i m)
p	x	-	p	x	(i a)	-	p	x	(i a)
p	x	-	p	x	(m a)	-	p	x	(m a)

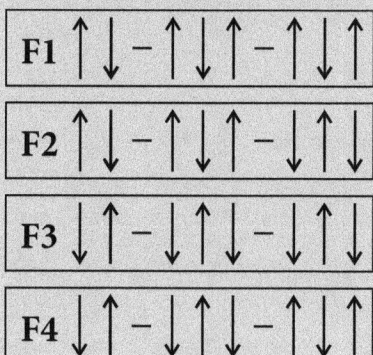

II

i	p	-	i	p	(m a)	-	i	p	(m a)
i	p	-	i	p	(a x)	-	i	p	(a x)
i	p	-	i	p	(m x)	-	i	p	(m x)
m	p	-	m	p	(i a)	-	m	p	(i a)
m	p	-	m	p	(i x)	-	m	p	(i x)
m	p	-	m	p	(a x)	-	m	p	(a x)
a	p	-	a	p	(i m)	-	a	p	(i m)
a	p	-	a	p	(i x)	-	a	p	(i x)
a	p	-	a	p	(a x)	-	a	p	(a x)
x	p	-	x	p	(i m)	-	x	p	(i m)
x	p	-	x	p	(i a)	-	x	p	(i a)
x	p	-	x	p	(m a)	-	x	p	(m a)

RASGUEADOS

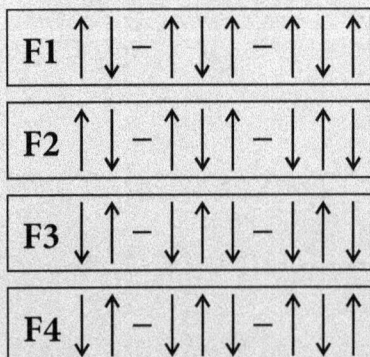

III

(m a)	i	-	(m a)	i	p	-	(m a) i p
(a x)	i	-	(a x)	i	p	-	(a x) i p
(m x)	i	-	(m x)	i	p	-	(m x) i p
(i a)	m	-	(i a)	m	p	-	(i a) m p
(i x)	m	-	(i x)	m	p	-	(i x) m p
(a x)	m	-	(a x)	m	p	-	(a x) m p
(i m)	a	-	(i m)	a	p	-	(i m) a p
(i x)	a	-	(i x)	a	p	-	(i x) a p
(m x)	a	-	(m x)	a	p	-	(m x) a p
(i m)	x	-	(i m)	x	p	-	(i m) x p
(i a)	x	-	(i a)	x	p	-	(i a) x p
(m a)	x	-	(m a)	x	p	-	(m a) x p

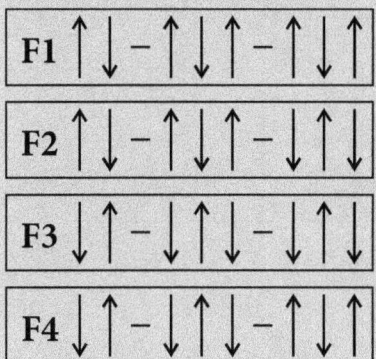

RASGUEADOS

F1 ↑↓ – ↑↓↑ – ↑↓↑
F2 ↑↓ – ↑↓↑ – ↓↑↓
F3 ↓↑ – ↓↓↑ – ↓↑↓
F4 ↓↑ – ↓↑↓ – ↑↓↑

IV

(m a)	p	-	(m a)	p	i	-	(m a)	p	i
(a x)	p	-	(a x)	p	i	-	(a x)	p	i
(m x)	p	-	(m x)	p	i	-	(m x)	p	i
(i a)	p	-	(i a)	p	m	-	(i a)	p	m
(i x)	p	-	(i x)	p	m	-	(i x)	p	m
(a x)	p	-	(a x)	p	m	-	(a x)	p	m
(i m)	p	-	(i m)	p	a	-	(i m)	p	a
(i x)	p	-	(i x)	p	a	-	(i x)	p	a
(a x)	p	-	(a x)	p	a	-	(a x)	p	a
(i m)	p	-	(i m)	p	x	-	(i m)	p	x
(i a)	p	-	(i a)	p	x	-	(i a)	p	x
(m a)	p	-	(m a)	p	x	-	(m a)	p	x

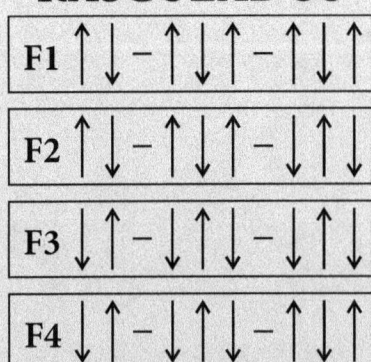

RASGUEADOS

F1 ↑↓ - ↑↓↑ - ↑↓↑

F2 ↑↓ - ↑↓↑ - ↓↑↓

F3 ↓↑ - ↓↑↓ - ↓↑↓

F4 ↓↑ - ↓↑↓ - ↑↓↑

GROUP 5
Thumb and Finger Combinations
Double - Triple - Triple Stroke / Same Triads
(3 Different Elements)
18 Formulas

I

p (m a) - p (m a)(i x) - p (m a)(i x)
p (i a) - p (i a)(m x) - p (i a)(m x)
p (i m) - p (i m)(a x) - p (i m)(a x)

(m a) p - (m a) p (i x) - (m a) p (i x)
(i a) p - (i a) p (m x) - (i a) p (m x)
(i m) p - (i m) p (a x) - (i m) p (a x)

(m a)(i x) - (m a)(i x) p - (m a)(i x) p
(i a)(m x) - (i a)(m x) p - (i a)(m x) p
(i m)(a x) - (i m)(a x) p - (i m)(a x) p

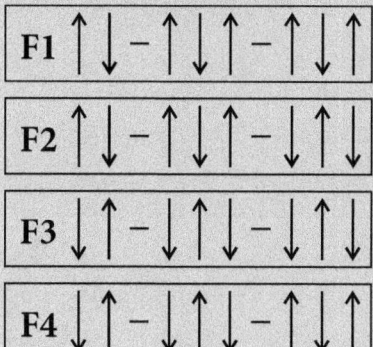

II

p	(i x)	-	p	(i x)	(m a)	-	p	(i x)	(m a)
p	(m x)	-	p	(m x)	(i a)	-	p	(m x)	(i a)
p	(a x)	-	p	(a x)	(i m)	-	p	(a x)	(i m)

(i x)	p	-	(i x)	p	(m a)	-	(i x)	p	(m a)
(m x)	p	-	(m x)	p	(i a)	-	(m x)	p	(i a)
(a x)	p	-	(a x)	p	(i m)	-	(a x)	p	(i m)

(i x)	(m a)	-	(i x)	(m a)	p	-	(i x)	(m a)	p
(m x)	(i a)	-	(m x)	(i a)	p	-	(m x)	(i a)	p
(a x)	(i m)	-	(a x)	(i m)	p	-	(a x)	(i m)	p

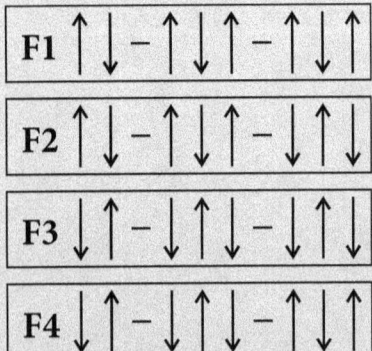

VARIARION II
3 2 3
**TRIPLE - DOUBLE - TRIPLE
STROKE
SAME TRIADS**

Combination of double stroke (of two different elements) with two triple strokes (of three different fingers on each triad). The two triple strokes are performed by the same fingers, the same triads. The basis of this unit is the finger groups of the previous unit.

GROUP 1
(SINGLE FINGERS)
GROUP 2
(SINGLE FINGERS AND
FINGER COMBINATIONS)
GROUP 3
(FINGER COMBINATIONS)
GROUP 4
(THUMB WITH SINGLE FINGERS)

RASGUEADOS

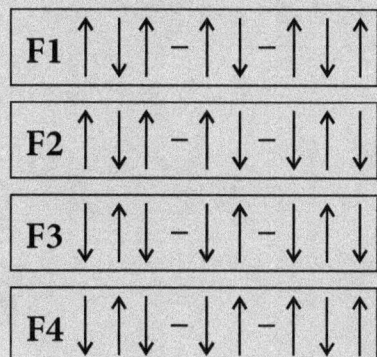

GROUP 1
Single Fingers
Triple - Double - Triple Stroke / Same Triads
(3 Different Elements)
24 Formulas

I
a stable

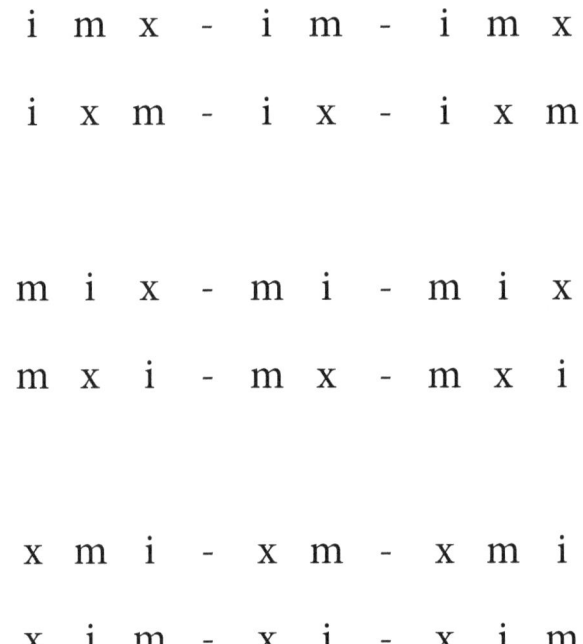

i m x - i m - i m x

i x m - i x - i x m

m i x - m i - m i x

m x i - m x - m x i

x m i - x m - x m i

x i m - x i - x i m

RASGUEADOS

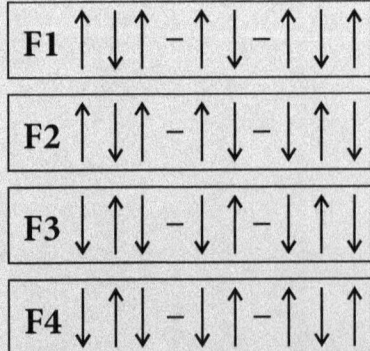

II
m stable

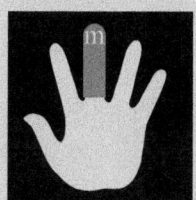

i a x - i a - i a x

i x a - i x - i x a

a i x - a i - a i x

a x i - a x - a x i

x a i - x a - x a i

x i a - x i - x i a

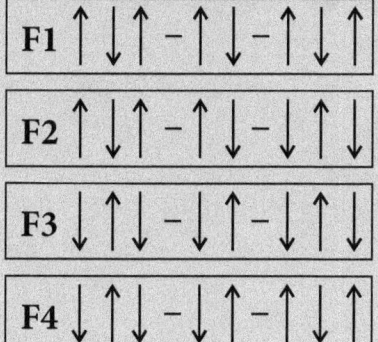

III
x stable

i m a - i m - i m a

i a m - i a - i a m

m i a - m i - m i a

m a i - m a - m a i

a m i - a m - a m i

a i m - a i - a i m

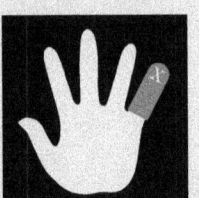

RASGUEADOS

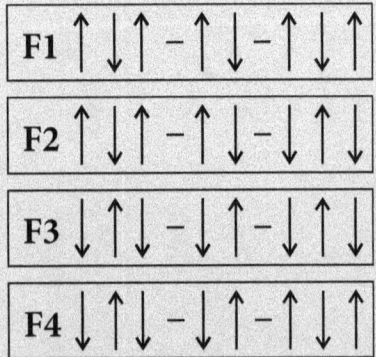

IV
i stable

m a x - m a - m a x

m x a - m x - m x a

a m x - a m - a m x

a x m - a x - a x m

x a m - x a - x a m

x m a - x m - x m a

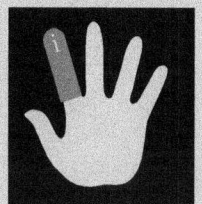

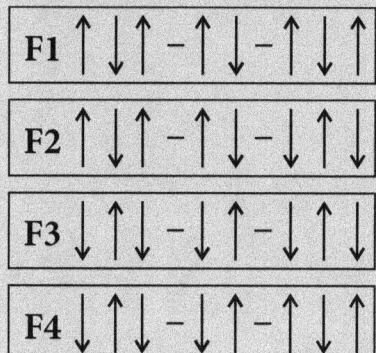

RASGUEADOS

F1	↑↓↑ - ↑↓ - ↑↓↑
F2	↑↓↑ - ↑↓ - ↓↑↓
F3	↓↑↓ - ↓↑ - ↓↑↓
F4	↓↑↓ - ↓↑ - ↑↓↑

GROUP 2
Single Fingers And Finger Combinations
Triple - Double - Triple Stroke / Same Triads
(3 Different Elements) / 36 Formulas

I

(i m) a x - (i m) a - (i m) a x
(i m) x a - (i m) x - (i m) x a
(m a) i x - (m a) i - (m a) i x
(m a) x i - (m a) x - (m a) x i
(i a) m x - (i a) m - (i a) m x
(i a) x m - (i a) x - (i a) x m
(m x) i a - (m x) i - (m x) i a
(m x) a i - (m x) a - (m x) a i
(i x) m a - (i x) m - (i x) m a
(i x) a m - (i x) a - (i x) a m
(a x) m i - (a x) m - (a x) m i
(a x) i m - (a x) i - (a x) i m

RASGUEADOS

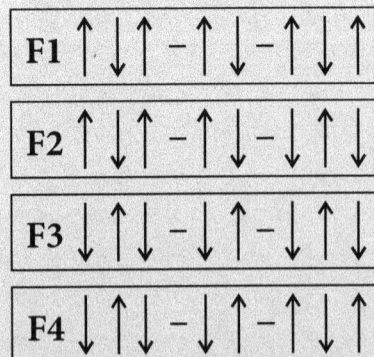

II

a	x	(i m)	-	a	x	-	a	x	(i m)
x	a	(i m)	-	x	a	-	x	a	(i m)
i	x	(m a)	-	i	x	-	i	x	(m a)
x	i	(m a)	-	x	i	-	x	i	(m a)
m	x	(i a)	-	m	x	-	m	x	(i a)
x	m	(i a)	-	x	m	-	x	m	(i a)
i	a	(m x)	-	i	a	-	i	a	(m x)
a	i	(m x)	-	a	i	-	a	i	(m x)
m	a	(i x)	-	m	a	-	m	a	(i x)
a	m	(i x)	-	a	m	-	a	m	(i x)
m	i	(a x)	-	m	i	-	m	i	(a x)
i	m	(a x)	-	i	m	-	i	m	(a x)

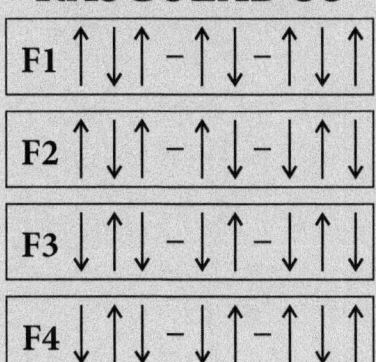

RASGUEADOS

F1	↑ ↓ ↑ – ↑ ↓ – ↑ ↓ ↑
F2	↑ ↓ ↑ – ↑ ↓ – ↓ ↑ ↓
F3	↓ ↑ ↓ – ↓ ↑ – ↓ ↑ ↓
F4	↓ ↑ ↓ – ↓ ↑ – ↑ ↓ ↑

III

x	(i m)	a	-	x	(i m)	-	x	(i m)	a
a	(i m)	x	-	a	(i m)	-	a	(i m)	x
x	(m a)	i	-	x	(m a)	-	x	(m a)	i
i	(m a)	x	-	i	(m a)	-	i	(m a)	x
x	(i a)	m	-	x	(i a)	-	x	(i a)	m
m	(i a)	x	-	m	(i a)	-	m	(i a)	x
a	(m x)	i	-	a	(m x)	-	a	(m x)	i
i	(m x)	a	-	i	(m x)	-	i	(m x)	a
a	(i x)	m	-	a	(i x)	-	a	(i x)	m
m	(i x)	a	-	m	(i x)	-	m	(i x)	a
i	(a x)	m	-	i	(a x)	-	i	(a x)	m
m	(a x)	i	-	m	(a x)	-	m	(a x)	i

RASGUEADOS

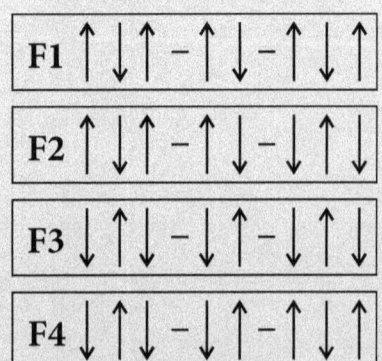

GROUP 3
Thumb and Single Fingers
Triple - Double - Triple Stroke / Same Triads
(3 Different Elements)
24 Formulas

I

p a x - p a - p a x
p m x - p m - p m x
p m a - p m - p m a
p i x - p i - p i x
p i a - p i - p i a
p i m - p i - p i m

p x a - p x - p x a
p x m - p x - p x m
p a m - p a - p a m
p x i - p x - p x i
p a i - p a - p a i
p m i - p m - p m i

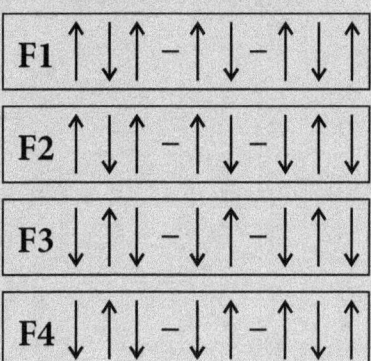

II

```
x  p  a  -  x  p  -  x  p  a
x  p  m  -  x  p  -  x  p  m
a  p  m  -  a  p  -  a  p  m
x  p  i  -  x  p  -  x  p  i
a  p  i  -  a  p  -  a  p  i
m  p  i  -  m  p  -  m  p  i

a  p  x  -  a  p  -  a  p  x
m  p  x  -  m  p  -  m  p  x
m  p  a  -  m  p  -  m  p  a
i  p  x  -  i  p  -  i  p  x
i  p  a  -  i  p  -  i  p  a
i  p  m  -  i  p  -  i  p  m
```

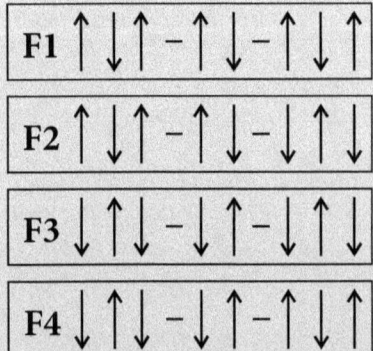

III

```
a x p - a x - a x p
m x p - m x - m x p
m a p - m a - m a p
i x p - i x - i x p
i a p - i a - i a p
i m p - i m - i m p

x a p - x a - x a p
x m p - x m - x m p
a m p - a m - a m p
x i p - x i - x i p
a i p - a i - a i p
m i p - m i - m i p
```

RASGUEADOS

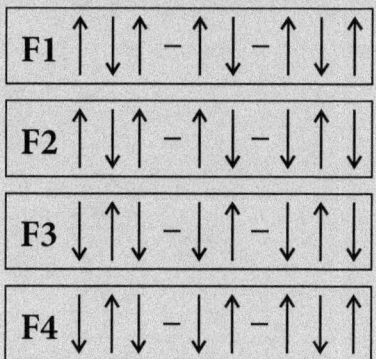

GROUP 4
Thumb with Single Fingers and Finger Combinations
Triple - Double - Triple Stroke / Same Triads
(3 Different Elements)
48 Formulas

I

p	i	(m a)	-	p	i	-	p	i	(m a)
p	i	(a x)	-	p	i	-	p	i	(a x)
p	i	(m x)	-	p	i	-	p	i	(m x)
p	m	(i a)	-	p	m	-	p	m	(i a)
p	m	(i x)	-	p	m	-	p	m	(i x)
p	m	(a x)	-	p	m	-	p	m	(a x)
p	a	(i m)	-	p	a	-	p	a	(i m)
p	a	(i x)	-	p	a	-	p	a	(i x)
p	a	(m x)	-	p	a	-	p	a	(m x)
p	x	(i m)	-	p	x	-	p	x	(i m)
p	x	(i a)	-	p	x	-	p	x	(i a)
p	x	(m a)	-	p	x	-	p	x	(m a)

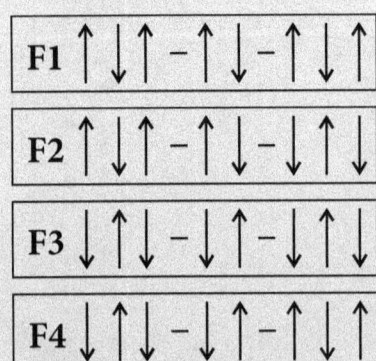

II

i	p	(m a)	-	i	p	-	i	p	(m a)
i	p	(a x)	-	i	p	-	i	p	(a x)
i	p	(m x)	-	i	p	-	i	p	(m x)
m	p	(i a)	-	m	p	-	m	p	(i a)
m	p	(i x)	-	m	p	-	m	p	(i x)
m	p	(a x)	-	m	p	-	m	p	(a x)
a	p	(i m)	-	a	p	-	a	p	(i m)
a	p	(i x)	-	a	p	-	a	p	(i x)
a	p	(m x)	-	a	p	-	a	p	(m x)
x	p	(i m)	-	x	p	-	x	p	(i m)
x	p	(i a)	-	x	p	-	x	p	(i a)
x	p	(m a)	-	x	p	-	x	p	(m a)

RASGUEADOS

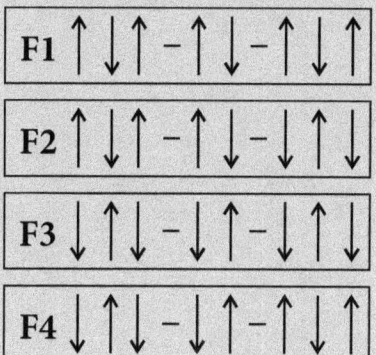

III

(m a)	i	p	-	(m a)	i	-	(m a)	p
(a x)	i	p	-	(a x)	i	-	(a x)	p
(m x)	i	p	-	(m x)	i	-	(m x)	p
(i a)	m	p	-	(i a)	m	-	(i a)	p
(i x)	m	p	-	(i x)	m	-	(i x)	p
(a x)	m	p	-	(a x)	m	-	(a x)	p
(i m)	a	p	-	(i m)	a	-	(i m)	p
(i x)	a	p	-	(i x)	a	-	(i x)	p
(m x)	a	p	-	(m x)	a	-	(m x)	p
(i m)	x	p	-	(i m)	x	-	(i m)	p
(i a)	x	p	-	(i a)	x	-	(i a)	p
(m a)	x	p	-	(m a)	x	-	(m a)	p

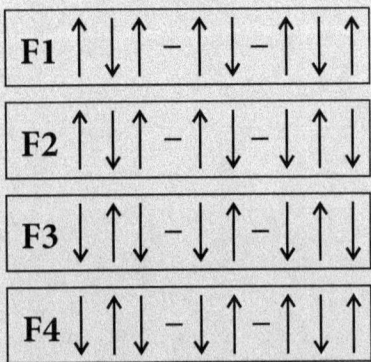

IV

(m a)	p	i	-	(m a)	p	-	(m a)	p	i
(a x)	p	i	-	(a x)	p	-	(a x)	p	i
(m x)	p	i	-	(m x)	p	-	(m x)	p	i
(i a)	p	m	-	(i a)	p	-	(i a)	p	m
(i x)	p	m	-	(i x)	p	-	(i x)	p	m
(a x)	p	m	-	(a x)	p	-	(a x)	p	m
(i m)	p	a	-	(i m)	p	-	(i m)	p	a
(i x)	p	a	-	(i x)	p	-	(i x)	p	a
(a x)	p	a	-	(a x)	p	-	(a x)	p	a
(i m)	p	x	-	(i m)	p	-	(i m)	p	x
(i a)	p	x	-	(i a)	p	-	(i a)	p	x
(m a)	p	x	-	(m a)	p	-	(m a)	p	x

RASGUEADOS

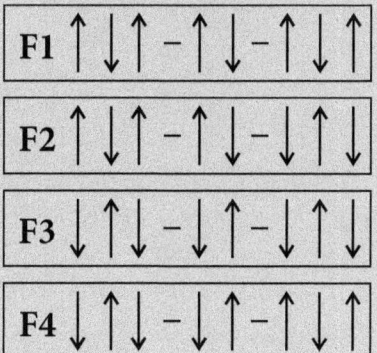

F1 ↑↓↑ - ↑↓ - ↑↓↑

F2 ↑↓↑ - ↑↓ - ↓↑↓

F3 ↓↑↓ - ↓↑ - ↓↑↓

F4 ↓↑↓ - ↓↑ - ↑↓↑

GROUP 5
Thumb and Finger Combinations
Triple - Double - Triple Stroke / Same Triads
(3 Different Elements)
18 Formulas

I

p (m a)(i x) - p (m a) - p (m a)(i x)
p (i a)(m x) - p (i a) - p (i a)(m x)
p (i m)(a x) - p (i m) - p (i m)(a x)

(m a) p (i x) - (m a) p - (m a) p (i x)
(i a) p (m x) - (i a) p - (i a) p (m x)
(i m) p (a x) - (i m) p - (i m) p (a x)

(m a)(i x) p - (m a)(i x) - (m a)(i x) p
(i a)(m x) p - (i a)(m x) - (i a)(m x) p
(i m)(a x) p - (i m)(a x) - (i m)(a x) p

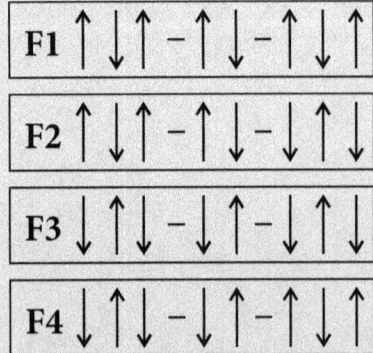

368

II

p (i x)(m a) - p (i x) - p (i x)(m a)
p (m x)(i a) - p (m x) - p (m x)(i a)
p (a x)(i m) - p (a x) - p (a x)(i m)

(i x) p (m a) - (i x) p - (i x) p (m a)
(m x) p (i a) - (m x) p - (m x) p (i a)
(a x) p (i m) - (a x) p - (a x) p (i m)

(i x)(m a) p - (i x)(m a) - (i x)(m a) p
(m x)(i a) p - (m x)(i a) - (m x)(i a) p
(a x)(i m) p - (a x)(i m) - (a x)(i m) p

RASGUEADOS

F1	↑↓↑ - ↑↓ - ↑↓↑
F2	↑↓↑ - ↑↓ - ↓↑↓
F3	↓↑↓ - ↓↑ - ↓↑↓
F4	↓↑↓ - ↓↑ - ↑↓↑

VARIARION III
3 3 2
**TRIPLE - TRIPLE - DOUBLE STROKE
SAME TRIADS**

Combination of double stroke (of two different elements) with two triple strokes (of three different fingers on each triad). The two triple strokes are performed by the same fingers, the same triads. The basis of this unit is the finger groups of the previous unit.

GROUP 1
(SINGLE FINGERS)
GROUP 2
(SINGLE FINGERS AND FINGER COMBINATIONS)
GROUP 3
(FINGER COMBINATIONS)
GROUP 4
(THUMB WITH SINGLE FINGERS)

RASGUEADOS

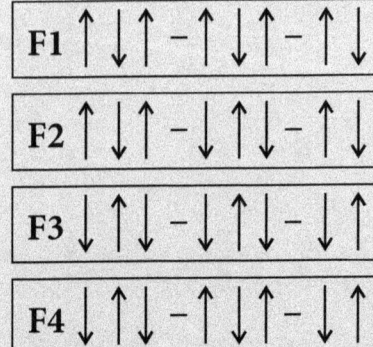

GROUP 1
Single Fingers
Triple - Triple - Double Stroke / Same Triads
(3 Different Elements)
24 Formulas

I
a stable

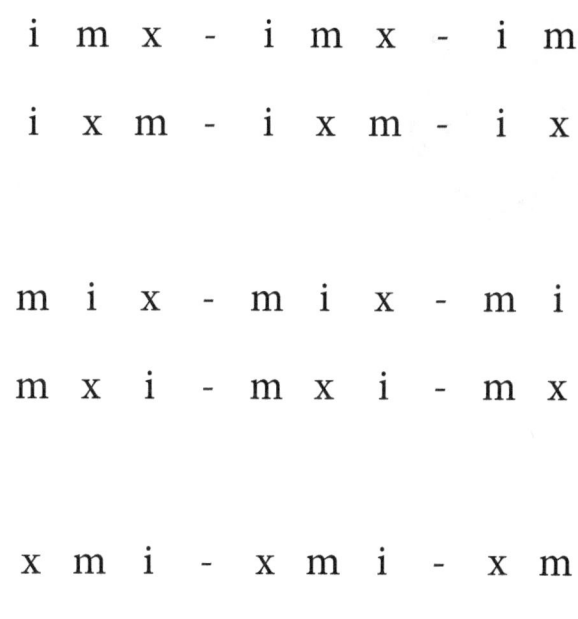

i m x - i m x - i m

i x m - i x m - i x

m i x - m i x - m i

m x i - m x i - m x

x m i - x m i - x m

x i m - x i m - x i

RASGUEADOS

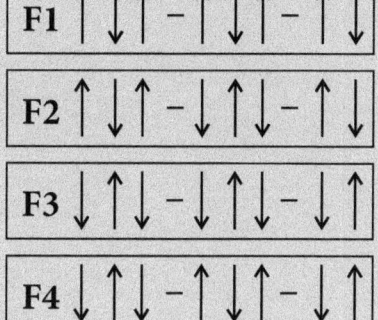

II
m stable

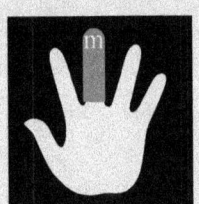

```
i a x - i a x - i a
i x a - i x a - i x


a i x - a i x - a i
a x i - a x i - a x


x a i - x a i - x a
x i a - x i a - x i
```

RASGUEADOS

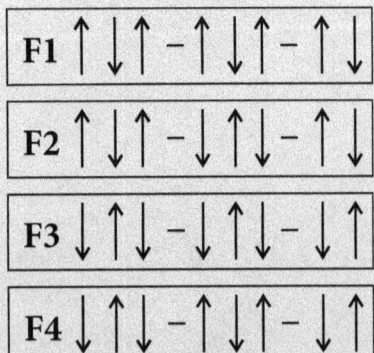

III
x stable

i m a - i m a - i m

i a m - i a m - i a

m i a - m i a - m i

m a i - m a i - m a

a m i - a m i - a m

a i m - a i m - a i

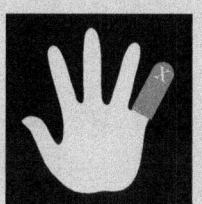

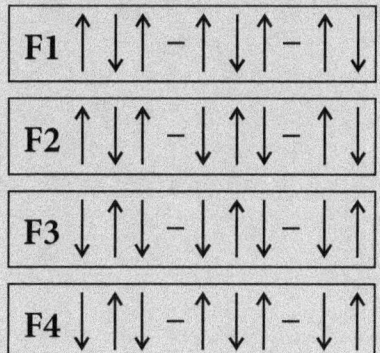

IV
i stable

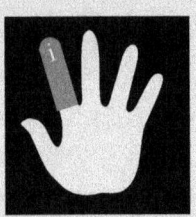

```
m a x - m a x - m a

m x a - m x a - m x


a m x - a m x - a m

a x m - a x m - a x


x a m - x a m - x a

x m a - x m a - x m
```

RASGUEADOS

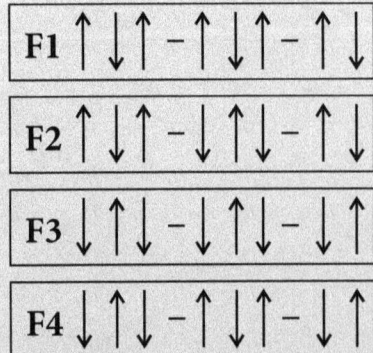

GROUP 2
Single Fingers And Finger Combinations
Triple - Triple - Double Stroke / Same Triads
(3 Different Elements) / 36 Formulas

I

(i m) a x - (i m) a x - (i m) a
(i m) x a - (i m) x a - (i m) x
(m a) i x - (m a) i x - (m a) i
(m a) x i - (m a) x i - (m a) x
(i a) m x - (i a) m x - (i a) m
(i a) x m - (i a) x m - (i a) x
(m x) i a - (m x) i a - (m x) i
(m x) a i - (m x) a i - (m x) a
(i x) m a - (i x) m a - (i x) m
(i x) a m - (i x) a m - (i x) a
(a x) m i - (a x) m i - (a x) m
(a x) i m - (a x) i m - (a x) i

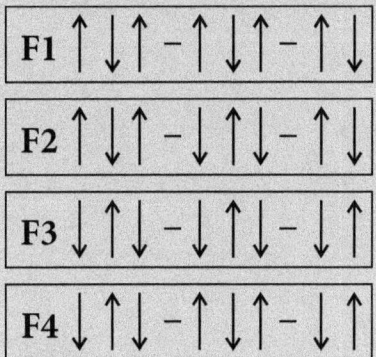

375

II

a	x	(im)	-	a	x	(im)	-	a x
x	a	(im)	-	x	a	(im)	-	x a
i	x	(ma)	-	i	x	(ma)	-	i x
x	i	(ma)	-	x	i	(ma)	-	x i
m	x	(ia)	-	m	x	(ia)	-	m x
x	m	(ia)	-	x	m	(ia)	-	x m
i	a	(mx)	-	i	a	(mx)	-	i a
a	i	(mx)	-	a	i	(mx)	-	a i
m	a	(ix)	-	m	a	(ix)	-	m a
a	m	(ix)	-	a	m	(ix)	-	a m
m	i	(ax)	-	m	i	(ax)	-	m i
i	m	(ax)	-	i	m	(ax)	-	i m

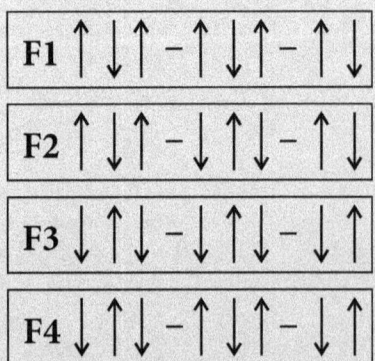

RASGUEADOS

F1 ↑↓↑ - ↑↓↑ - ↑↓
F2 ↑↓↑ - ↓↑↓ - ↑↓
F3 ↓↑↓ - ↓↑↓ - ↓↑
F4 ↓↑↓ - ↑↓↑ - ↓↑

III

x	(im)	a	-	x	(im)	a	-	x	(im)
a	(im)	x	-	a	(im)	x	-	a	(im)
x	(ma)	i	-	x	(ma)	i	-	x	(ma)
i	(ma)	x	-	i	(ma)	x	-	i	(ma)
x	(ia)	m	-	x	(ia)	m	-	x	(ia)
m	(ia)	x	-	m	(ia)	x	-	m	(ia)
a	(mx)	i	-	a	(mx)	i	-	a	(mx)
i	(mx)	a	-	i	(mx)	a	-	i	(mx)
a	(ix)	m	-	a	(ix)	m	-	a	(ix)
m	(ix)	a	-	m	(ix)	a	-	m	(ix)
i	(ax)	m	-	i	(ax)	m	-	i	(ax)
m	(ax)	i	-	m	(ax)	i	-	m	(ax)

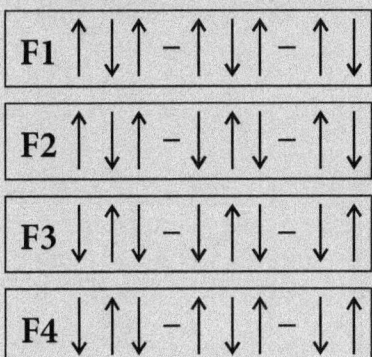

GROUP 3
Thumb and single fingers
Triple - Triple - Double Stroke / Same Triads
(3 Different Elements)
36 Formulas

I

p a x - p a x - p a
p m x - p m x - p m
p m a - p m a - p m
p i x - p i x - p i
p i a - p i a - p i
p i m - p i m - p i

p x a - p x a - p x
p x m - p x m - p x
p a m - p a m - p a
p x i - p x i - p x
p a i - p a i - p a
p m i - p m i - p m

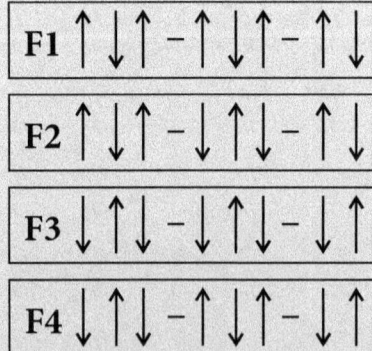

II

x	p	a	-	x	p	a	-	x	p	
x	p	m	-	x	p	m	-	x	p	
a	p	m	-	a	p	m	-	a	p	
x	p	i	-	x	p	i	-	x	p	
a	p	i	-	a	p	i	-	a	p	
m	p	i	-	m	p	i	-	m	p	

a	p	x	-	a	p	x	-	a	p	
m	p	x	-	m	p	x	-	m	p	
m	p	a	-	m	p	a	-	m	p	
i	p	x	-	i	p	x	-	i	p	
i	p	a	-	i	p	a	-	i	p	
i	p	m	-	i	p	m	-	i	p	

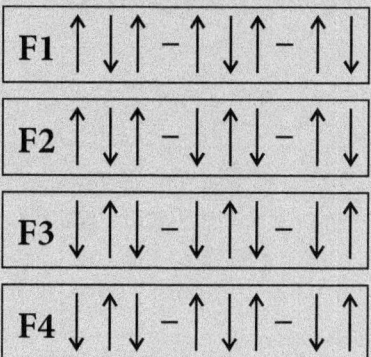

RASGUEADOS

F1 ↑↓↑ - ↑↓↑ - ↑↓
F2 ↑↓↑ - ↓↑↓ - ↑↓
F3 ↓↑↓ - ↓↑↓ - ↓↑
F4 ↓↑↓ - ↑↓↑ - ↓↑

III

```
a  x  p  -  a  x  p  -  a  x
m  x  p  -  m  x  p  -  m  x
m  a  p  -  m  a  p  -  m  a
i  x  p  -  i  x  p  -  i  x
i  a  p  -  i  a  p  -  i  a
i  m  p  -  i  m  p  -  i  m

x  a  p  -  x  a  p  -  x  a
x  m  p  -  x  m  p  -  x  m
a  m  p  -  a  m  p  -  a  m
x  i  p  -  x  i  p  -  x  i
a  i  p  -  a  i  p  -  a  i
m  i  p  -  m  i  p  -  m  i
```

RASGUEADOS

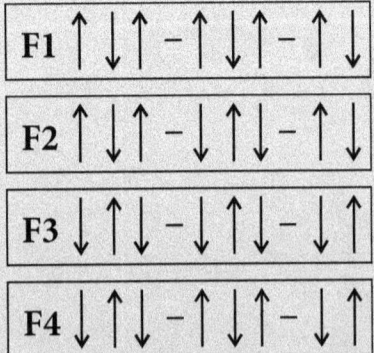

GROUP 4
Thumb with Single Fingers and Finger Combinations
Triple - Triple - Double Stroke / Same Triads
(3 Different Elements)
48 Formulas

I

p	i	(m a)	-	p	i	(m a)	-	p	i
p	i	(a x)	-	p	i	(a x)	-	p	i
p	i	(m x)	-	p	i	(m x)	-	p	i
p	m	(i a)	-	p	m	(i a)	-	p	m
p	m	(i x)	-	p	m	(i x)	-	p	m
p	m	(a x)	-	p	m	(a x)	-	p	m
p	a	(i m)	-	p	a	(i m)	-	p	a
p	a	(i x)	-	p	a	(i x)	-	p	a
p	a	(m x)	-	p	a	(m x)	-	p	a
p	x	(i m)	-	p	x	(i m)	-	p	x
p	x	(i a)	-	p	x	(i a)	-	p	x
p	x	(m a)	-	p	x	(m a)	-	p	x

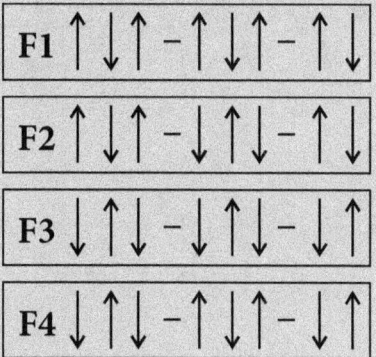

II

i	p	(m a)	-	i	p	(m a)	-	i	p
i	p	(a x)	-	i	p	(a x)	-	i	p
i	p	(m x)	-	i	p	(m x)	-	i	p
m	p	(i a)	-	m	p	(i a)	-	m	p
m	p	(i x)	-	m	p	(i x)	-	m	p
m	p	(a x)	-	m	p	(a x)	-	m	p
a	p	(i m)	-	a	p	(i m)	-	a	p
a	p	(i x)	-	a	p	(i x)	-	a	p
a	p	(m x)	-	a	p	(m x)	-	a	p
x	p	(i m)	-	x	p	(i m)	-	x	p
x	p	(i a)	-	x	p	(i a)	-	x	p
x	p	(m a)	-	x	p	(m a)	-	x	p

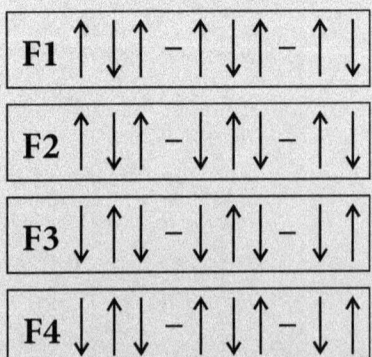

RASGUEADOS

F1 ↑↓↑ - ↑↓↑ - ↑↓
F2 ↑↓↑ - ↓↑↓ - ↑↓
F3 ↓↑↓ - ↓↑↓ - ↓↑
F4 ↓↑↓ - ↑↓↑ - ↓↑

III

(m a)	i	p	-	(m a)	i	p	-	(m a)	i
(a x)	i	p	-	(a x)	i	p	-	(a x)	i
(m x)	i	p	-	(m x)	i	p	-	(m x)	i
(i a)	m	p	-	(i a)	m	p	-	(i a)	m
(i x)	m	p	-	(i x)	m	p	-	(i x)	m
(a x)	m	p	-	(a x)	m	p	-	(a x)	m
(i m)	a	p	-	(i m)	a	p	-	(i m)	a
(i x)	a	p	-	(i x)	a	p	-	(i x)	a
(m x)	a	p	-	(m x)	a	p	-	(m x)	a
(i m)	x	p	-	(i m)	x	p	-	(i m)	x
(i a)	x	p	-	(i a)	x	p	-	(i a)	x
(m a)	x	p	-	(m a)	x	p	-	(m a)	x

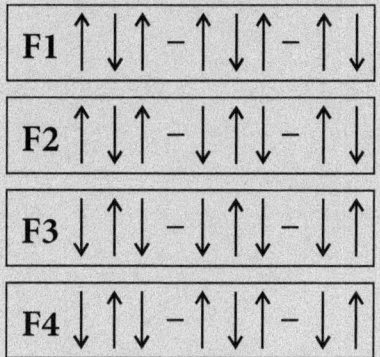

RASGUEADOS

F1 ↑↓↑ - ↑↓↑ - ↑↓
F2 ↑↓↑ - ↓↑↓ - ↑↓
F3 ↓↑↓ - ↓↑↓ - ↓↑
F4 ↓↑↓ - ↑↓↑ - ↓↑

IV

(m a)	p	i	-	(m a)	p	i	-	(m a)	p
(a x)	p	i	-	(a x)	p	i	-	(a x)	p
(m x)	p	i	-	(m x)	p	i	-	(m x)	p
(i a)	p	m	-	(i a)	p	m	-	(i a)	p
(i x)	p	m	-	(i x)	p	m	-	(i x)	p
(a x)	p	m	-	(a x)	p	m	-	(a x)	p
(i m)	p	a	-	(i m)	p	a	-	(i m)	p
(i x)	p	a	-	(i x)	p	a	-	(i x)	p
(a x)	p	a	-	(a x)	p	a	-	(a x)	p
(i m)	p	x	-	(i m)	p	x	-	(i m)	p
(i a)	p	x	-	(i a)	p	x	-	(i a)	p
(m a)	p	x	-	(m a)	p	x	-	(m a)	p

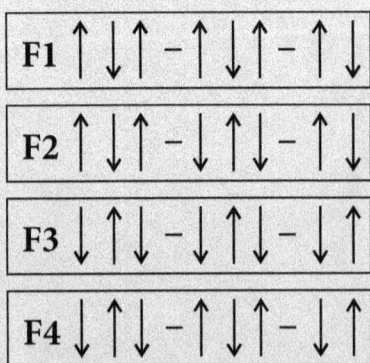

GROUP 5
Thumb and Finger Combinations
Triple - Triple - Double Stroke / Same Triads
(3 Different Elements)
18 Formulas

I

p (m a)(i x) - p (m a)(i x) - p (m a)
p (i a)(m x) - p (i a)(m x) - p (i a)
p (i m)(a x) - p (i m)(a x) - p (i m)

(m a) p (i x) - (m a) p (i x) - (m a) p
(i a) p (m x) - (i a) p (m x) - (i a) p
(i m) p (a x) - (i m) p (a x) - (i m) p

(m a)(i x) p - (m a)(i x) p - (m a)(i x)
(i a)(m x) p - (i a)(m x) p - (i a)(m x)
(i m)(a x) p - (i m)(a x) p - (i m)(a x)

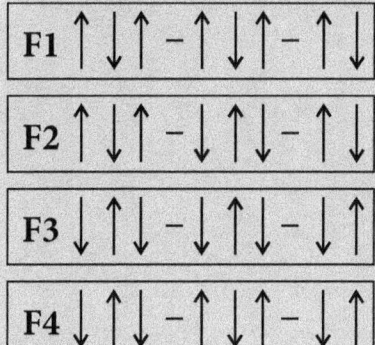

II

p	(i x)	(m a)	-	p	(i x)	(m a)	-	p	(i x)
p	(m x)	(i a)	-	p	(m x)	(i a)	-	p	(m x)
p	(a x)	(i m)	-	p	(a x)	(i m)	-	p	(a x)

(i x)	p	(m a)	-	(i x)	p	(m a)	-	(i x)	p
(m x)	p	(i a)	-	(m x)	p	(i a)	-	(m x)	p
(a x)	p	(i m)	-	(a x)	p	(i m)	-	(a x)	p

(i x)	(m a)	p	-	(i x)	(m a)	p	-	(i x)	(m a)
(m x)	(i a)	p	-	(m x)	(i a)	p	-	(m x)	(i a)
(a x)	(i m)	p	-	(a x)	(i m)	p	-	(a x)	(i m)

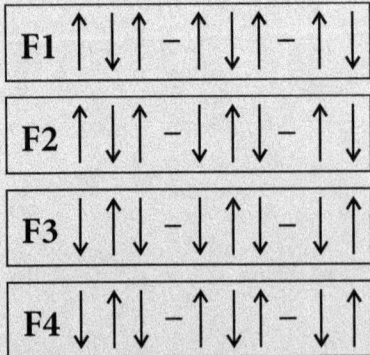

UNIT III-2
RASCUEADOS
OF THREE DIFFERENT ELEMENTS
OPPOSITE TRIADS

VARIARION I
2 3 3
**DOUBLE - TRIPLE - TRIPLE
STROKE
OPPOSITE TRIADS**

Combination of double stroke (of two different elements) with two triple strokes (of three different fingers on each triad). The two triple strokes are performed by the same fingers, the same triads. The basis of this unit is the finger groups of the previous unit.

GROUP 1
(SINGLE FINGERS)
GROUP 2
(SINGLE FINGERS AND
FINGER COMBINATIONS)
GROUP 3
(FINGER COMBINATIONS)
GROUP 4
(THUMB WITH SINGLE FINGERS)

RASGUEADOS

F1	↑↓ – ↑↓↑ – ↑↓↑
F2	↑↓ – ↑↓↑ – ↓↑↓
F3	↓↑ – ↓↑↓ – ↓↑↓
F4	↓↑ – ↓↑↓ – ↑↓↑

GROUP 1
Single Fingers
Double - Triple - Triple Stroke / Opposite Triads
(3 Different Elements)
24 Formulas

I
a stable

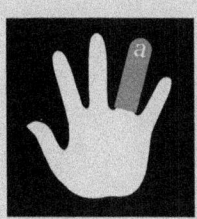

i m - i m x - x m i

i x - i x m - m x i

m i - m i x - x i m

m i - m x i - i x m

x m - x m i - i m x

x i - x i m - x i m

RASGUEADOS

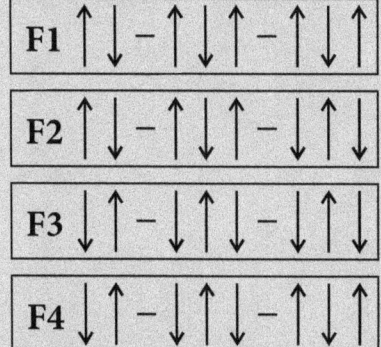

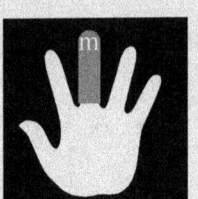

II
m stable

i a - i a x - x a i

a i - a i x - x i a

i x - i x a - a x i

x i - x i a - a i x

a x - a x i - i x a

x a - x a i - i a x

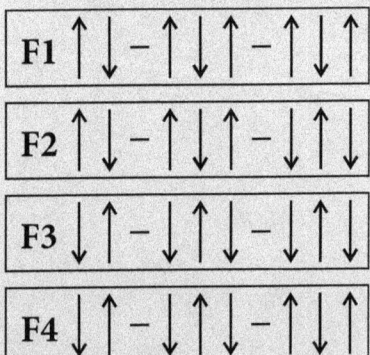

III
x stable

i m - i m a - a m i

m i - m i a - a i m

i a - i a m - m a i

a i - a i m - m i a

m a - m a i - i a m

a m - a m i - i m a

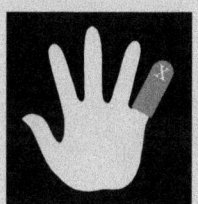

RASGUEADOS

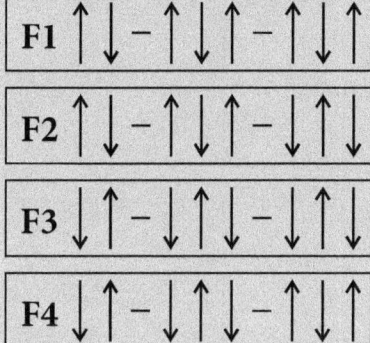

IV
i stable

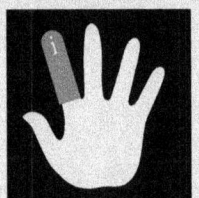

```
m a - m a x - x a m
a m - a m x - x m a


a x - a x m - m x a
x a - x a m - m a x


m x - m x a - a x m
x m - x m a - a m x
```

RASGUEADOS

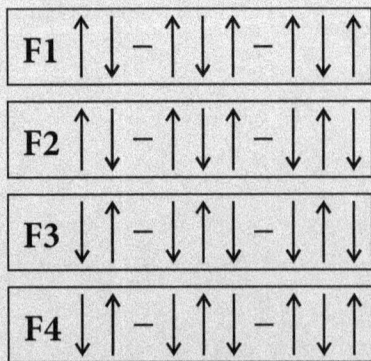

GROUP 2
Single Fingers And Finger Combinations
Double - Triple - Triple Stroke / Opposite Triads
(3 Different Elements) / 24 Formulas

I

(im) a - (im) a x - x a (im)
(im) x - (im) x a - a x (im)
(ma) i - (ma) i x - x i (ma)
(ma) x - (ma) x i - i x (ma)
(ia) m - (ia) m x - x m (ia)
(ia) x - (ia) x m - m x (ia)
(mx) i - (mx) i a - a i (mx)
(mx) a - (mx) a i - i a (mx)
(ix) m - (ix) m a - a m (ix)
(ix) a - (ix) a m - m a (ix)
(ax) m - (ax) m i - i m (ax)
(ax) i - (ax) i m - m i (ax)

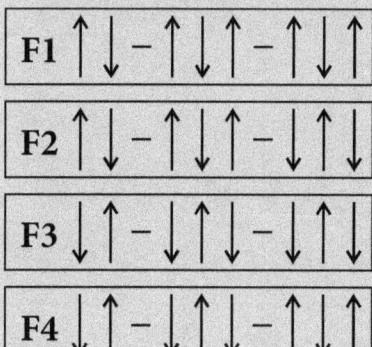

II

a	x	-	a	x	(i m)	-	(i m)	x a
x	a	-	x	a	(i m)	-	(i m)	a x
i	x	-	i	x	(m a)	-	(m a)	x i
x	i	-	x	i	(m a)	-	(m a)	i x
m	x	-	m	x	(i a)	-	(i a)	x m
x	m	-	x	m	(i a)	-	(i a)	m x
i	a	-	i	a	(m x)	-	(m x)	a i
a	i	-	a	i	(m x)	-	(m x)	i a
m	a	-	m	a	(i x)	-	(i x)	a m
a	m	-	a	m	(i x)	-	(i x)	m a
m	i	-	m	i	(a x)	-	(a x)	i m
i	m	-	i	m	(a x)	-	(a x)	m i

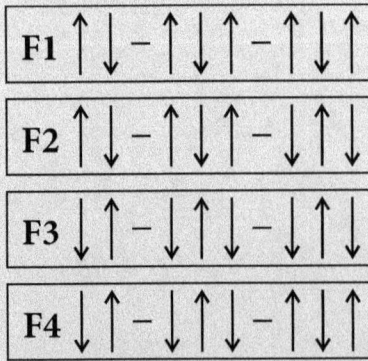

GROUP 3
Thumb and single fingers
Double - Triple - Triple Stroke / Opposite Triads
(3 Different Elements)
36 Formulas

I

```
p  a  -  p  a  x  -  x  a  p
p  m  -  p  m  x  -  x  m  p
p  m  -  p  m  a  -  a  m  p
p  i  -  p  i  x  -  x  i  p
p  i  -  p  i  a  -  a  i  p
p  i  -  p  i  m  -  m  i  p


p  x  -  p  x  a  -  a  x  p
p  x  -  p  x  m  -  m  x  p
p  a  -  p  a  m  -  m  a  p
p  x  -  p  x  i  -  i  x  p
p  a  -  p  a  i  -  i  a  p
p  m  -  p  m  i  -  i  m  p
```

RASGUEADOS

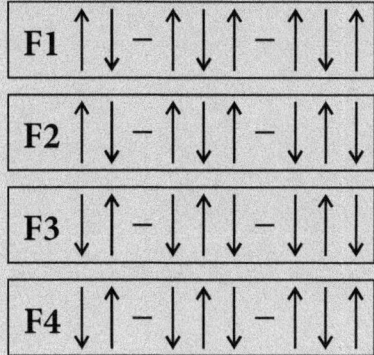

II

```
x  p  -  x  p  a  -  a  p  x
x  p  -  x  p  m  -  m  p  x
a  p  -  a  p  m  -  m  p  a
x  p  -  x  p  i  -  i  p  x
a  p  -  a  p  i  -  i  p  a
m  p  -  m  p  i  -  i  p  m


a  p  -  a  p  x  -  x  p  a
m  p  -  m  p  x  -  x  p  m
m  p  -  m  p  a  -  a  p  m
i  p  -  i  p  x  -  x  p  i
i  p  -  i  p  a  -  a  p  i
i  p  -  i  p  m  -  m  p  i
```

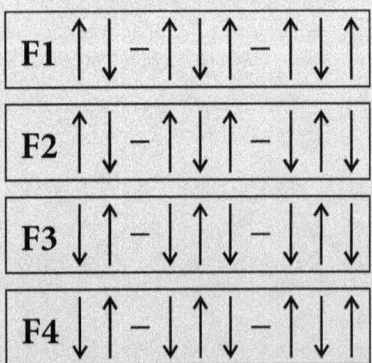

III

a x - a x p - p x a
m x - m x p - p x m
m a - m a p - p a m
i x - i x p - p x i
i a - i a p - p a i
i m - i m p - p m i

x a - x a p - p a x
x m - x m p - p m x
a m - a m p - p m a
x i - x i p - p i x
a i - a i p - p i a
m i - m i p - p i m

RASGUEADOS

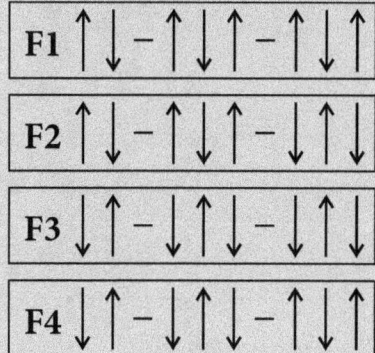

GROUP 4
Thumb with Single Fingers and Finger Combinations
Double - Triple - Triple Stroke / Opposite Triads
(3 Different Elements)
48 Formulas

I

p	i	-	p	i	(m a)	-	(m a)	i	p
p	i	-	p	i	(a x)	-	(a x)	i	p
p	i	-	p	i	(m x)	-	(m x)	i	p
p	m	-	p	m	(i a)	-	(i a)	m	p
p	m	-	p	m	(i x)	-	(i x)	m	p
p	m	-	p	m	(a x)	-	(a x)	m	p
p	a	-	p	a	(i m)	-	(i m)	a	p
p	a	-	p	a	(i x)	-	(i x)	a	p
p	a	-	p	a	(m x)	-	(m x)	a	p
p	x	-	p	x	(i m)	-	(i m)	x	p
p	x	-	p	x	(i a)	-	(i a)	x	p
p	x	-	p	x	(m a)	-	(m a)	x	p

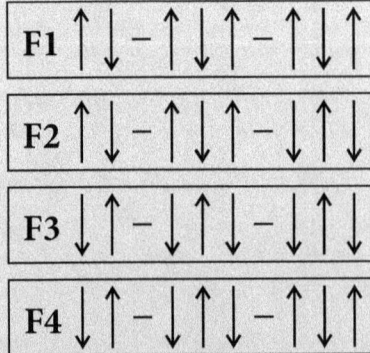

II

i	p	-	i	p	(m a)	-	(m a)	p	i
i	p	-	i	p	(a x)	-	(a x)	p	i
i	p	-	i	p	(m x)	-	(m x)	p	i
m	p	-	m	p	(i a)	-	(i a)	p	m
m	p	-	m	p	(i x)	-	(i x)	p	m
m	p	-	m	p	(a x)	-	(a x)	p	m
a	p	-	a	p	(i m)	-	(i m)	p	a
a	p	-	a	p	(i x)	-	(i x)	p	a
a	p	-	a	p	(a x)	-	(a x)	p	a
x	p	-	x	p	(i m)	-	(i m)	p	x
x	p	-	x	p	(i a)	-	(i a)	p	x
x	p	-	x	p	(m a)	-	(m a)	p	x

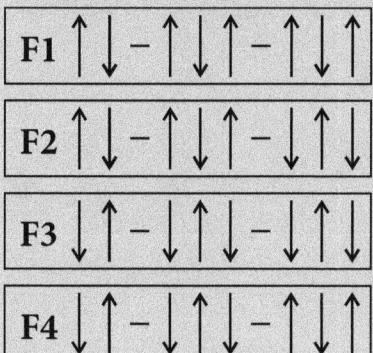

RASGUEADOS

F1 ↑↓ - ↑↓↑ - ↑↓↑
F2 ↑↓ - ↑↓↑ - ↓↑↓
F3 ↓↑ - ↓↑↓ - ↓↑↓
F4 ↓↑ - ↓↑↓ - ↑↓↑

III

(m a)	i	-	(m a)	i	p	-	p	i	(m a)
(a x)	i	-	(a x)	i	p	-	p	i	(a x)
(m x)	i	-	(m x)	i	p	-	p	i	(m x)
(i a)	m	-	(i a)	m	p	-	p	m	(i a)
(i x)	m	-	(i x)	m	p	-	p	m	(i x)
(a x)	m	-	(a x)	m	p	-	p	m	(a x)
(i m)	a	-	(i m)	a	p	-	p	a	(i m)
(i x)	a	-	(i x)	a	p	-	p	a	(i x)
(m x)	a	-	(m x)	a	p	-	p	a	(m x)
(i m)	x	-	(i m)	x	p	-	p	x	(i m)
(i a)	x	-	(i a)	x	p	-	p	x	(i a)
(m a)	x	-	(m a)	x	p	-	p	x	(m a)

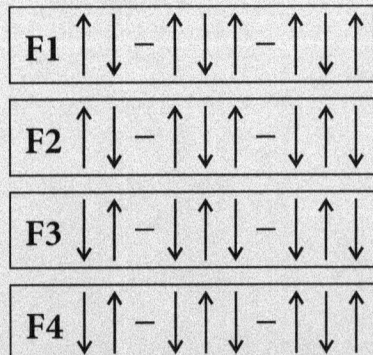

IV

i	(m a)	-	i	(m a) p	-	p (m a)	i
i	(a x)	-	i	(a x) p	-	p (a x)	i
i	(m x)	-	i	(m x) p	-	p (m x)	i
m	(i a)	-	m	(i a) p	-	p (i a)	m
m	(i x)	-	m	(i x) p	-	p (i x)	m
m	(a x)	-	m	(a x) p	-	p (a x)	m
a	(i m)	-	a	(i m) p	-	p (i m)	a
a	(i x)	-	a	(i x) p	-	p (i x)	a
a	(m x)	-	a	(m x) p	-	p (m x)	a
x	(i m)	-	x	(i m) p	-	p (i m)	x
x	(i a)	-	x	(i a) p	-	p (i a)	x
x	(m a)	-	x	(m a) p	-	p (m a)	x

RASGUEADOS

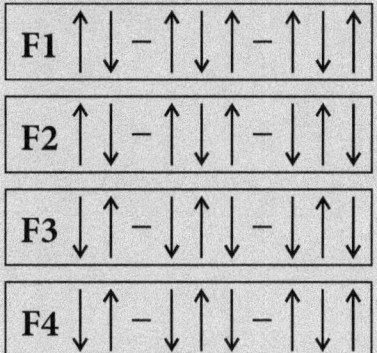

401

GROUP 5
Thumb and Finger Combinations
Double - Triple - Triple Stroke / Opposite Triads
(3 Different Elements)
18 Formulas

I

p (m a) - p (m a) (i x) - (i x) (m a) p
p (i a) - p (i a) (m x) - (m x) (i a) p
p (i m) - p (i m) (a x) - (a x) (i m) p

(m a) p - (m a) p (i x) - (i x) p (m a)
(i a) p - (i a) p (m x) - (m x) p (i a)
(i m) p - (i m) p (a x) - (a x) p (i m)

(m a) (i x) - (m a) (i x) p - p (i x) (m a)
(i a) (m x) - (i a) (m x) p - p (m x) (i a)
(i m) (a x) - (i m) (a x) p - p (a x) (i m)

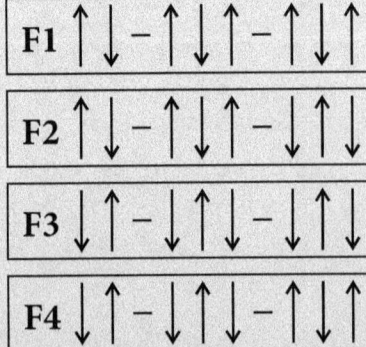

II

p	(i x)	-	p	(i x)	(i x)	- (m a)	(i x) p
p	(m x)	-	p	(m x)	(m x)	- (i a)	(m x) p
p	(a x)	-	p	(a x)	(a x)	- (i m)	(a x) p

(i x)	p	- (i x)	p	(m a)	- (m a)	p	(i x)
(m x)	p	- (m x)	p	(i a)	- (i a)	p	(m x)
(a x)	p	- (a x)	p	(i m)	- (i m)	p	(a x)

(i x)(m a)	- (i x)(m x)	p	- p	(m a)(i x)
(m x)(i a)	- (m x)(i a)	p	- p	(i a)(m x)
(a x)(i m)	- (a x)(i m)	p	- p	(i m)(a x)

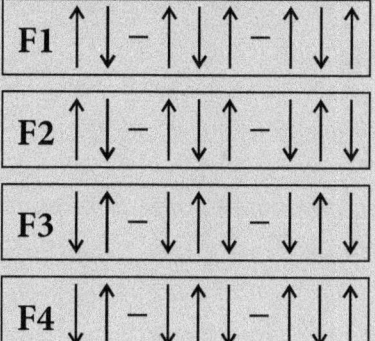

RASGUEADOS

F1 ↑↓ – ↑↓↑ – ↑↓↑
F2 ↑↓ – ↑↓↑ – ↓↑↓
F3 ↓↑ – ↓↑↓ – ↓↑↓
F4 ↓↑ – ↓↑↓ – ↑↓↑

VARIARION II
3 2 3
**TRIPLE - DOUBLE - TRIPLE STROKE
OPPOSITE TRIADS**

Combination of double stroke (of two different elements) with two triple strokes (of three different fingers on each triad). The two triple strokes are performed by the same fingers, the same triads. The basis of this unit is the finger groups of the previous unit.

GROUP 1
(SINGLE FINGERS)
GROUP 2
(SINGLE FINGERS AND FINGER COMBINATIONS)
GROUP 3
(FINGER COMBINATIONS)
GROUP 4
(THUMB WITH SINGLE FINGERS)

RASGUEADOS

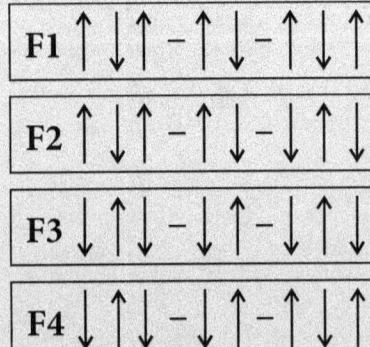

GROUP 1
Single Fingers
Triple - Double - Triple Stroke / Opposite Triads
(3 Different Elements)
24 Formulas

I
a stable

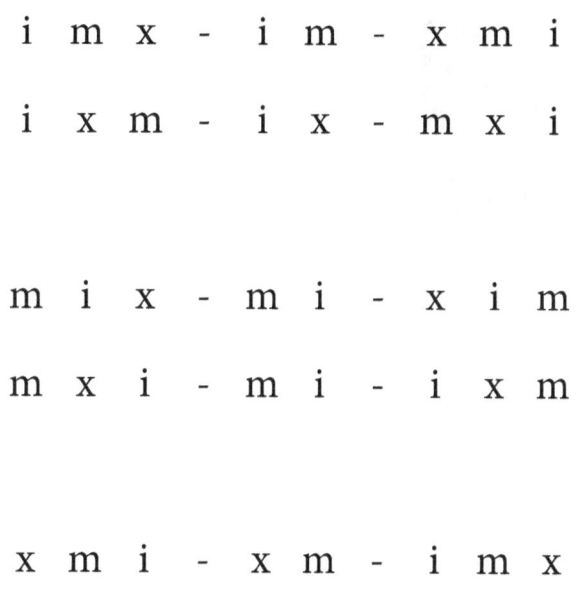

i m x - i m - x m i

i x m - i x - m x i

m i x - m i - x i m

m x i - m i - i x m

x m i - x m - i m x

x i m - x i - m i x

RASGUEADOS

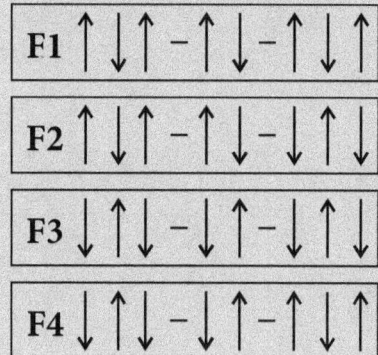

II
m stable

i a x - i a - x a i

a i x - a i - x i a

i x a - i x - a x i

x i a - x i - a i x

a x i - a x - i x a

x a i - x a - i a x

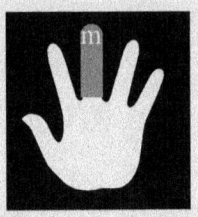

RASGUEADOS

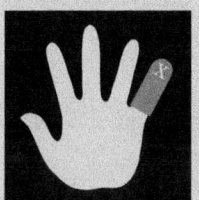

III
x stable

i m a - i m - a m i

i a m - i a - m a i

m i a - m i - a i m

m a i - m a - i a m

a m i - a m - i m a

a i m - a i - m i a

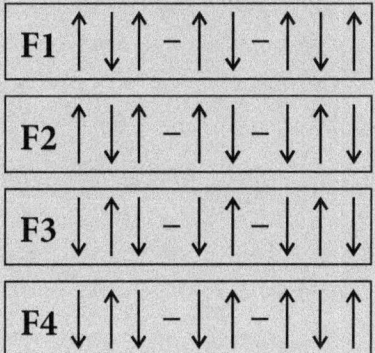

IV
i stable

m a x - m a - x a m

m x a - m x - a x m

a m x - a m - x m a

a x m - a x - m x a

x m a - x m - a m x

x a m - x a - m a x

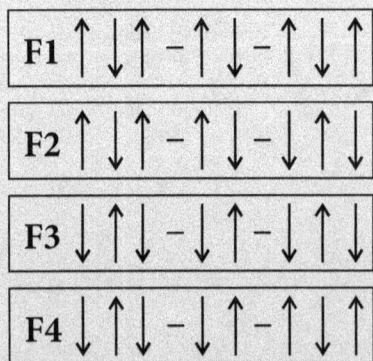

RASGUEADOS

F1	↑ ↓ ↑ - ↑ ↓ - ↑ ↓ ↑
F2	↑ ↓ ↑ - ↑ ↓ - ↓ ↑ ↓
F3	↓ ↑ ↓ - ↓ ↑ - ↓ ↑ ↓
F4	↓ ↑ ↓ - ↓ ↑ - ↑ ↓ ↑

GROUP 2
Single Fingers And Finger Combinations
Triple - Double - Triple Stroke - Opposite Triads
(3 Different Elements) / 24 Formulas

I

(i m)	a	x	-	(i m)	a	-	x	a	(i m)
(i m)	x	a	-	(i m)	x	-	a	x	(i m)
(m a)	i	x	-	(m a)	i	-	x	i	(m a)
(m a)	x	i	-	(m a)	x	-	i	x	(m a)
(i a)	m	x	-	(i a)	m	-	x	m	(i a)
(i a)	x	m	-	(i a)	x	-	m	x	(i a)
(m x)	i	a	-	(m x)	i	-	a	i	(m x)
(m x)	a	i	-	(m x)	a	-	i	a	(m x)
(i x)	m	a	-	(i x)	m	-	a	m	(i x)
(i x)	a	m	-	(i x)	a	-	m	a	(i x)
(a x)	m	i	-	(a x)	m	-	i	m	(a x)
(a x)	i	m	-	(a x)	i	-	m	i	(a x)

RASGUEADOS

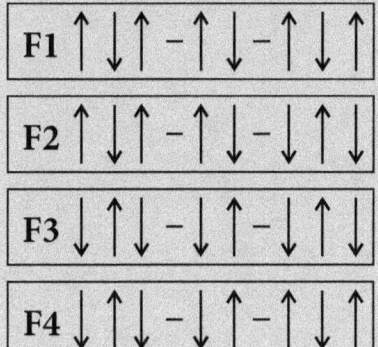

II

a	x	(i m)	-	a	x	- (i m)	x a
x	a	(i m)	-	x	a	- (i m)	a x
i	x	(m a)	-	i	x	- (m a)	x i
x	i	(m a)	-	x	i	- (m a)	i x
m	x	(i a)	-	m	x	- (i a)	x m
x	m	(i a)	-	x	m	- (i a)	m x
i	a	(m x)	-	i	a	- (m x)	a i
a	i	(m x)	-	a	i	- (m x)	i a
m	a	(i x)	-	m	a	- (i x)	a m
a	m	(i x)	-	a	m	- (i x)	m a
m	i	(a x)	-	m	i	- (a x)	i m
i	m	(a x)	-	i	m	- (a x)	m i

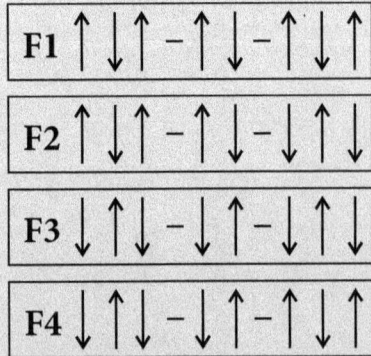

GROUP 3
Thumb and single fingers
Triple - Double - Triple Stroke / Opposite Triads
(3 Different Elements)
36 Formulas

I

```
p a x - p a - x a p
p m x - p m - x m p
p m a - p m - a m p
p i x - p i - x i p
p i a - p i - a i p
p i m - p i - m i p


p x a - p x - a x p
p x m - p x - m x p
p a m - p a - m a p
p x i - p x - i x p
p a i - p a - i a p
p m i - p m - i m p
```

RASGUEADOS

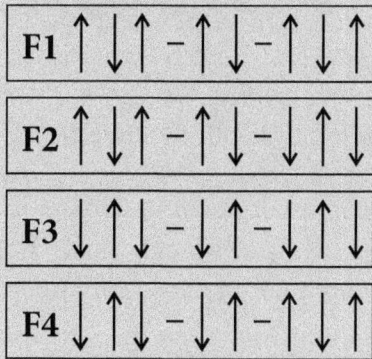

II

```
x  p  a  -  x  p  -  a  p  x
x  p  m  -  x  p  -  m  p  x
a  p  m  -  a  p  -  m  p  a
x  p  i  -  x  p  -  i  p  x
a  p  i  -  a  p  -  i  p  a
m  p  i  -  m  p  -  i  p  m


a  p  x  -  a  p  -  x  p  a
m  p  x  -  m  p  -  x  p  m
m  p  a  -  m  p  -  a  p  m
i  p  x  -  i  p  -  x  p  i
i  p  a  -  i  p  -  a  p  i
i  p  m  -  i  p  -  m  p  i
```

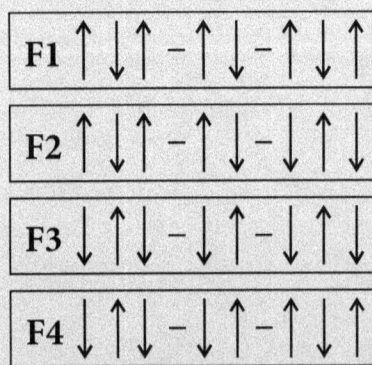

III

a	x	p	-	a	x	-	p	x	a
m	x	p	-	m	x	-	p	x	m
m	a	p	-	m	a	-	p	a	m
i	x	p	-	i	x	-	p	x	i
i	a	p	-	i	a	-	p	a	i
i	m	p	-	i	m	-	p	m	i

x	a	p	-	x	a	-	p	a	x
x	m	p	-	x	m	-	p	m	x
a	m	p	-	a	m	-	p	m	a
x	i	p	-	x	i	-	p	i	x
a	i	p	-	a	i	-	p	i	a
m	i	p	-	m	i	-	p	i	m

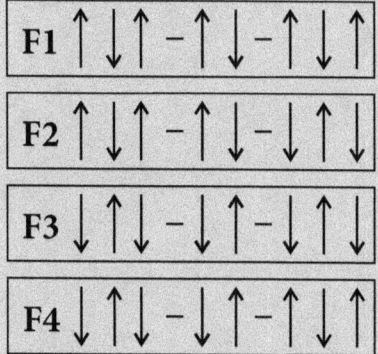

RASGUEADOS

F1	↑ ↓ ↑ - ↑ ↓ - ↑ ↓ ↑
F2	↑ ↓ ↑ - ↑ ↓ - ↓ ↑ ↓
F3	↓ ↑ ↓ - ↓ ↑ - ↓ ↑ ↓
F4	↓ ↑ ↓ - ↓ ↑ - ↑ ↓ ↑

GROUP 4
Thumb with Single Fingers and Finger Combinations
Triple - Double - Triple Stroke / Opposite Triads
48 Formulas

I

p	i	(m a)	-	p	i	-	(m a)	i	p
p	i	(a x)	-	p	i	-	(a x)	i	p
p	i	(m x)	-	p	i	-	(m x)	i	p
p	m	(i a)	-	p	m	-	(i a)	m	p
p	m	(i x)	-	p	m	-	(i x)	m	p
p	m	(a x)	-	p	m	-	(a x)	m	p
p	a	(i m)	-	p	a	-	(i m)	a	p
p	a	(i x)	-	p	a	-	(i x)	a	p
p	a	(m x)	-	p	a	-	(m x)	a	p
p	x	(i m)	-	p	x	-	(i m)	x	p
p	x	(i a)	-	p	x	-	(i a)	x	p
p	x	(m a)	-	p	x	-	(m a)	x	p

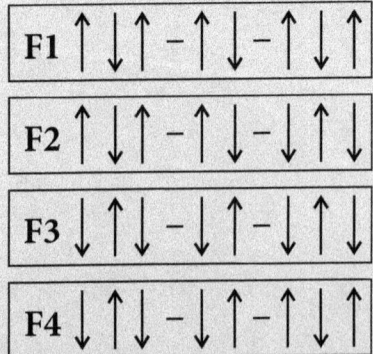

II

i	p	(m a)	-	i	p	-	(m a)	p	i
i	p	(a x)	-	i	p	-	(a x)	p	i
i	p	(m x)	-	i	p	-	(m x)	p	i
m	p	(i a)	-	m	p	-	(i a)	p	m
m	p	(i x)	-	m	p	-	(i x)	p	m
m	p	(a x)	-	m	p	-	(a x)	p	m
a	p	(i m)	-	a	p	-	(i m)	p	a
a	p	(i x)	-	a	p	-	(i x)	p	a
a	p	(a x)	-	a	p	-	(a x)	p	a
x	p	(i m)	-	x	p	-	(i m)	p	x
x	p	(i a)	-	x	p	-	(i a)	p	x
x	p	(m a)	-	x	p	-	(m a)	p	x

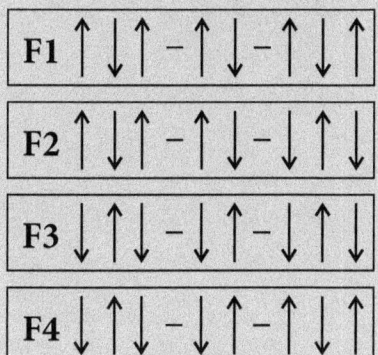

RASGUEADOS

F1 ↑ ↓ ↑ − ↑ ↓ − ↑ ↓ ↑

F2 ↑ ↓ ↑ − ↑ ↓ − ↓ ↑ ↓

F3 ↓ ↑ ↓ − ↓ ↑ − ↓ ↑ ↓

F4 ↓ ↑ ↓ − ↓ ↑ − ↑ ↓ ↑

III

(m a)	i	p	-	(m a)	i	- p	i	(m a)
(a x)	i	p	-	(a x)	i	- p	i	(a x)
(m x)	i	p	-	(m x)	i	- p	i	(m x)
(i a)	m	p	-	(i a)	m	- p	m	(i a)
(i x)	m	p	-	(i x)	m	- p	m	(i x)
(a x)	m	p	-	(a x)	m	- p	m	(a x)
(i m)	a	p	-	(i m)	a	- p	a	(i m)
(i x)	a	p	-	(i x)	a	- p	a	(i x)
(m x)	a	p	-	(m x)	a	- p	a	(m x)
(i m)	x	p	-	(i m)	x	- p	x	(i m)
(i a)	x	p	-	(i a)	x	- p	x	(i a)
(m a)	x	p	-	(m a)	x	- p	x	(m a)

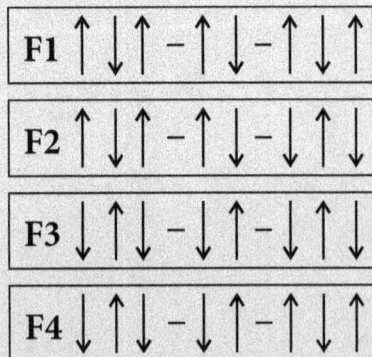

RASGUEADOS

F1 ↑↓↑ - ↑↓ - ↑↓↑
F2 ↑↓↑ - ↑↓ - ↓↑↓
F3 ↓↑↓ - ↓↑ - ↓↑↓
F4 ↓↑↓ - ↓↑ - ↑↓↑

IV

i	(m a)	p	-	i	(m a)	-	p	(m a)	i
i	(a x)	p	-	i	(a x)	-	p	(a x)	i
i	(m x)	p	-	i	(m x)	-	p	(m x)	i
m	(i a)	p	-	m	(i a)	-	p	(i a)	m
m	(i x)	p	-	m	(i x)	-	p	(i x)	m
m	(a x)	p	-	m	(a x)	-	p	(a x)	m
a	(i m)	p	-	a	(i m)	-	p	(i m)	a
a	(i x)	p	-	a	(i x)	-	p	(i x)	a
a	(m x)	p	-	a	(m x)	-	p	(m x)	a
x	(i m)	p	-	x	(i m)	-	p	(i m)	x
x	(i a)	p	-	x	(i a)	-	p	(i a)	x
x	(m a)	p	-	x	(m a)	-	p	(m a)	x

RASGUEADOS

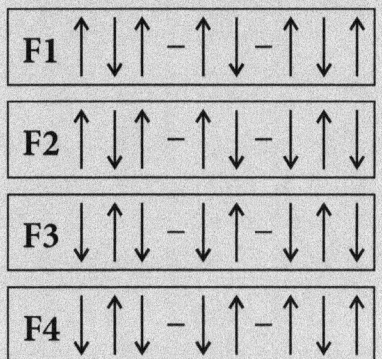

GROUP 5
Thumb and Finger Combinations
Triple - Double - Triple Stroke / Opposite Triads
(3 Different Elements)
18 Formulas

I

p (m a)(i x) - p (m a) - (i x)(m a) p
p (i a)(m x) - p (i a) - (m x)(i a) p
p (i m)(a x) - p (i m) - (a x)(i m) p

(m a) p (i x) - (m a) p - (i x) p (m a)
(i a) p (m x) - (i a) p - (m x) p (i a)
(i m) p (a x) - (i m) p - (a x) p (i m)

(m a)(i x) p - (m a)(i x) - p (i x)(m a)
(i a)(m x) p - (i a)(m x) - p (m x)(i a)
(i m)(a x) p - (i m)(a x) - p (a x)(i m)

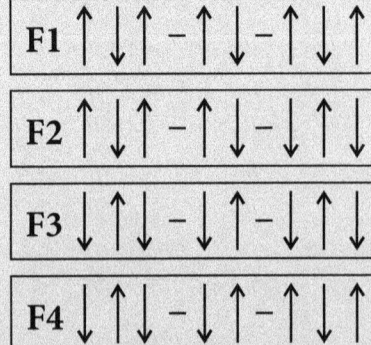

RASGUEADOS

F1	↑↓↑ - ↑↓ - ↑↓↑
F2	↑↓↑ - ↑↓ - ↓↑↓
F3	↓↑↓ - ↓↑ - ↓↑↓
F4	↓↑↓ - ↓↑ - ↑↓↑

II

```
p  (ix)(ma) -  p  (ix) - (ma)(ix)  p
p  (mx)(ia) -  p  (mx) - (ia)(mx)  p
p  (ax)(im) -  p  (ax) - (im)(ax)  p
```

```
(ix)  p  (ma) - (ix)  p  - (ma)  p  (ix)
(mx)  p  (ia) - (mx)  p  - (ia)  p  (mx)
(ax)  p  (im) - (ax)  p  - (im)  p  (ax)
```

```
(ix)(ma)  p  - (ix)(ma) -  p  (ma)(ix)
(mx)(ia)  p  - (mx)(ia) -  p  (ia)(mx)
(ax)(im)  p  - (ax)(im) -  p  (im)(ax)
```

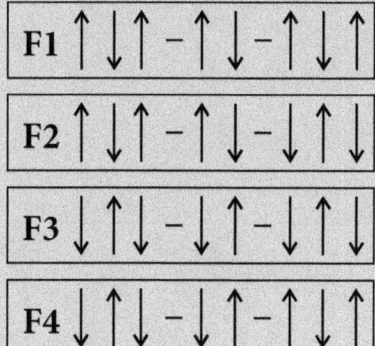

VARIARION III
3 3 2
**TRIPLE - TRIPLE - DOUBLE STROKE
OPPOSITE TRIADS**

Combination of double stroke (of two different elements) with two triple strokes (of three different fingers on each triad). The two triple strokes are performed by the same fingers, the same triads. The basis of this unit is the finger groups of the previous unit.

GROUP 1
(SINGLE FINGERS)
GROUP 2
(SINGLE FINGERS AND
FINGER COMBINATIONS)
GROUP 3
(FINGER COMBINATIONS)
GROUP 4
(THUMB WITH SINGLE FINGERS)

RASGUEADOS

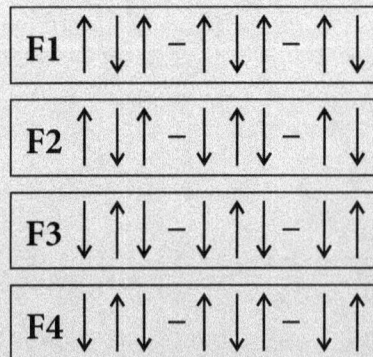

GROUP 1
Single Fingers
Triple - Triple - Double Stroke / Opposite Triads
(3 Different Elements)
24 Formulas

I
a stable

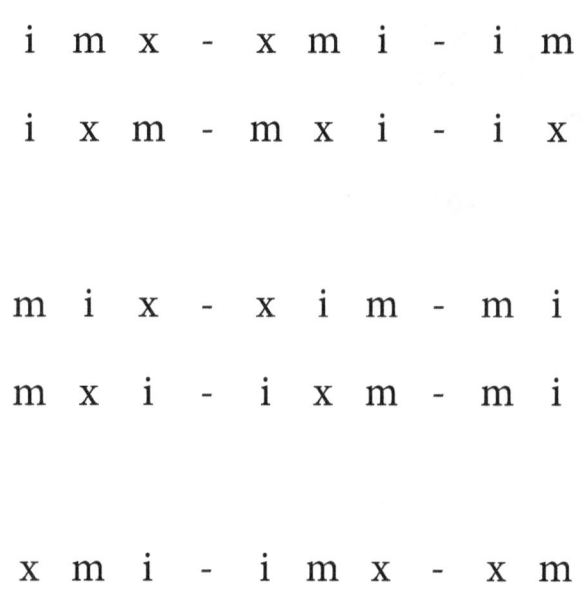

i m x - x m i - i m

i x m - m x i - i x

m i x - x i m - m i

m x i - i x m - m i

x m i - i m x - x m

x i m - m i x - x i

RASGUEADOS

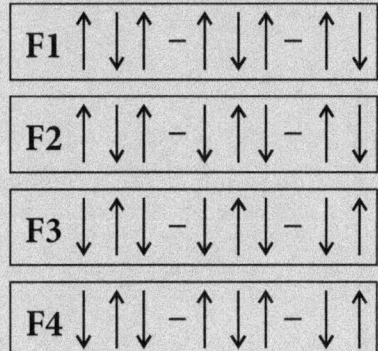

II
m stable

i a x - x a i - i a

a i x - x i a - a i

i x a - a x i - i x

x i a - a i x - x i

a x i - i x a - a x

x a i - i a x - x a

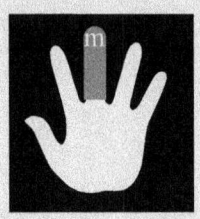

RASGUEADOS

F1	↑↓↑ - ↑↓↑ - ↑↓
F2	↑↓↑ - ↓↑↓ - ↑↓
F3	↓↑↓ - ↓↑↓ - ↓↑
F4	↓↑↓ - ↑↓↑ - ↓↑

III
x stable

i m a - a m i - i m

i a m - m a i - i a

m i a - a i m - m i

m a i - i a m - m a

a m i - i m a - a m

a i m - m i a - a i

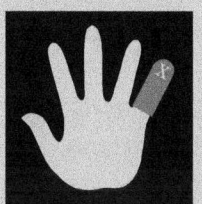

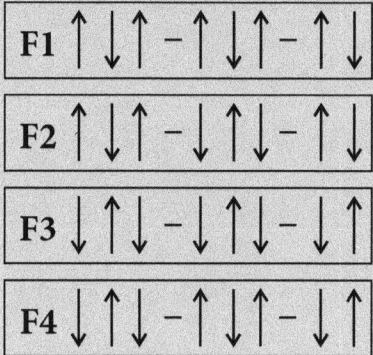

IV
i stable

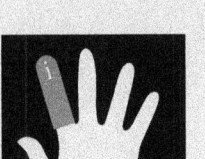

```
m a x - x a m - m a
m x a - a x m - m x


a m x - x m a - a m
a x m - m x a - a x


x m a - a m x - x m
x a m - m a x - x a
```

RASGUEADOS

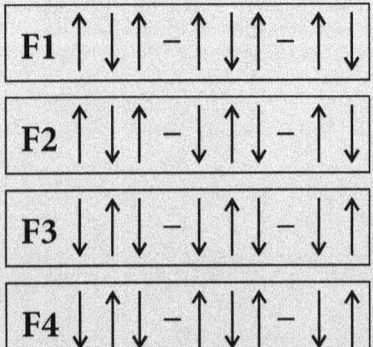

GROUP 2
Single Fingers And Finger Combinations
Triple - Triple - Double Stroke / Opposite Triads
(3 Different Elements) / 24 Formulas

I

(i m)	a	x	-	x	a	(i m)	- (i m)	a
(i m)	x	a	-	a	x	(i m)	- (i m)	x
(m a)	i	x	-	x	i	(m a)	- (m a)	i
(m a)	x	i	-	i	x	(m a)	- (m a)	x
(i a)	m	x	-	x	m	(i a)	- (i a)	m
(i a)	x	m	-	m	x	(i a)	- (i a)	x
(m x)	i	a	-	a	i	(m x)	- (m x)	i
(m x)	a	i	-	i	a	(m x)	- (m x)	a
(i x)	m	a	-	a	m	(i x)	- (i x)	m
(i x)	a	m	-	m	a	(i x)	- (i x)	a
(a x)	m	i	-	i	m	(a x)	- (a x)	m
(a x)	i	m	-	m	i	(a x)	- (a x)	i

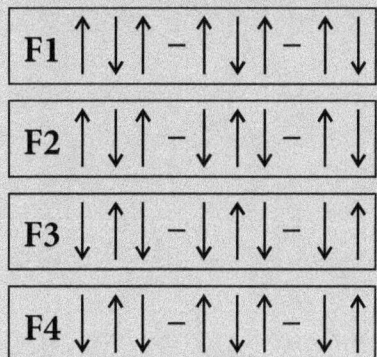

II

a	x	(im)	-	(im)	x	a	-	a x
x	a	(im)	-	(im)	a	x	-	x a
i	x	(ma)	-	(ma)	x	i	-	i x
x	i	(ma)	-	(ma)	i	x	-	x i
m	x	(ia)	-	(ia)	x	m	-	m x
x	m	(ia)	-	(ia)	m	x	-	x m
i	a	(mx)	-	(mx)	a	i	-	i a
a	i	(mx)	-	(mx)	i	a	-	a i
m	a	(ix)	-	(ix)	a	m	-	m a
a	m	(ix)	-	(ix)	m	a	-	a m
m	i	(ax)	-	(ax)	i	m	-	m i
i	m	(ax)	-	(ax)	m	i	-	i m

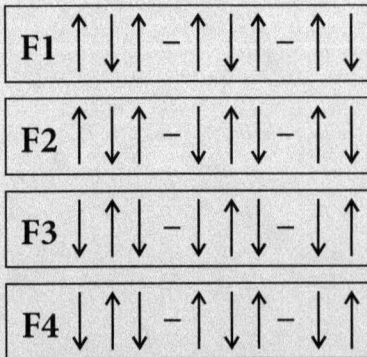

RASGUEADOS

F1	↑↓↑ - ↑↓↑ - ↑↓
F2	↑↓↑ - ↓↑↓ - ↑↓
F3	↓↑↓ - ↓↑↓ - ↓↓
F4	↓↑↓ - ↑↓↑ - ↓↑

GROUP 3
Thumb and single fingers
Triple - Triple - Double Stroke / Opposite Triads
(3 Different Elements)
36 Formulas

I

x a p - p a x - p a
x m p - p m x - p m
a m p - p m a - p m
x i p - p i x - p i
a i p - p i a - p i
m i p - p i m - p i

a x p - p x a - p x
m x p - p x m - p x
m a p - p a m - p a
i x p - p x i - p x
i a p - p a i - p a
i m p - p m i - p m

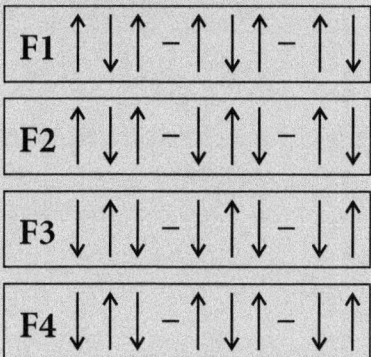

II

```
x  p  a  -  a  p  x  -  a  p
x  p  m  -  m  p  x  -  m  p
a  p  m  -  m  p  a  -  m  p
x  p  i  -  i  p  x  -  i  p
a  p  i  -  i  p  a  -  i  p
m  p  i  -  i  p  m  -  i  p

a  x  p  -  p  x  a  -  a  x
m  x  p  -  p  x  m  -  m  x
m  a  p  -  p  a  m  -  m  a
i  x  p  -  p  x  i  -  i  x
i  a  p  -  p  a  i  -  i  a
i  x  p  -  p  m  i  -  i  m
```

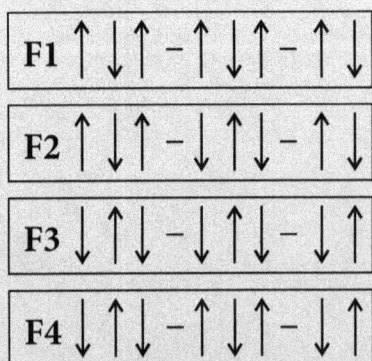

RASGUEADOS

F1 ↑↓↑ – ↑↓↑ – ↑↓
F2 ↑↓↑ – ↓↑↓ – ↑↓
F3 ↓↑↓ – ↓↑↓ – ↓↑
F4 ↓↑↓ – ↑↓↑ – ↓↑

III

```
x a p - p a x - x a
x m p - p m x - x m
a m p - p m a - a m
x i p - p i x - x i
a i p - p i a - a i
m i p - p i m - m i

x p a - a p x - x p
x p m - m p x - x p
a p m - m p a - a p
x p i - i p x - x p
a p i - i p a - a p
m p i - i p m - m p
```

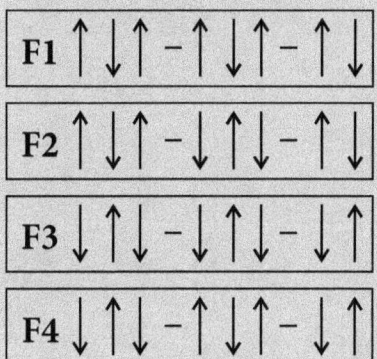

RASGUEADOS

F1 ↑↓↑ - ↑↓↑ - ↑↓
F2 ↑↓↑ - ↓↑↓ - ↑↓
F3 ↓↑↓ - ↓↑↓ - ↓↑
F4 ↓↑↓ - ↑↓↑ - ↓↑

GROUP 4
Thumb with Single Fingers and Finger Combinations
Triple - Triple - Double Stroke / Opposite Triads
(3 Different Elements)
48 Formulas

I

p	i	(m a)	-	(m a)	i	p	-	p	i
p	i	(a x)	-	(a x)	i	p	-	p	i
p	i	(m x)	-	(m x)	i	p	-	p	i
p	m	(i a)	-	(i a)	m	p	-	p	m
p	m	(i x)	-	(i x)	m	p	-	p	m
p	m	(a x)	-	(a x)	m	p	-	p	m
p	a	(i m)	-	(i m)	a	p	-	p	a
p	a	(i x)	-	(i x)	a	p	-	p	a
p	a	(m x)	-	(m x)	a	p	-	p	a
p	x	(i m)	-	(i m)	x	p	-	p	x
p	x	(i a)	-	(i a)	x	p	-	p	x
p	x	(m a)	-	(m a)	x	p	-	p	x

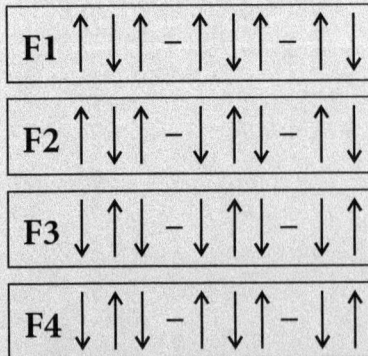

II

i	p	(m a)	-	(m a)	p	i	-	i p
i	p	(a x)	-	(a x)	p	i	-	i p
i	p	(m x)	-	(m x)	p	i	-	i p
m	p	(i a)	-	(i a)	p	m	-	m p
m	p	(i x)	-	(i x)	p	m	-	m p
m	p	(a x)	-	(a x)	p	m	-	m p
a	p	(i m)	-	(i m)	p	a	-	a p
a	p	(i x)	-	(i x)	p	a	-	a p
a	p	(a x)	-	(a x)	p	a	-	a p
x	p	(i m)	-	(i m)	p	x	-	x p
x	p	(i a)	-	(i a)	p	x	-	x p
x	p	(m a)	-	(m a)	p	x	-	x p

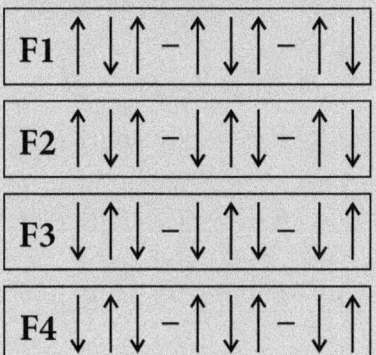

III

(m a)	i	p	-	p	i	(m a)	-	(m a)	i
(a x)	i	p	-	p	i	(a x)	-	(a x)	i
(m x)	i	p	-	p	i	(m x)	-	(m x)	i
(i a)	m	p	-	p	m	(i a)	-	(i a)	m
(i x)	m	p	-	p	m	(i x)	-	(i x)	m
(a x)	m	p	-	p	m	(a x)	-	(a x)	m
(i m)	a	p	-	p	a	(i m)	-	(i m)	a
(i x)	a	p	-	p	a	(i x)	-	(i x)	a
(m x)	a	p	-	p	a	(m x)	-	(m x)	a
(i m)	x	p	-	p	x	(i m)	-	(i m)	x
(i a)	x	p	-	p	x	(i a)	-	(i a)	x
(m a)	x	p	-	p	x	(m a)	-	(m a)	x

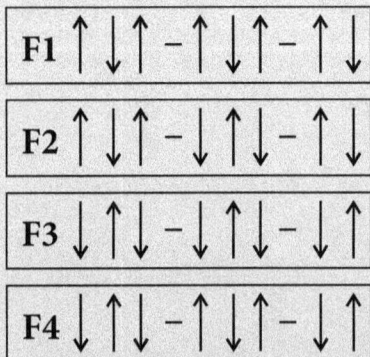

IV

i	(m a)	p	-	p	(m a)	i	-	i	(m a)
i	(a x)	p	-	p	(a x)	i	-	i	(a x)
i	(m x)	p	-	p	(m x)	i	-	i	(m x)
m	(i a)	p	-	p	(i a)	m	-	m	(i a)
m	(i x)	p	-	p	(i x)	m	-	m	(i x)
m	(a x)	p	-	p	(a x)	m	-	m	(a x)
a	(i m)	p	-	p	(i m)	a	-	a	(i m)
a	(i x)	p	-	p	(i x)	a	-	a	(i x)
a	(a x)	p	-	p	(a x)	a	-	a	(a x)
x	(i m)	p	-	p	(i m)	x	-	x	(i m)
x	(i a)	p	-	p	(i a)	x	-	x	(i a)
x	(m a)	p	-	p	(m a)	x	-	x	(m a)

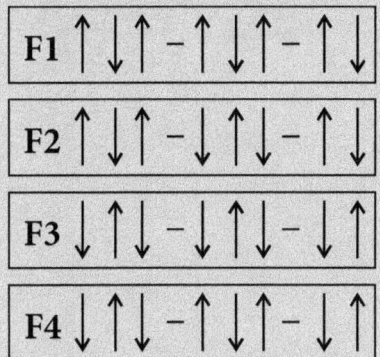

RASGUEADOS

F1 ↑↓↑ - ↑↓↑ - ↑↓
F2 ↑↓↑ - ↓↑↓ - ↑↓
F3 ↓↑↓ - ↓↑↓ - ↓↑
F4 ↓↑↓ - ↑↓↑ - ↓↑

GROUP 5
Thumb and Finger Combinations
Triple - Triple - Double Stroke / Opposite Triads
(3 Different Elements)
18 Formulas

I

(i x)(m a) p - (m a)(i x) p - p (m a)
(m x)(i a) p - (i a)(m x) p - p (i a)
(a x)(i m) p - (i m)(a x) p - p (i m)

(i x) p (m a) - (m a) p (i x) - (m a) p
(m x) p (i a) - (i a) p (m x) - (i a) p
(a x) p (i m) - (i m) p (a x) - (i m) p

---

p (i x)(m a) - (m a)(i x) p - (m a)(i x)
p (m x)(i a) - (i a)(m x) p - (i a)(m x)
p (a x)(i m) - (i m)(a x) p - (i m)(a x)

RASGUEADOS

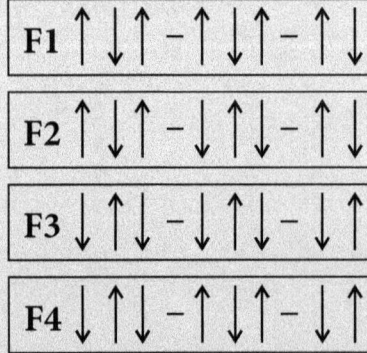

II

p	(ix)	(ma)	-	(ma)	(ix)	p	-	p	(ix)
p	(mx)	(ia)	-	(ia)	(mx)	p	-	p	(mx)
p	(ax)	(im)	-	(im)	(ax)	p	-	p	(ax)

(ix)	p	(ma)	-	(ma)	p	(ix)	-	(ix)	p
(mx)	p	(ia)	-	(ia)	p	(mx)	-	(mx)	p
(ax)	p	(im)	-	(im)	p	(ax)	-	(ax)	p

(ix)	(ma)	p	-	p	(ma)	(ix)	-	(ix)	(ma)
(mx)	(ia)	p	-	p	(ia)	(mx)	-	(mx)	(ia)
(ax)	(im)	p	-	p	(im)	(ax)	-	(ax)	(im)

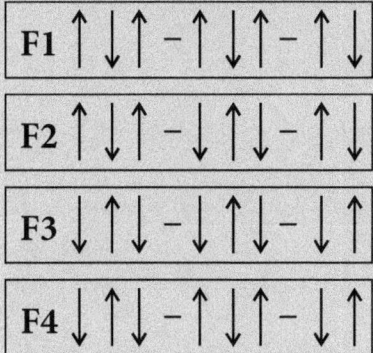

RASGUEADOS

F1 ↑↓↑ – ↑↓↑ – ↑↓
F2 ↑↓↑ – ↓↑↓ – ↑↓
F3 ↓↑↓ – ↓↑↓ – ↓↑
F4 ↓↑↓ – ↑↓↑ – ↓↑

CHAPTER 4
QUAD RASGUEADOS STROKE

UNIT I
QUAD RASGUEADOS STROKE OF TWO DIFFERENT ELEMENTS
WHICH ARE REPEATED IN VARIOUS COMBINATIONS

UNIT II
QUAD RASGUEADOS STROKE OF THREE DIFFERENT ELEMENTS
ONE OF WHICH REPEATED

UNIT III
QUAD RASGUEADOS STROKE OF FOUR DIFFERENT ELEMENTS

The fingers and finger combinations form five groups:

GROUP 1 - SINGLE FINGERS
GROUP 2 - SINGLE FINGERS AND FINGER COMBINATIONS
GROUP 3 - FINGER COMBINATIONS
GROUP 4 - THUMB AND SINGLE FINGERS
GROUP 5 - THUMB AND FINGER COMBINATIONS

The already formed fingerings of the five groups are practiced on all RASGUEADOS formulas which are cited below:

RASGUEADOS
PERFORMANCE WAYS

	A	B
F1	↑↑↑↑	↓↓↓↓
F2	↑↑↑↓	↓↓↓↑
F3	↑↑↓↑	↓↓↑↓
F4	↑↑↓↓	↓↓↑↑
F5	↑↓↑↑	↓↑↓↓
F6	↑↓↓↓	↓↑↑↑
F7	↑↓↑↓	↓↑↓↑
F8	↑↓↓↑	↓↑↑↓

UNIT I
QUAD RASGUEADOS
TWO DIFFERENT ELEMENTS IN VARIOUS COMBINATIONS

GROUP 1
Single fingers. Two different fingers which are repeated
(eg. im im) or three same fingers (eg. iimi)

GROUP 2
Single fingers in combinations as described above
(eg. i(im)i(mx), i i(mx) i).

GROUP 3
Finger combinations
(eg. (im)(ax)(im)(ax)
(im)(im)(ax)(im)).

GROUP 4
Thumb and single fingers (eg. p i p i, p p i p).

GROUP 5
Thumb and finger combinations (eg. p(im)p(im), p p(im)p).

GROUP 1
Single Fingers
60 Formulas

I
a and **x** stable

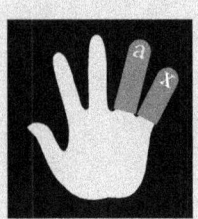

i	m	i	m	m	i	m	i
i	i	m	i	m	m	i	m
i	m	i	i	m	i	m	m
i	i	m	m	m	m	i	i
i	m	m	i	m	i	i	m

II
m and **a** stable

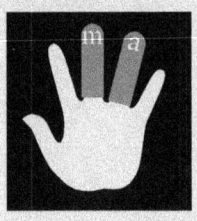

i	x	i	x	x	i	x	i
i	i	x	i	x	x	i	x
i	x	i	i	x	i	x	x
i	i	x	x	x	x	i	i
i	x	x	i	x	i	i	x

III
m and **x** stable

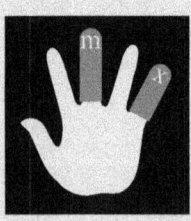

i	a	i	a	a	i	a	i
i	i	a	i	a	a	i	a
i	a	i	i	a	i	a	a
i	i	a	a	a	a	i	i
i	a	a	i	a	i	i	a

IV
i and a stable

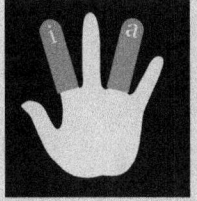

m	x	m	x		x	m	x	m
m	m	x	m		x	x	m	x
m	x	m	m		x	m	x	x
m	m	x	x		x	x	m	m
m	x	x	m		x	m	m	x

V
i and x stable

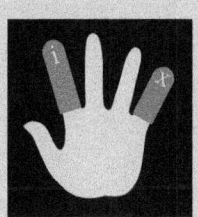

m	a	m	a		a	m	a	m
m	m	a	m		a	a	m	a
m	a	m	m		a	m	a	a
m	m	a	a		a	a	m	m
m	a	a	m		a	m	m	a

VI
i and m stable

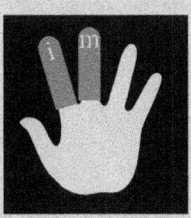

a	x	a	x		x	a	x	a
a	a	x	a		x	x	a	x
a	x	a	a		x	a	x	x
a	a	x	x		x	x	a	a
a	x	x	a		x	a	a	x

GROUP 2
Single Fingers And Finger Combinations

I
a stable
I

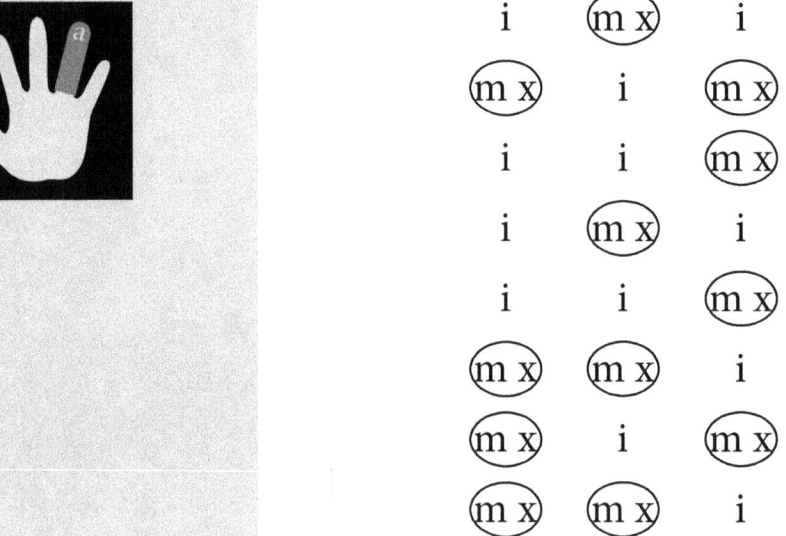

i	(m x)	i	(m x)
(m x)	i	(m x)	i
i	i	(m x)	i
i	(m x)	i	i
i	i	(m x)	(m x)
(m x)	(m x)	i	i
(m x)	i	(m x)	(m x)
(m x)	(m x)	i	(m x)
i	(m x)	(m x)	i
(m x)	i	i	(m x)

II

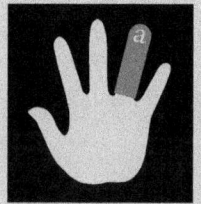

m	i x	m	i x
i x	m	i x	m
m	m	i x	m
m	i x	m	m
m	m	i x	i x
i x	i x	m	m
i x	m	i x	i x
i x	i x	m	i x
m	i x	i x	m
i x	m	m	i x

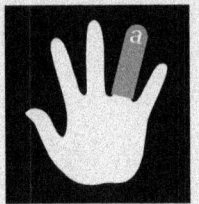

III

x	i m	x	i m
i m	x	i m	x
x	x	i m	x
x	i m	x	x
x	x	i m	i m
i m	i m	x	x
i m	x	i m	i m
i m	i m	x	i m
x	i m	i m	x
i m	x	x	i m

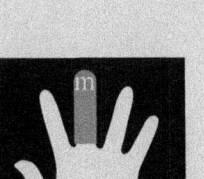

II
m stable
I

i	(a x)	i	(a x)
(a x)	i	(a x)	i
i	i	(a x)	i
i	(a x)	i	i
i	i	(a x)	(a x)
(a x)	(a x)	i	i
(a x)	i	(a x)	(a x)
(a x)	(a x)	i	(a x)
i	(a x)	(a x)	i
(a x)	i	i	(a x)

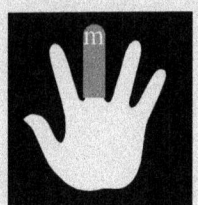

II

a	i x	a	i x
i x	a	i x	a
a	a	i x	a
a	i x	a	a
a	a	i x	i x
i x	i x	a	a
i x	a	i x	i x
i x	i x	a	i x
a	i x	i x	a
i x	a	a	i x

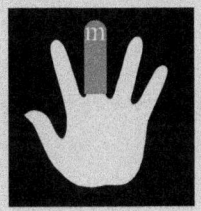

III

x	i a	x	i a
i a	x	i a	x
x	x	i a	x
x	i a	x	x
x	x	i a	i a
i a	i a	x	x
i a	x	i a	i a
i a	i a	x	i a
x	i a	i a	x
i a	x	x	i a

III
i stable
I

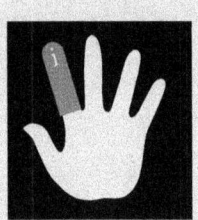

m	(a x)	m	(a x)
(a x)	m	(a x)	m
m	m	(a x)	m
m	(a x)	m	m
m	m	(a x)	(a x)
(a x)	(a x)	m	m
(a x)	m	(a x)	(a x)
(a x)	(a x)	m	(a x)
m	(a x)	(a x)	m
(a x)	m	m	(a x)

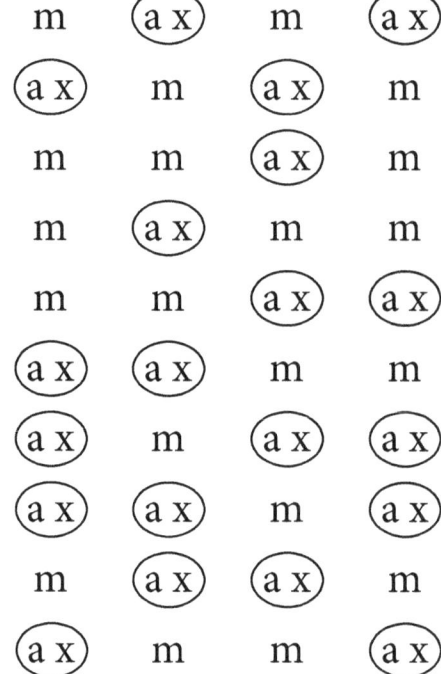

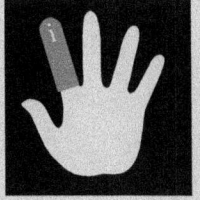

II

a	m x	a	m x
m x	a	m x	a
a	a	m x	a
a	m x	a	a
a	a	m x	m x
m x	m x	a	a
m x	a	m x	m x
m x	m x	a	m x
a	m x	m x	a
m x	a	a	m x

III

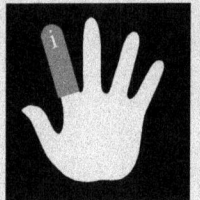

x	m a	x	m a
m a	x	m a	x
x	x	m a	x
x	m a	x	x
x	x	m a	m a
m a	m a	x	x
m a	x	m a	m a
m a	m a	x	m a
x	m a	m a	x
m a	x	x	m a

IV
x stable
I

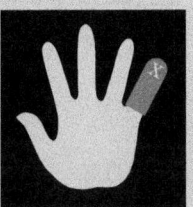

i	m a	i	m a
m a	i	m a	i
i	i	m a	i
i	m a	i	i
i	i	m a	m a
m a	m a	i	i
m a	i	m a	m a
m a	m a	i	m a
i	m a	m a	i
m a	i	i	m a

II

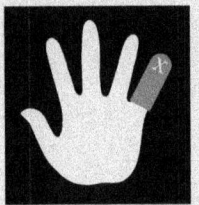

m	i a	m	i a
i a	m	i a	m
m	m	i a	m
m	i a	m	m
m	m	i a	i a
i a	i a	m	m
i a	m	i a	i a
i a	i a	m	i a
m	i a	i a	m
i a	m	m	i a

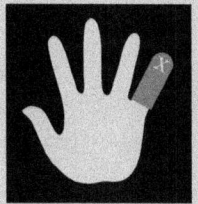

III

a	i m	a	i m
i m	a	i m	a
a	a	i m	a
a	i m	a	a
a	a	i m	i m
i m	i m	a	a
i m	a	i m	i m
i m	i m	a	i m
a	i m	i m	a
i m	a	a	i m

GROUP 3
Finger Combinations

I

i m	a x	i m	a x
a x	i m	a x	i m
i m	i m	a x	a x
a x	a x	i m	i m
i m	a x	i m	i m
i m	i m	a x	i m
a x	i m	a x	a x
a x	a x	i m	a x
i m	a x	a x	i m
a x	i m	i m	a x

454

II

III

m a	i x	m a	i x
i x	m a	i x	m a
m a	m a	i x	i x
i x	i x	m a	m a
m a	i x	m a	m a
m a	m a	i x	m a
i x	i x	m a	i x
i x	m a	i x	i x
m a	i x	i x	m a
i x	m a	m a	i x

GROUP 4
Thumb And Single Fingers
(Two same Elements)

p x p x	x p x p
p a p a	a p a p
p m p m	m p m p
p i p i	i p i p

p p x x	x x p p
p p a a	a a p p
p p m m	m m p p
p p i i	i i p p

x x p x	x p x x
a a p a	a p a a
m m p m	m p m m
i i p i	i p i i

p x p p	p p x p
p a p p	p p a p
p m p p	p p m p
p i p p	p p i p

x p p x	p x x p
a p p a	p a a p
m p p m	p m m p
i p p i	p i i p

457

GROUP 5
Thumb And Finger Combinations

I

II

(a x)	p	p	(a x)		(a x)	p	(a x)	(a x)
(m x)	p	p	(m x)		(m x)	p	(m x)	(m x)
(m a)	p	p	(m a)		(m a)	p	(m a)	(m a)
(i x)	p	p	(i x)		(i x)	p	(i x)	(i x)
(i a)	p	p	(i a)		(i a)	p	(i a)	(i a)
(i m)	p	p	(i m)		(i m)	p	(i m)	(i m)

p	(a x)	(a x)	p		(a x)	(a x)	p	(a x)
p	(m x)	(m x)	p		(m x)	(m x)	p	(m x)
p	(m a)	(m a)	p		(m a)	(m a)	p	(m a)
p	(i x)	(i x)	p		(i x)	(i x)	p	(i x)
p	(i a)	(i a)	p		(i a)	(i a)	p	(i a)
p	(i m)	(i m)	p		(i m)	(i m)	p	(i m)

III

p	p	(a x)	p
p	p	(m x)	p
p	p	(m a)	p
p	p	(i x)	p
p	p	(i a)	p
p	p	(i m)	p

---

p	(a x)	p	p
p	(m x)	p	p
p	(m a)	p	p
p	(i x)	p	p
p	(i a)	p	p
p	(i m)	p	p

GROUP 1
Single Fingers
60 Formulas

I
a and **x** stable

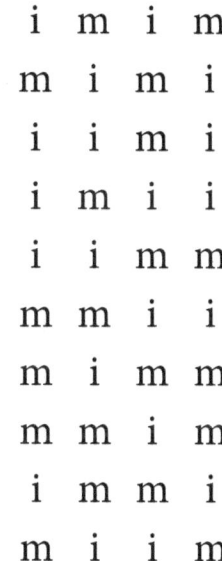

i m i m
m i m i
i i m i
i m i i
i i m m
m m i i
m i m m
m m i m
i m m i
m i i m

RASGUEADOS

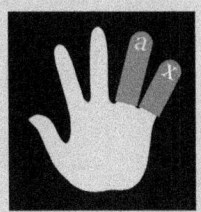

A	B
F1 ↑↑↑↑	F1 ↓↓↓↓
F2 ↑↑↑↓	F2 ↓↓↓↑
F3 ↑↑↓↑	F3 ↓↓↑↓
F4 ↑↑↓↓	F4 ↓↓↑↑
F5 ↑↓↑↑	F5 ↓↑↓↓
F6 ↑↓↓↓	F6 ↓↑↑↑
F7 ↑↓↑↓	F7 ↓↑↓↑
F8 ↑↓↓↑	F8 ↓↑↑↓

II
m and **a** stable

i x i x
x i x i
i i x i
i x i i
i i x x
x x i i
x i x x
x x i x
i x x i
x i i x

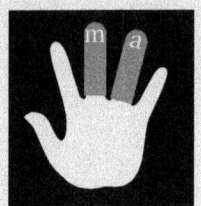

RASGUEADOS
A **B**

A	B
F1 ↑↑↑↑	F1 ↓↓↓↓
F2 ↑↑↑↓	F2 ↓↓↓↑
F3 ↑↑↓↑	F3 ↓↓↑↓
F4 ↑↑↓↓	F4 ↓↓↑↑
F5 ↑↓↑↑	F5 ↓↑↓↓
F6 ↑↓↓↓	F6 ↓↑↑↑
F7 ↑↓↑↓	F7 ↓↑↓↑
F8 ↑↓↓↑	F8 ↓↑↑↓

III
m and x stable

i	a	i	a
a	i	a	i
i	i	a	i
i	a	i	i
i	i	a	a
a	a	i	i
a	i	a	a
a	a	i	a
i	a	a	i
a	i	i	a

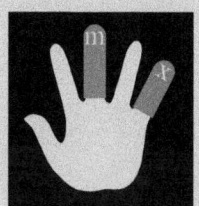

RASGUEADOS

A	B
F1 ↑↑↑↑	F1 ↓↓↓↓
F2 ↑↑↑↓	F2 ↓↓↓↑
F3 ↑↑↓↑	F3 ↓↓↑↓
F4 ↑↑↓↓	F4 ↓↓↑↑
F5 ↑↓↑↑	F5 ↓↑↓↓
F6 ↑↓↓↓	F6 ↓↑↑↑
F7 ↑↓↑↓	F7 ↓↑↓↑
F8 ↑↓↓↑	F8 ↓↑↑↓

IV
i and **a** stable

m x m x
x m x m
m m x m
m x m m
m m x x
x x m m
x m x x
x x m x
m x x m
x m m x

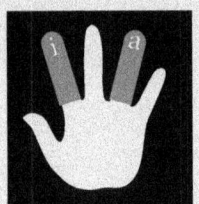

RASGUEADOS

A	B
F1 ↑↑↑↑	F1 ↓↓↓↓
F2 ↑↑↑↓	F2 ↓↓↓↑
F3 ↑↑↓↑	F3 ↓↓↑↓
F4 ↑↑↓↓	F4 ↓↓↑↑
F5 ↑↓↑↑	F5 ↓↑↓↓
F6 ↑↓↓↓	F6 ↓↑↑↑
F7 ↑↓↑↓	F7 ↓↑↓↑
F8 ↑↓↓↑	F8 ↓↑↑↓

V
i and x stable

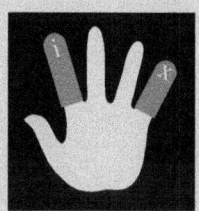

m	a	m	a
a	m	a	m
m	m	a	m
m	a	m	m
m	m	a	a
a	a	m	m
a	m	a	a
a	a	m	a
m	a	a	m
a	m	m	a

RASGUEADOS

A	B
F1 ↑↑↑↑	F1 ↓↓↓↓
F2 ↑↑↑↓	F2 ↓↓↓↑
F3 ↑↑↓↑	F3 ↓↓↑↓
F4 ↑↑↓↓	F4 ↓↓↑↑
F5 ↑↓↑↑	F5 ↓↑↓↓
F6 ↑↓↓↓	F6 ↓↑↑↑
F7 ↑↓↑↓	F7 ↓↑↓↑
F8 ↑↓↓↑	F8 ↓↑↑↓

VI
i and m stable

a	x	a	x
x	a	x	a
a	a	x	a
a	x	a	a
a	a	x	x
x	x	a	a
x	a	x	x
x	x	a	x
a	x	x	a
x	a	a	x

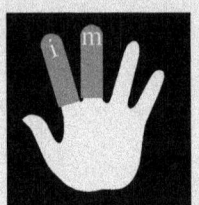

RASGUEADOS

A	B
F1 ↑↑↑↑	F1 ↓↓↓↓
F2 ↑↑↑↓	F2 ↓↓↓↑
F3 ↑↑↓↑	F3 ↓↓↑↓
F4 ↑↑↓↓	F4 ↓↓↑↑
F5 ↑↓↑↑	F5 ↓↑↓↓
F6 ↑↓↓↓	F6 ↓↑↑↑
F7 ↑↓↑↓	F7 ↓↑↓↑
F8 ↑↓↓↑	F8 ↓↑↑↓

GROUP 2
Single Fingers And Finger Combinations
24 Formulas

I

a stable

I

i	(m x)	i	(m x)
(m x)	i	(m x)	i
i	i	(m x)	i
i	(m x)	i	i
i	i	(m x)	(m x)
(m x)	(m x)	i	i
(m x)	i	(m x)	(m x)
(m x)	(m x)	i	(m x)
i	(m x)	(m x)	i
(m x)	i	i	(m x)

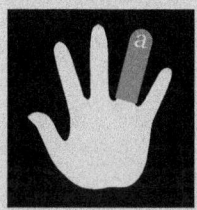

RASGUEADOS

A	B
F1 ↑↑↑↑	F1 ↓↓↓↓
F2 ↑↑↑↓	F2 ↓↓↓↑
F3 ↑↑↓↑	F3 ↓↓↑↓
F4 ↑↑↓↓	F4 ↓↓↑↑
F5 ↑↓↑↑	F5 ↓↑↓↓
F6 ↑↓↓↓	F6 ↓↑↑↑
F7 ↑↓↑↓	F7 ↓↑↓↑
F8 ↑↓↓↑	F8 ↓↑↑↓

II

m	i x	m	i x
i x	m	i x	m
m	m	i x	m
m	i x	m	m
m	m	i x	i x
i x	i x	m	m
i x	m	i x	i x
i x	i x	m	i x
m	i x	i x	m
i x	m	m	i x

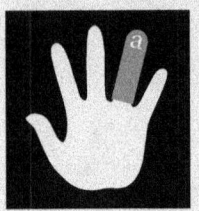

RASGUEADOS

A	B
F1 ↑↑↑↑	F1 ↓↓↓↓
F2 ↑↑↑↓	F2 ↓↓↓↑
F3 ↑↑↓↑	F3 ↓↓↑↓
F4 ↑↑↓↓	F4 ↓↓↑↑
F5 ↑↓↑↑	F5 ↓↑↓↓
F6 ↑↓↓↓	F6 ↓↑↑↑
F7 ↑↓↑↓	F7 ↓↑↑↓
F8 ↑↓↓↑	F8 ↓↑↑↓

III

x	i m	x	i m
i m	x	i m	x
x	x	i m	x
x	i m	x	x
x	x	i m	i m
i m	i m	x	x
i m	x	i m	i m
i m	i m	x	i m
x	i m	i m	x
i m	x	x	i m

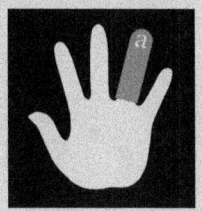

RASGUEADOS

A	B
F1 ↑↑↑↑	F1 ↓↓↓↓
F2 ↑↑↑↓	F2 ↓↓↓↑
F3 ↑↑↓↑	F3 ↓↓↑↓
F4 ↑↑↓↓	F4 ↓↓↑↑
F5 ↑↓↑↑	F5 ↓↑↓↓
F6 ↑↓↓↓	F6 ↓↑↑↑
F7 ↑↓↑↓	F7 ↓↑↓↑
F8 ↑↓↓↑	F8 ↓↑↑↓

II
m stable
I

i	(a x)	i	(a x)
(a x)	i	(a x)	i
i	i	(a x)	i
i	(a x)	i	i
i	i	(a x)	(a x)
(a x)	(a x)	i	i
(a x)	i	(a x)	(a x)
(a x)	(a x)	i	(a x)
i	(a x)	(a x)	i
(a x)	i	i	(a x)

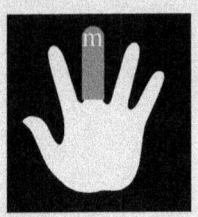

RASGUEADOS

	A		B
F1	↑↑↑↑	F1	↓↓↓↓
F2	↑↑↑↓	F2	↓↓↓↑
F3	↑↑↓↑	F3	↓↓↑↓
F4	↑↑↓↓	F4	↓↓↑↑
F5	↑↓↑↑	F5	↓↑↓↓
F6	↑↓↓↓	F6	↓↑↑↑
F7	↑↓↑↓	F7	↓↑↓↑
F8	↑↓↓↑	F8	↓↑↑↓

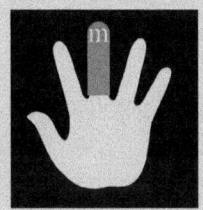

RASGUEADOS

A	B
F1 ↑↑↑↑	F1 ↓↓↓↓
F2 ↑↑↑↓	F2 ↓↓↓↑
F3 ↑↑↓↑	F3 ↓↓↑↓
F4 ↑↑↓↓	F4 ↓↓↑↑
F5 ↑↓↑↑	F5 ↓↑↓↓
F6 ↑↓↓↓	F6 ↓↑↑↑
F7 ↑↓↑↓	F7 ↓↑↓↑
F8 ↑↓↓↑	F8 ↓↑↑↓

II

a	ix	a	ix
ix	a	ix	a
a	a	ix	a
a	ix	a	a
a	a	ix	ix
ix	ix	a	a
ix	a	ix	ix
ix	ix	a	ix
a	ix	ix	a
ix	a	a	ix

III

x	(i a)	x	(i a)
(i a)	x	(i a)	x
x	x	(i a)	x
x	(i a)	x	x
x	x	(i a)	(i a)
(i a)	(i a)	x	x
(i a)	x	(i a)	(i a)
(i a)	(i a)	x	(i a)
x	(i a)	(i a)	x
(i a)	x	x	(i a)

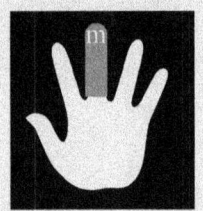

RASGUEADOS

A	B
F1 ↑↑↑↑	F1 ↓↓↓↓
F2 ↑↑↑↓	F2 ↓↓↓↑
F3 ↑↑↓↑	F3 ↓↓↑↓
F4 ↑↑↓↓	F4 ↓↓↑↑
F5 ↑↓↑↑	F5 ↓↑↓↓
F6 ↑↓↓↓	F6 ↓↑↑↑
F7 ↑↓↑↓	F7 ↓↑↓↑
F8 ↑↓↓↑	F8 ↓↑↑↓

III
i stable
I

m	(a x)	m	(a x)
(a x)	m	(a x)	m
m	m	(a x)	m
m	(a x)	m	m
m	m	(a x)	(a x)
(a x)	(a x)	m	m
(a x)	m	(a x)	(a x)
(a x)	(a x)	m	(a x)
m	(a x)	(a x)	m
(a x)	m	m	(a x)

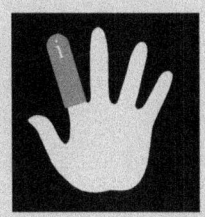

RASGUEADOS

A	B
F1 ↑↑↑↑	F1 ↓↓↓↓
F2 ↑↑↑↓	F2 ↓↓↓↑
F3 ↑↑↓↑	F3 ↓↓↑↓
F4 ↑↑↓↓	F4 ↓↓↑↑
F5 ↑↓↑↑	F5 ↓↑↓↓
F6 ↑↓↓↓	F6 ↓↑↑↑
F7 ↑↓↑↓	F7 ↓↑↓↑
F8 ↑↓↓↑	F8 ↓↑↑↓

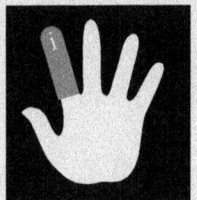

RASGUEADOS

A	B
F1 ↑↑↑↑	F1 ↓↓↓↓
F2 ↑↑↑↓	F2 ↓↓↓↑
F3 ↑↑↓↑	F3 ↓↓↑↓
F4 ↑↑↓↓	F4 ↓↓↑↑
F5 ↑↓↑↑	F5 ↓↑↓↓
F6 ↑↓↓↓	F6 ↓↑↑↑
F7 ↑↓↑↓	F7 ↓↑↓↑
F8 ↑↓↓↑	F8 ↓↑↑↓

II

a	(m x)	a	(m x)
(m x)	a	(m x)	a
a	a	(m x)	a
a	(m x)	a	a
a	a	(m x)	(m x)
(m x)	(m x)	a	a
(m x)	a	(m x)	(m x)
(m x)	(m x)	a	(m x)
a	(m x)	(m x)	a
(m x)	a	a	(m x)

III

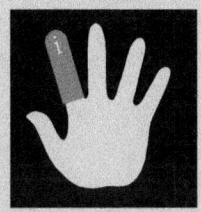

x	(m a)	x	(m a)
(m a)	x	(m a)	x
x	x	(m a)	x
x	(m a)	x	x
x	x	(m a)	(m a)
(m a)	(m a)	x	x
(m a)	x	(m a)	(m a)
(m a)	(m a)	x	(m a)
x	(m a)	(m a)	x
(m a)	x	x	(m a)

RASGUEADOS

	A		B
F1	↑↑↑↑	F1	↓↓↓↓
F2	↑↑↑↓	F2	↓↓↓↑
F3	↑↑↓↑	F3	↓↓↑↓
F4	↑↑↓↓	F4	↓↓↑↑
F5	↑↓↑↑	F5	↓↑↓↓
F6	↑↓↓↓	F6	↓↑↑↑
F7	↑↓↑↓	F7	↓↑↓↑
F8	↑↓↓↑	F8	↓↑↑↓

IV
x stable
I

i	(m a)	i	(m a)
(m a)	i	(m a)	i
i	i	(m a)	i
i	(m a)	i	i
i	i	(m a)	(m a)
(m a)	(m a)	i	i
(m a)	i	(m a)	(m a)
(m a)	(m a)	i	(m a)
i	(m a)	(m a)	i
(m a)	i	i	(m a)

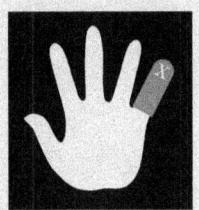

RASGUEADOS

	A		B
F1	↑↑↑↑	F1	↓↓↓↓
F2	↑↑↑↓	F2	↓↓↓↑
F3	↑↑↓↑	F3	↓↓↑↓
F4	↑↑↓↓	F4	↓↓↑↑
F5	↑↓↑↑	F5	↓↑↓↓
F6	↑↓↓↓	F6	↓↑↑↑
F7	↑↓↑↓	F7	↓↑↓↑
F8	↑↓↓↑	F8	↓↑↑↓

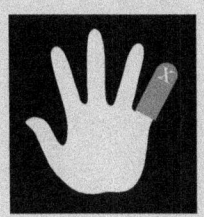

RASGUEADOS

A	B
F1 ↑↑↑↑	F1 ↓↓↓↓
F2 ↑↑↑↓	F2 ↓↓↓↑
F3 ↑↑↓↑	F3 ↓↓↑↓
F4 ↑↑↓↓	F4 ↓↓↑↑
F5 ↑↓↑↑	F5 ↓↑↓↓
F6 ↑↓↓↓	F6 ↓↑↑↑
F7 ↑↓↑↓	F7 ↓↑↓↑
F8 ↑↓↓↑	F8 ↓↑↑↓

II

m	(i a)	m	(i a)
(i a)	m	(i a)	m
m	m	(i a)	m
m	(i a)	m	m
m	m	(i a)	(i a)
(i a)	(i a)	m	m
(i a)	m	(i a)	(i a)
(i a)	(i a)	m	(i a)
m	(i a)	(i a)	m
(i a)	m	m	(i a)

III

a	i m	a	i m
i m	a	i m	a
a	a	i m	a
a	i m	a	a
a	a	i m	i m
i m	i m	a	a
i m	a	i m	i m
i m	i m	a	i m
a	i m	i m	a
i m	a	a	i m

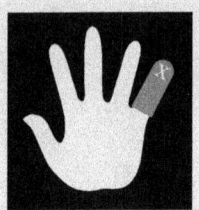

RASGUEADOS

A	B
F1 ↑↑↑↑	F1 ↓↓↓↓
F2 ↑↑↑↓	F2 ↓↓↓↑
F3 ↑↑↓↑	F3 ↓↓↑↓
F4 ↑↑↓↓	F4 ↓↓↑↑
F5 ↑↓↑↑	F5 ↓↑↓↓
F6 ↑↓↓↓	F6 ↓↑↑↑
F7 ↑↓↑↓	F7 ↓↑↑↓
F8 ↑↓↓↑	F8 ↓↑↑↓

GROUP 3
Finger Combinations
30 Formulas

I

i m	a x	i m	a x
a x	i m	a x	i m
i m	i m	a x	a x
a x	a x	i m	i m
i m	a x	i m	i m
i m	i m	a x	i m
a x	i m	a x	a x
a x	a x	i m	a x
i m	a x	a x	i m
a x	i m	i m	a x

RASGUEADOS

A	B
F1 ↑↑↑↑	F1 ↓↓↓↓
F2 ↑↑↑↓	F2 ↓↓↓↑
F3 ↑↑↓↑	F3 ↓↓↑↓
F4 ↑↑↓↓	F4 ↓↓↑↑
F5 ↑↓↑↑	F5 ↓↑↓↓
F6 ↑↓↓↓	F6 ↓↑↑↑
F7 ↑↓↑↓	F7 ↓↑↓↑
F8 ↑↓↓↑	F8 ↓↑↑↓

479

II

i a	m x	i a	m x
m x	i a	m x	i a
i a	i a	m x	m x
m x	m x	i a	i a
i a	m x	i a	i a
i a	i a	m x	i a
m x	i a	m x	m x
m x	m x	i a	m x
i a	m x	m x	i a
m x	i a	i a	m x

RASGUEADOS

A	B
F1 ↑↑↑↑	F1 ↓↓↓↓
F2 ↑↑↑↓	F2 ↓↓↓↑
F3 ↑↑↓↑	F3 ↓↓↑↓
F4 ↑↑↓↓	F4 ↓↓↑↑
F5 ↑↓↑↑	F5 ↓↑↓↓
F6 ↑↓↓↓	F6 ↓↑↑↑
F7 ↑↓↑↓	F7 ↓↑↓↑
F8 ↑↓↓↑	F8 ↓↑↑↓

III

m a	i x	m a	i x
i x	m a	i x	m a
m a	m a	i x	i x
i x	i x	m a	m a
m a	i x	m a	m a
m a	m a	i x	m a
i x	i x	m a	i x
i x	m a	i x	i x
m a	i x	i x	m a
i x	m a	m a	i x

RASGUEADOS

A	B
F1 ↑↑↑↑	F1 ↓↓↓↓
F2 ↑↑↑↓	F2 ↓↓↓↑
F3 ↑↑↓↑	F3 ↓↓↑↓
F4 ↑↑↓↓	F4 ↓↓↑↑
F5 ↑↓↑↑	F5 ↓↑↓↓
F6 ↑↓↓↓	F6 ↓↑↑↑
F7 ↑↓↑↓	F7 ↓↑↓↑
F8 ↑↓↓↑	F8 ↓↑↑↓

GROUP 4
Thumb and Single Fingers
Quad Rasgueados
(2 Same Elements)
40 Formulas

I

p	x	p	x		x	p	x	p
p	a	p	a		a	p	a	p
p	m	p	m		m	p	m	p
p	i	p	i		i	p	i	p

p	p	x	x		x	x	p	p
p	p	a	a		a	a	p	p
p	p	m	m		m	m	p	p
p	p	i	i		i	i	p	p

x	x	p	x		x	p	x	x
a	a	p	a		a	p	a	a
m	m	p	m		m	p	m	m
i	i	p	i		i	p	i	i

p	x	p	p		p	p	x	p
p	a	p	p		p	p	a	p
p	m	p	p		p	p	m	p
p	i	p	p		p	p	i	p

x	p	p	x		p	x	x	p
a	p	p	a		p	a	a	p
m	p	p	m		p	m	m	p
i	p	p	i		p	i	i	p

RASGUEADOS

A   B

F1	↑↑↑↑	F1	↓↓↓↓
F2	↑↑↑↓	F2	↓↓↓↑
F3	↑↑↓↑	F3	↓↓↑↓
F4	↑↑↓↓	F4	↓↓↑↑
F5	↑↓↑↑	F5	↓↑↓↓
F6	↑↓↓↓	F6	↓↑↑↑
F7	↑↓↑↓	F7	↓↑↓↑
F8	↑↓↓↑	F8	↓↑↑↓

GROUP 5
Thumb and Finger Combinations
Quad Rasgueados
(2 Same Elements)
60 Formulas

I

p (a x) p (a x)
p (m x) p (m x)
p (m a) p (m a)
p (i x) p (i x)
p (i a) p (i a)
p (i m) p (i m)

(a x) p (a x) p
(m x) p (m x) p
(m a) p (m a) p
(i x) p (i x) p
(i a) p (i a) p
(i m) p (i m) p

RASGUEADOS

	A		B
F1	↑↑↑↑	F1	↓↓↓↓
F2	↑↑↑↓	F2	↓↓↓↑
F3	↑↑↓↑	F3	↓↓↑↓
F4	↑↑↓↓	F4	↓↓↑↑
F5	↑↓↑↑	F5	↓↑↓↓
F6	↑↓↓↓	F6	↓↑↑↑
F7	↑↓↑↓	F7	↓↑↓↑
F8	↑↓↓↑	F8	↓↑↑↓

483

II

p	p	(a x)	(a x)
p	p	(m x)	(m x)
p	p	(m a)	(m a)
p	p	(i x)	(i x)
p	p	(i a)	(i a)
p	p	(i m)	(i m)

(a x)	(a x)	p	p
(m x)	(m x)	p	p
(m a)	(m a)	p	p
(i x)	(i x)	p	p
(i a)	(i a)	p	p
(i m)	(i m)	p	p

RASGUEADOS

A	B
F1 ↑↑↑↑	F1 ↓↓↓↓
F2 ↑↑↑↓	F2 ↓↓↓↑
F3 ↑↑↓↑	F3 ↓↓↑↓
F4 ↑↑↓↓	F4 ↓↓↑↑
F5 ↑↓↑↑	F5 ↓↑↓↓
F6 ↑↓↓↓	F6 ↓↑↑↑
F7 ↑↓↑↓	F7 ↓↑↓↑
F8 ↑↓↓↑	F8 ↓↑↑↓

III

(a x)	p	p	(a x)
(m x)	p	p	(m x)
(m a)	p	p	(m a)
(i x)	p	p	(i x)
(i a)	p	p	(i a)
(i m)	p	p	(i m)

(p)	a x	(a x)	p
(p)	m x	(m x)	p
(p)	m a	(m a)	p
(p)	i x	(i x)	p
(p)	i a	(i a)	p
(p)	i m	(i m)	p

RASGUEADOS

A	B
F1 ↑↑↑↑	F1 ↓↓↓↓
F2 ↑↑↑↓	F2 ↓↓↓↑
F3 ↑↑↓↑	F3 ↓↓↑↓
F4 ↑↑↓↓	F4 ↓↓↑↑
F5 ↑↓↑↑	F5 ↓↑↓↓
F6 ↑↓↓↓	F6 ↓↑↑↑
F7 ↑↓↑↓	F7 ↓↑↓↑
F8 ↑↓↓↑	F8 ↓↑↑↓

IV

(a x)	p	(a x) (a x)
(m x)	p	(m x) (m x)
(m a)	p	(m a) (m a)
(i x)	p	(i x) (i x)
(i a)	p	(i a) (i a)
(i m)	p	(i m) (i m)

(a x)	(a x)	p	(a x)
(m x)	(m x)	p	(m x)
(m a)	(m a)	p	(m a)
(i x)	(i x)	p	(i x)
(i a)	(i a)	p	(i a)
(i m)	(i m)	p	(i m)

RASGUEADOS

A	B
F1 ↑↑↑↑	F1 ↓↓↓↓
F2 ↑↑↑↓	F2 ↓↓↓↑
F3 ↑↑↓↑	F3 ↓↓↑↓
F4 ↑↑↓↓	F4 ↓↓↑↑
F5 ↑↓↑↑	F5 ↓↑↓↓
F6 ↑↓↓↓	F6 ↓↑↑↑
F7 ↑↓↑↓	F7 ↓↑↓↑
F8 ↑↓↓↑	F8 ↓↑↑↓

V

p	p	(a x)	p
p	p	(m x)	p
p	p	(m a)	p
p	p	(i x)	p
p	p	(i a)	p
p	p	(i m)	p

---

p	(a x)	p	p
p	(m x)	p	p
p	(m a)	p	p
p	(i x)	p	p
p	(i a)	p	p
p	(i m)	p	p

RASGUEADOS

A	B
F1 ↑↑↑↑	F1 ↓↓↓↓
F2 ↑↑↑↓	F2 ↓↓↓↑
F3 ↑↑↓↑	F3 ↓↓↑↓
F4 ↑↑↓↓	F4 ↓↓↑↑
F5 ↑↓↑↑	F5 ↓↑↓↓
F6 ↑↓↓↓	F6 ↓↑↑↑
F7 ↑↓↑↓	F7 ↓↑↓↑
F8 ↑↓↓↑	F8 ↓↑↑↓

UNIT II
QUAD RASGUEADOS
THREE DIFFERENT ELEMENTS ONE OF THEM REPEATED

GROUP 1
Single fingers.
Four single fingers one of which is repeated. (eg. i i i (ma))

GROUP 2
Single fingers and finger combinations.
Three single fingers one of which is repeated and one finger combination.
(eg. i m i (ax))

GROUP 3
Single finger and finger combinations.
Two different single fingers and one repeated combination
within the quad stroke. Eg. (i m i (ax)(ax))

GROUP 4
Thumb and single fingers.
Thumb repeated within the quad stroke and single fingers. Eg. (p p i (im))

GROUP 5
Thumb. Thumb repeated within the quad stroke with one single finger and
one finger combination. Eg. (p p i (ma))

GROUP 6
Thumb. Thumb repeated within the quad stroke with one single finger and
one finger combination. Eg. (p p (im)(ax))

GROUP 1
Four Single Fingers (One Repeated)

I
a stable

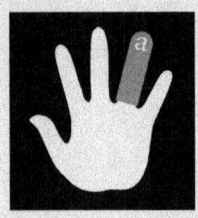

| i i m x | m m i x | x x m i |
| i i x m | m m x i | x x x m |

| i m m x | m i i x | x i i m |
| i x x m | m x x i | x m m i |

| i m x x | m i x x | x m i i |
| i x m m | m x i i | x i m m |

i m x m	m i m x	x i x m
i m i x	m i x i	x m x i
i x i m	m x m i	x i m i
i x m x	m x i x	x m i m

II
m stable

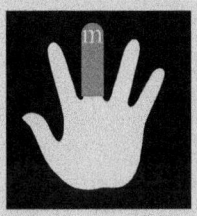

| i i a x | a a i x | x x a i |
| i i x a | a a x i | x x i a |

| i a a x | a i i x | x i i a |
| i x x a | a x x i | x a a i |

| i a x x | a i x x | x a i i |
| i x a a | a x i i | x i a a |

i a x a	a i a x	x a x i
i a i x	a i x i	x i x a
i x i a	a x a i	x a i a
a x a x	a x i x	x i a i

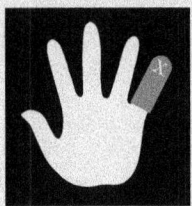

III
x stable

i	i	m	a	m	m	a	x	x	x	a	m
i	i	a	m	m	m	x	a	x	x	m	a
i	m	m	a	m	a	a	x	x	a	a	m
i	a	a	m	m	x	x	a	x	m	m	a
i	m	a	a	m	a	x	x	x	m	a	a
i	a	m	m	m	x	a	a	x	a	m	m
i	m	a	m	m	a	m	x	x	m	x	a
i	m	i	a	m	a	x	a	x	a	x	m
i	a	i	m	m	x	m	a	x	m	a	m
a	a	m	a	m	x	a	x	x	a	m	a

GROUP 2
Single Fingers And Finger Combinations
(Three Single Fingers One Of Which Is Repeated
And One Finger Combination)

I

i	m	i	(a x)
m	i	m	(a x)
i	x	i	(m a)
x	i	x	(m a)
i	a	i	(m x)
a	i	a	(m x)
m	x	m	(i a)
x	m	x	(i a)
m	a	m	(i x)
a	m	a	(i x)

II

m	i	(a x)	i
i	m	(a x)	m
x	i	(m a)	i
i	x	(m a)	x
a	i	(m x)	i
i	a	(m x)	a
x	m	(i a)	m
m	x	(i a)	x
a	m	(i x)	m
m	a	(i x)	a

III

i	(a x)	i	m
m	(a x)	m	i
i	(m a)	i	x
x	(m a)	x	i
i	(m x)	i	a
a	(m x)	a	i
m	(i a)	m	x
x	(i a)	x	m
m	(i x)	m	a
a	(i x)	a	m

IV

(a x)	i	m	i
(a x)	m	i	m
(m a)	i	x	i
(m a)	x	i	x
(m x)	i	a	i
(m x)	a	i	a
(i a)	m	x	m
(i a)	x	m	x
(i x)	m	a	m
(i x)	a	m	a

GROUP 3
Single Fingers And Finger Combinations
(two Different Single Fingers And One Finger Combination
Repeated Within The Quad Stroke)

I

(i x)	(i x)	m	a
(i x)	(i x)	a	m
(i m)	(i m)	a	x
(i m)	(i m)	x	a
(a x)	(a x)	i	m
(a x)	(a x)	m	i
(m x)	(m x)	i	a
(m x)	(m x)	a	i
(m a)	(m a)	i	x
(m a)	(m a)	x	i

II

(i x)	m	a	(i x)
(i x)	a	m	(i x)
(i m)	a	x	(i m)
(i m)	x	a	(i m)
(a x)	i	m	(a x)
(a x)	m	i	(a x)
(m x)	i	a	(m x)
(m x)	a	i	(m x)
(m a)	i	x	(m a)
(m a)	x	i	(m a)

III   IV

m	a	(i x)	(i x)		m	(i x)	(i x)	a
a	m	(i x)	(i x)		a	(i x)	(i x)	m
a	x	(i m)	(i m)		a	(i m)	(i m)	x
x	a	(i m)	(i m)		x	(i m)	(i m)	a
i	m	(a x)	(a x)		m	(a x)	(a x)	i
m	i	(a x)	(a x)		i	(a x)	(a x)	m
i	a	(m x)	(m x)		a	(m x)	(m x)	i
a	i	(m x)	(m x)		i	(m x)	(m x)	a
i	x	(m a)	(m a)		x	(m a)	(m a)	i
x	i	(m a)	(m a)		i	(m a)	(m a)	x

V

a	(i m)	x	(i m)
x	(i m)	a	(i m)
i	(a x)	m	(a x)
m	(a x)	i	(a x)
i	(m x)	a	(m x)
a	(m x)	i	(m x)
i	(m a)	x	(m a)
x	(m a)	i	(m a)
m	(i x)	a	(i x)
a	(i x)	m	(i x)

VI

(i m)	a	(i m)	x
(i m)	x	(i m)	a
(a x)	i	(a x)	m
(a x)	m	(a x)	i
(m x)	i	(m x)	a
(m x)	a	(m x)	i
(m a)	i	(m a)	x
(m a)	x	(m a)	i
(i x)	m	(i x)	a
(i x)	a	(i x)	m

GROUP 4
Thumb
Thumb Repeated Within the Quad Stroke and Single Fingers

I	II	III	IV	V
p p i m	p i p m	p i m p	i m p p	i p p m
p p m i	p m p i	p m i p	m i p p	m p p i
p p i a	p i p a	p i a p	i a p p	i p p a
p p a i	p a p i	p a i p	a i p p	a p p i
p p i x	p i p x	p i x p	i x p p	i p p x
p p x i	p x p i	p x i p	x i p p	x p p i
p p m a	p m p a	p m a p	m a p p	m p p a
p p a m	p a p m	p a m p	a m p p	a p p m
p p m x	p m p x	p m x p	m x p p	m p p x
p p x m	p x p m	p x m p	x m p p	x p p m
p p a x	p a p x	p a x p	a x p p	a p p x
p p x a	p x p a	p x a p	x a p p	x p p a

GROUP 5
Thumb
Thumb Repeated Within The Quad Stroke
With One Single Finger And One Finger Combination

I					II			
p	p	i	(m a)		p	i	(m a)	p
p	p	i	(m x)		p	i	(m x)	p
p	p	i	(a x)		p	i	(a x)	p
p	p	m	(i a)		p	m	(i a)	p
p	p	m	(a x)		p	m	(a x)	p
p	p	m	(i x)		p	m	(i x)	p
p	p	a	(i m)		p	a	(i m)	p
p	p	a	(i x)		p	a	(i x)	p
p	p	a	(m x)		p	a	(m x)	p
p	p	x	(i m)		p	x	(i m)	p
p	p	x	(i a)		p	x	(i a)	p
p	p	x	(m a)		p	x	(m a)	p

	III				IV		
i	(m a)	p	p	(m a)	p	p	i
i	(m x)	p	p	(m x)	p	p	i
i	(a x)	p	p	(a x)	p	p	i
m	(i a)	p	p	(i a)	p	p	m
m	(a x)	p	p	(a x)	p	p	m
m	(i x)	p	p	(i x)	p	p	m
a	(i m)	p	p	(i m)	p	p	a
a	(i x)	p	p	(i x)	p	p	a
a	(m x)	p	p	(m x)	p	p	a
x	(i m)	p	p	(i m)	p	p	x
x	(i a)	p	p	(i a)	p	p	x
x	(m a)	p	p	(m a)	p	p	x

The finger groups of UNIT II with the 8 RASGUEADOS Formulas
are cited below.
The constant presentation of the RASGUEADOS performance ways
together with the fingerings is considered appropriate
as it facilitates the study of the exercises.

GROUP 6
Thumb
Thumb Repeated Within The Quad Stroke
and Two Different Finger Combinations

p	p	(i m)	(a x)	p	(i m)	p	(a x)
p	p	(i a)	(m x)	p	(i a)	p	(m x)
p	p	(i x)	(m a)	p	(i x)	p	(m a)
p	p	(a x)	(i m)	p	(a x)	p	(i m)
p	p	(m x)	(i a)	p	(m x)	p	(i a)
p	p	(m a)	(i x)	p	(m a)	p	(i x)

(i m)	p	p	(a x)	(i m)	p	(a x)	p
(i a)	p	p	(m x)	(i a)	p	(m x)	p
(i x)	p	p	(m a)	(i x)	p	(m a)	p
(a x)	p	p	(i m)	(a x)	p	(i m)	p
(m x)	p	p	(i a)	(m x)	p	(i a)	p
(m a)	p	p	(i x)	(m a)	p	(i x)	p

(i m)	(a x)	p	p	p	(i m)	(a x)	p
(i a)	(m x)	p	p	p	(i a)	(m x)	p
(i x)	(m a)	p	p	p	(i x)	(m a)	p
(a x)	(i m)	p	p	p	(a x)	(i m)	p
(m x)	(i a)	p	p	p	(m x)	(i a)	p
(m a)	(i x)	p	p	p	(m a)	(i x)	p

GROUP 1
Single Fingers

I
a stable

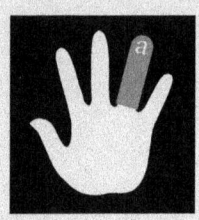

| i i m x | m m i x | x x m i |
| i i x m | m m x i | x x x m |

| i m m x | m i i x | x i i m |
| i x x m | m x x i | x m m i |

| i m x x | m i x x | x m i i |
| i x m m | m x i i | x i m m |

i m x m	m i m x	x i x m
i m i x	m i x i	x m x i
i x i m	m x m i	x i m i
i x m x	m x i x	x m i m

RASGUEADOS

	A		B
F1	↑↑↑↑	F1	↓↓↓↓
F2	↑↑↑↓	F2	↓↓↓↑
F3	↑↑↓↑	F3	↓↓↑↓
F4	↑↑↓↓	F4	↓↓↑↑
F5	↑↓↑↑	F5	↓↑↓↓
F6	↑↓↓↓	F6	↓↑↑↑
F7	↑↓↑↓	F7	↓↑↓↑
F8	↑↓↓↑	F8	↓↑↑↓

II
m stable

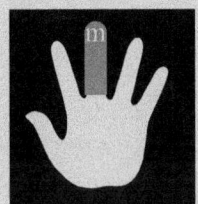

| i i a x | a a i x | x x a i |
| i i x a | a a x i | x x i a |

| i a a x | a i i x | x i i a |
| i x x a | a x x i | x a a i |

| i a x x | a i x x | x a i i |
| i x a a | a x i i | x i a a |

i a x a	a i a x	x a x i
i a i x	a i x i	x i x a
i x i a	a x a i	x a i a
i x a x	a x i x	x i a i

RASGUEADOS

A	B
F1 ↑↑↑↑	F1 ↓↓↓↓
F2 ↑↑↑↓	F2 ↓↓↓↑
F3 ↑↑↓↑	F3 ↓↓↑↓
F4 ↑↑↓↓	F4 ↓↓↑↑
F5 ↑↓↑↑	F5 ↓↑↓↓
F6 ↑↓↓↓	F6 ↓↑↑↑
F7 ↑↓↑↓	F7 ↓↑↓↑
F8 ↑↓↓↑	F8 ↓↑↑↓

III
x stable

i	i	m	a	m	m	a	x	x	x	a	m
i	i	a	m	m	m	x	a	x	x	m	a
i	m	m	a	m	a	a	x	x	a	a	m
i	a	a	m	m	x	x	a	x	m	m	a
i	m	a	a	m	a	x	x	x	m	a	a
i	a	m	m	m	x	a	a	x	a	m	m
i	m	a	m	m	a	m	x	x	m	x	a
i	m	i	a	m	a	x	a	x	a	x	m
i	a	i	m	m	x	m	a	x	m	a	m
i	a	m	a	m	x	a	x	x	a	m	a

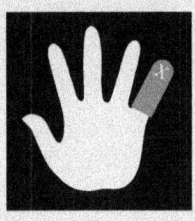

RASGUEADOS

A	B
F1 ↑↑↑↑	F1 ↓↓↓↓
F2 ↑↑↑↓	F2 ↓↓↓↑
F3 ↑↑↓↑	F3 ↓↓↑↓
F4 ↑↑↓↓	F4 ↓↓↑↑
F5 ↑↓↑↑	F5 ↓↑↓↓
F6 ↑↓↓↓	F6 ↓↑↑↑
F7 ↑↓↑↓	F7 ↓↑↓↑
F8 ↑↓↓↑	F8 ↓↑↑↓

GROUP 2
Single Fingers And Finger Combinations
Quad Rasgueados

I				II			
i	m	i	(a x)	m	i	(a x)	i
m	i	m	(a x)	i	m	(a x)	m
i	x	i	(m a)	x	i	(m a)	i
x	i	x	(m a)	i	x	(m a)	x
i	a	i	(m x)	a	i	(m x)	i
a	i	a	(m x)	i	a	(m x)	a
m	x	m	(i a)	x	m	(i a)	m
x	m	x	(i a)	m	x	(i a)	x
m	a	m	(i x)	a	m	(i x)	m
a	m	a	(i x)	m	a	(i x)	a

RASGUEADOS

A	B
F1 ↑↑↑↑	F1 ↓↓↓↓
F2 ↑↑↑↓	F2 ↓↓↓↑
F3 ↑↑↓↑	F3 ↓↓↑↓
F4 ↑↑↓↓	F4 ↓↓↑↑
F5 ↑↓↑↑	F5 ↓↑↓↓
F6 ↑↓↓↓	F6 ↓↑↑↑
F7 ↑↓↑↓	F7 ↓↑↓↑
F8 ↑↓↓↑	F8 ↓↑↑↓

	III				IV		
i	(a x)	i	m	(a x)	i	m	i
m	(a x)	m	i	(a x)	m	i	m
i	(m a)	i	x	(m a)	i	x	i
x	(m a)	x	i	(m a)	x	i	x
i	(m x)	i	a	(m x)	i	a	i
a	(m x)	a	i	(m x)	a	i	a
m	(i a)	m	x	(i a)	m	x	m
x	(i a)	x	m	(i a)	x	m	x
m	(i x)	m	a	(i x)	m	a	m
a	(i x)	a	m	(i x)	a	m	a

RASGUEADOS

A	B
F1 ↑↑↑↑	F1 ↓↓↓↓
F2 ↑↑↑↓	F2 ↓↓↓↑
F3 ↑↑↓↑	F3 ↓↓↑↓
F4 ↑↑↓↓	F4 ↓↓↑↑
F5 ↑↓↑↑	F5 ↓↑↓↓
F6 ↑↓↓↓	F6 ↓↑↑↑
F7 ↑↓↑↓	F7 ↓↑↑↓
F8 ↑↓↓↑	F8 ↓↑↑↓

	V				VI		
m	a	(i x)	(i x)	m	(i x)	(i x)	a
a	m	(i x)	(i x)	a	(i x)	(i x)	m
a	x	(i m)	(i m)	a	(i m)	(i m)	x
x	a	(i m)	(i m)	x	(i m)	(i m)	a
i	m	(a x)	(a x)	m	(a x)	(a x)	i
m	i	(a x)	(a x)	i	(a x)	(a x)	m
i	a	(m x)	(m x)	a	(m x)	(m x)	i
a	i	(m x)	(m x)	i	(m x)	(m x)	a
i	x	(m a)	(m a)	x	(m a)	(m a)	i
x	i	(m a)	(m a)	i	(m a)	(m a)	x

RASGUEADOS

A	B
F1 ↑↑↑↑	F1 ↓↓↓↓
F2 ↑↑↑↓	F2 ↓↓↓↑
F3 ↑↑↓↑	F3 ↓↓↑↓
F4 ↑↑↓↓	F4 ↓↓↑↑
F5 ↑↓↑↑	F5 ↓↑↓↓
F6 ↑↓↓↓	F6 ↓↑↑↑
F7 ↑↓↑↓	F7 ↓↑↓↑
F8 ↑↓↓↑	F8 ↓↑↑↓

VII

a	(i m)	x	(i m)
m	(i m)	a	(i m)
i	(a x)	m	(a x)
m	(a x)	i	(a x)
i	(m x)	a	(m x)
a	(m x)	i	(m x)
i	(m a)	x	(m a)
x	(m a)	i	(m a)
m	(i x)	a	(i x)
a	(i x)	m	(i x)

VIII

(i m)	a	(i m)	x
(i m)	x	(i m)	a
(a x)	i	(a x)	m
(a x)	m	(a x)	i
(m x)	i	(m x)	a
(m x)	a	(m x)	i
(m a)	i	(m a)	x
(m a)	x	(m a)	i
(i x)	m	(i x)	a
(i x)	a	(i x)	m

RASGUEADOS

	A	B
F1	↑↑↑↑	↓↓↓↓
F2	↑↑↑↓	↓↓↓↑
F3	↑↑↓↑	↓↓↑↓
F4	↑↑↓↓	↓↓↑↑
F5	↑↓↑↑	↓↑↓↓
F6	↑↓↓↓	↓↑↑↑
F7	↑↓↑↓	↓↑↑↓
F8	↑↓↓↑	↓↑↑↓

IX

(i x)	(i x)	m	a	
(i x)	(i x)	a	m	
(i m)	(i m)	a	x	
(i m)	(i m)	x	a	
(a x)	(a x)	i	m	
(a x)	(a x)	m	i	
(m x)	(m x)	i	a	
(m x)	(m x)	a	i	
(m a)	(m a)	i	x	
(m a)	(m a)	x	i	

X

(i x)	m	a	(i x)
(i x)	a	m	(i x)
(i m)	a	x	(i m)
(i m)	x	a	(i m)
(a x)	i	m	(a x)
(a x)	m	i	(a x)
(m x)	i	a	(m x)
(m x)	a	i	(m x)
(m a)	i	x	(m a)
(m a)	x	i	(m a)

RASGUEADOS

A	B
F1 ↑↑↑↑	F1 ↓↓↓↓
F2 ↑↑↑↓	F2 ↓↓↓↑
F3 ↑↑↓↑	F3 ↓↓↑↓
F4 ↑↑↓↓	F4 ↓↓↑↑
F5 ↑↓↑↑	F5 ↓↑↓↓
F6 ↑↓↓↓	F6 ↓↑↑↑
F7 ↑↓↑↓	F7 ↓↑↓↑
F8 ↑↓↓↑	F8 ↓↑↑↓

GROUP 3
Quad Rasgueados

I	II	III
p p i m	p i p m	p i m p
p p m i	p m p i	p m i p
p p i a	p i p a	p i a p
p p a i	p a p i	p a i p
p p i x	p i p x	p i x p
p p x i	p x p i	p x i p
p p m a	p m p a	p m a p
p p a m	p a p m	p a m p
p p m x	p m p x	p m x p
p p x m	p x p m	p x m p
p p a x	p a p x	p a x p
p p x a	p x p a	p x a p

RASGUEADOS

A	B
F1 ↑↑↑↑	F1 ↓↓↓↓
F2 ↑↑↑↓	F2 ↓↓↓↑
F3 ↑↑↓↑	F3 ↓↓↑↓
F4 ↑↑↓↓	F4 ↓↓↑↑
F5 ↑↓↑↑	F5 ↓↑↓↓
F6 ↑↓↓↓	F6 ↓↑↑↑
F7 ↑↓↑↓	F7 ↓↑↑↓
F8 ↑↓↓↑	F8 ↓↑↑↓

IV

i	m	p	p
m	i	p	p
i	a	p	p
a	i	p	p
i	x	p	p
x	i	p	p
m	a	p	p
a	m	p	p
m	x	p	p
x	m	p	p
a	x	p	p
x	a	p	p

V

i	p	p	m
m	p	p	i
i	p	p	a
a	p	p	i
i	p	p	x
x	p	p	i
m	p	p	a
a	p	p	m
m	p	p	x
x	p	p	m
a	p	p	x
x	p	p	a

RASGUEADOS

A	B
F1 ↑↑↑↑	F1 ↓↓↓↓
F2 ↑↑↑↓	F2 ↓↓↓↑
F3 ↑↑↓↑	F3 ↓↓↑↓
F4 ↑↑↓↓	F4 ↓↓↑↑
F5 ↑↓↑↑	F5 ↓↑↓↓
F6 ↑↓↓↓	F6 ↓↑↑↑
F7 ↑↓↑↓	F7 ↓↑↓↑
F8 ↑↓↓↑	F8 ↓↑↑↓

GROUP 4

RASGUEADOS

	A		B
F1	↑↑↑↑	F1	↓↓↓↓
F2	↑↑↑↓	F2	↓↓↓↑
F3	↑↑↓↑	F3	↓↓↑↓
F4	↑↑↓↓	F4	↓↓↑↑
F5	↑↓↑↑	F5	↓↑↓↓
F6	↑↓↓↓	F6	↓↑↑↑
F7	↑↓↑↓	F7	↓↑↓↑
F8	↑↓↓↑	F8	↓↑↑↓

I

p	p	i	(m a)
p	p	i	(m x)
p	p	i	(a x)
p	p	m	(i a)
p	p	m	(a x)
p	p	m	(i x)
p	p	a	(i m)
p	p	a	(i x)
p	p	a	(m x)
p	p	x	(i m)
p	p	x	(i a)
p	p	x	(m a)

II

p	i	(m a)	p
p	i	(m x)	p
p	i	(a x)	p
p	m	(i a)	p
p	m	(a x)	p
p	m	(i x)	p
p	a	(i m)	p
p	a	(i x)	p
p	a	(m x)	p
p	x	(i m)	p
p	x	(i a)	p
p	x	(m a)	p

III

i	(m a)	p	p
i	(m x)	p	p
i	(a x)	p	p
m	(i a)	p	p
m	(a x)	p	p
m	(i x)	p	p
a	(i m)	p	p
a	(i x)	p	p
a	(m x)	p	p
x	(i m)	p	p
x	(i a)	p	p
x	(m a)	p	p

IV

(m a)	p	p	i
(m x)	p	p	i
(a x)	p	p	i
(i a)	p	p	m
(a x)	p	p	m
(i x)	p	p	m
(i m)	p	p	a
(i x)	p	p	a
(m x)	p	p	a
(i m)	p	p	x
(i a)	p	p	x
(m a)	p	p	x

RASGUEADOS

A	B
F1 ↑↑↑↑	F1 ↓↓↓↓
F2 ↑↑↑↓	F2 ↓↓↓↑
F3 ↑↑↓↑	F3 ↓↓↑↓
F4 ↑↑↓↓	F4 ↓↓↑↑
F5 ↑↓↑↑	F5 ↓↑↓↓
F6 ↑↓↓↓	F6 ↓↑↑↑
F7 ↑↓↑↓	F7 ↓↑↓↑
F8 ↑↓↓↑	F8 ↓↑↑↓

UNIT III
QUAD RASGUEADOS
FOUR DIFFERENT ELEMENTS

This unit contains three groups of elements:

GROUP 1
Single fingers.
Fingers i, m, a, x in various combinations.

GROUP 2
Thumb with single fingers.

GROUP 3
Thumb with single fingers and fingers combinations.

The already formed fingerings of the three groups are performed on the 16 RASCUEADOS formulas.

GROUP 1
Quad Rasgueados Stroke Excluding Thumb

I

i m a x
i m x a
i a m x
i a x m
i x m a
i x a m

II

m a i x
m a x i
m i a x
m i x a
m x i a
m x a i

III

a i m x
a i x m
a m i x
a m x i
a x i m
a x m i

IV

x a m i
x a i m
x i m a
x i a m
x m i a
x m a i

GROUP 2
Quad Rasgueado Stroke Including Thumb

I	II	III	IV
p i m a	i p m a	i m p a	i m a p
p i a m	i p a m	i a p m	i a m p
p i m x	i p m x	i m p x	i m x p
p i x m	i p x m	i x p m	i x m p
p i a x	i p a x	i a p x	i a x p
p i x a	i p x a	i x p a	i x a p
p m i x	m p i x	m i p x	m i x p
p m x i	m p x i	m x p i	m x i p
p m a x	m p a x	m a p x	m a x p
p m x a	m p x a	m x p a	m x a p
p m i a	m p i a	m i p a	m i a p
p m a i	m p a i	m a p i	m a i p
p a i x	a p i x	a i p x	a i x p
p a x i	a p x i	a x p i	a x i p
p a m x	a p m x	a m p x	a m x p
p a x m	a p x m	a x p m	a x m p
p a m i	a p m i	a m p i	a m i p
p a i m	a p i m	a i p m	a i m p
p x m i	x p m i	x m p i	x m i p
p x i m	x p i m	x i p m	x i m p
p x a i	x p a i	x a p i	x a i p
p x i a	x p i a	x i p a	x i a p
p x m a	x p m a	x m p a	x m a p
p x a m	x p a m	x a p m	x a m p

GROUP 3
Quad Rasgueado Stroke
Thumb With Single Fingers and Finger Combinations

I	II
p i m (a x)	i p m (a x)
p i a (m x)	i p a (m x)
p i (m a) x	i p (m a) x
p (i a) x m	(i a) p x m
p (i m) a x	(i m) p a x
p (i m) x a	(i m) p x a
p (m a) i x	(m a) p i x
p m (x a) i	m p (x a) i
p m a (i x)	m p a (i x)
p m x (i a)	m p x (i a)
p (m x) i a	(m x) p i a
p m (a x) i	m p (a x) i
p a (i m) x	a p (i m) x
p a (m x) i	a p (m x) i
p a (i m) x	a p (i m) x
p a x (m i)	a p x (m i)
p a (m x) i	a p (m x) i
p a (i x) m	a p (i x) m
p (a x) m i	(a x) p m i
p (x) i (m a)	(x) p i (m a)
p x a (i m)	x p a (i m)
p x (i m) a	x p (i m) a
p x m (a i)	x p m (a i)
p (i x) a m	(i x) p a m

518

III

i   m   P   (a x)
i   a   P   (m x)
i   (m a)   P   x
(i a)   x   P   m
(i m)   a   P   x
(i m)   x   P   a

(m a)   i   P   x
m   (x a)   P   i
m   a   P   (i x)
m   x   P   (i a)
(m x)   i   P   a
m   (a x)   P   i

a   (i m)   P   x
a   (m x)   P   i
a   (i m)   P   x
a   x   P   (m i)
a   (m x)   P   i
a   (i x)   P   m

(a x)   m   P   i
(x)   i   P   (m a)
x   a   P   (i m)
x   (i m)   P   a
x   m   P   (a i)
(i x)   a   P   m

IV

i   m   (a x)   P
i   a   (m x)   P
i   (m a)   x   P
(i a)   x   m   P
(i m)   a   x   P
(i m)   x   a   P

(m a)   i   x   P
m   (x a)   i   P
m   a   (i x)   P
m   x   (i a)   P
(m x)   i   a   P
m   (a x)   i   P

a   (i m)   x   P
a   (m x)   i   P
a   (i m)   x   P
a   x   (m i)   P
a   (m x)   i   P
a   (i x)   m   P

(a x)   m   i   P
(x)   i   (m a)   P
x   a   (i m)   P
x   (i m)   a   P
x   m   (a i)   P
(i x)   a   m   P

The finger groups of UNIT III with the 8 RASGUEADOS Formulas
are cited below.
The constant presentation of the RASGUEADOS performance ways
together with the fingerings is considered appropriate
as it facilitates the study of the exercises.

GROUP 1
Quad Rasgueado Stroke Excluding Thumb

I	II
i m a x	m a i x
i m x a	m a x i
i a m x	m i a x
i a x m	m i x a
i x m a	m x i a
i x a m	m x a i

III	IV
a i m x	x a m i
a i x m	x a i m
a m i x	x i m a
a m x i	x i a m
a x i m	x m i a
a x m i	x m a i

RASGUEADOS

A	B
F1 ↑↑↑↑	F1 ↓↓↓↓
F2 ↑↑↑↓	F2 ↓↓↓↑
F3 ↑↑↓↑	F3 ↓↓↑↓
F4 ↑↑↓↓	F4 ↓↓↑↑
F5 ↑↓↑↑	F5 ↓↑↓↓
F6 ↑↓↓↓	F6 ↓↑↑↑
F7 ↑↓↑↓	F7 ↓↑↓↑
F8 ↑↓↓↑	F8 ↓↑↑↓

GROUP 2

I

1
p i m a
p i a m
p i m x
p i x m
p i a x
p i x a

2
p m i x
p m x i
p m a x
p m x a
p m i a
p m a i

3
p a i x
p a x i
p a m x
p a x m
p a m i
p a i m

4
p x m i
p x i m
p x a i
p x i a
p x m a
p x a m

RASGUEADOS

A	B
F1 ↑↑↑↑	F1 ↓↓↓↓
F2 ↑↑↑↓	F2 ↓↓↓↑
F3 ↑↑↓↑	F3 ↓↓↑↓
F4 ↑↑↓↓	F4 ↓↓↑↑
F5 ↑↓↑↑	F5 ↓↑↓↓
F6 ↑↓↓↓	F6 ↓↑↑↑
F7 ↑↓↑↓	F7 ↓↑↓↑
F8 ↑↓↓↑	F8 ↓↑↑↓

II

1	2
i p m a	m p i x
i p a m	m p x i
i p m x	m p a x
i p x m	m p x a
i p a x	m p i a
i p x a	m p a i

3	4
a p i x	x p m i
a p x i	x p i m
a p m x	x p a i
a p x m	x p i a
a p m i	x p m a
a p i m	x p a m

RASGUEADOS

A	B
F1 ↑↑↑↑	F1 ↓↓↓↓
F2 ↑↑↑↓	F2 ↓↓↓↑
F3 ↑↑↓↑	F3 ↓↓↑↓
F4 ↑↑↓↓	F4 ↓↓↑↑
F5 ↑↓↑↑	F5 ↓↑↓↓
F6 ↑↓↓↓	F6 ↓↑↑↑
F7 ↑↓↑↓	F7 ↓↑↓↑
F8 ↑↓↓↑	F8 ↓↑↑↓

III

1	2
i m p a	m i p x
i a p m	m x p i
i m p x	m a p x
i x p m	m x p a
i a p x	m i p a
i x p a	m a p i

3	4
a i p x	x m p i
a x p i	x i p m
a m p x	x a p i
a x p m	x i p a
a m p i	x m p a
a i p m	x a p m

RASGUEADOS

A	B
F1 ↑↑↑↑	F1 ↓↓↓↓
F2 ↑↑↑↓	F2 ↓↓↓↑
F3 ↑↑↓↑	F3 ↓↓↑↓
F4 ↑↑↓↓	F4 ↓↓↑↑
F5 ↑↓↑↑	F5 ↓↑↓↓
F6 ↑↓↓↓	F6 ↓↑↑↑
F7 ↑↓↑↓	F7 ↓↑↓↑
F8 ↑↓↓↑	F8 ↓↑↑↓

IV

1	2
i m a p	m i x p
i a m p	m x i p
i m x p	m a x p
i x m p	m x a p
i a x p	m i a p
i x a p	m a i p

3	4
a i x p	x m i p
a x i p	x i m p
a m x p	x a i p
a x m p	x i a p
a m i p	x m a p
a i m p	x a m p

RASGUEADOS

A	B
F1 ↑↑↑↑	F1 ↓↓↓↓
F2 ↑↑↑↓	F2 ↓↓↓↑
F3 ↑↑↓↑	F3 ↓↓↑↓
F4 ↑↑↓↓	F4 ↓↓↑↑
F5 ↑↓↑↑	F5 ↓↑↓↓
F6 ↑↓↓↓	F6 ↓↑↑↑
F7 ↑↓↑↓	F7 ↓↑↓↑
F8 ↑↓↓↑	F8 ↓↑↑↓

GROUP 3

I

p i m (a x)
p i a (m x)
p i (m a) x
p (i a) x m
p (i m) a x
p (i m) x a

p (m a) i x
p m (x a) i
p m a (i x)
p m x (i a)
p (m x) i a
p m (a x) i

p a (i m) x
p a (m x) i
p a (i m) x
p a x (m i)
p a (m x) i
p a (i x) m

p (a x) m i
p (x) i (m a)
p x a (i m)
p x (i m) a
p x m (a i)
p (i x) a m

RASGUEADOS

	A	B
F1	↑↑↑↑	↓↓↓↓
F2	↑↑↑↓	↓↓↓↑
F3	↑↑↓↑	↓↓↑↓
F4	↑↑↓↓	↓↓↑↑
F5	↑↓↑↑	↓↑↓↓
F6	↑↓↓↓	↓↑↑↑
F7	↑↓↑↓	↓↑↑↓
F8	↑↓↓↑	↓↑↑↓

II

i	p	m	(a x)
i	p	a	(m x)
i	p	(m a)	x
(i a)	p	x	m
(i m)	p	a	x
(i m)	p	x	a
(m a)	p	i	x
m	p	(x a)	i
m	p	a	(i x)
m	p	x	(i a)
(m x)	p	i	a
m	p	(a x)	i
a	p	(i m)	x
a	p	(m x)	i
a	p	(i m)	x
a	p	x	(m i)
a	p	(m x)	i
a	p	(i x)	m
(a x)	p	m	i
(x)	p	i	(m a)
x	p	a	(i m)
x	p	(i m)	a
x	p	m	(a i)
(i x)	p	a	m

RASGUEADOS

A	B
F1 ↑↑↑↑	F1 ↓↓↓↓
F2 ↑↑↑↓	F2 ↓↓↓↑
F3 ↑↑↓↑	F3 ↓↓↑↓
F4 ↑↑↓↓	F4 ↓↓↑↑
F5 ↑↓↑↑	F5 ↓↑↓↓
F6 ↑↓↓↓	F6 ↓↑↑↑
F7 ↑↓↑↓	F7 ↓↑↓↑
F8 ↑↓↓↑	F8 ↓↑↑↓

III

i	m	P	(a x)
i	a	P	(m x)
i	(m a)	P	x
(i a)	x	P	m
(i m)	a	P	x
(i m)	x	P	a
(m a)	i	P	x
m	(x a)	P	i
m	a	P	(i x)
m	x	P	(i a)
(m x)	i	P	a
m	(a x)	P	i
a	(i m)	P	x
a	(m x)	P	i
a	(i m)	P	x
a	x	P	(m i)
a	(m x)	P	i
a	(i x)	P	m
(a x)	m	P	i
(x)	i	P	(m a)
x	a	P	(i m)
x	(i m)	P	a
x	m	P	(a i)
(i x)	a	P	m

RASGUEADOS

	A	B
F1	↑↑↑↑	↓↓↓↓
F2	↑↑↑↓	↓↓↓↑
F3	↑↑↓↑	↓↓↑↓
F4	↑↑↓↓	↓↓↑↑
F5	↑↓↑↑	↓↑↓↓
F6	↑↓↓↓	↓↑↑↑
F7	↑↓↑↓	↓↑↓↑
F8	↑↓↓↑	↓↑↑↓

IV

i   m   (a x)   P
i   a   (m x)   P
i   (m a)   x   P
(i a)   x   m   P
(i m)   a   x   P
(i m)   x   a   P

(m a)   i   x   P
m   (x a)   i   P
m   a   (i x)   P
m   x   (i a)   P
(m x)   i   a   P
m   (a x)   i   P

a   (i m)   x   P
a   (m x)   i   P
a   (i m)   x   P
a   x   (m i)   P
a   (m x)   i   P
a   (i x)   m   P

(a x)   m   i   P
(x)   i   (m a)   P
x   a   (i m)   P
x   (i m)   a   P
x   m   (a i)   P
(i x)   a   m   P

RASGUEADOS

	A		B
F1	↑↑↑↑	F1	↓↓↓↓
F2	↑↑↑↓	F2	↓↓↓↑
F3	↑↑↓↑	F3	↓↓↑↓
F4	↑↑↓↓	F4	↓↓↑↑
F5	↑↓↑↑	F5	↓↑↓↓
F6	↑↓↓↓	F6	↓↑↑↑
F7	↑↓↑↓	F7	↓↑↓↑
F8	↑↓↓↑	F8	↓↑↑↓

CHAPTER 5
QUINTUPLE RASGUEADOS STROKE

Chapter 5 contains quintuple RASGUEADO stroke on 16 Formulas with various fingerings. Four groups of fingerings with one finger repeated within the Formula. Five variations in each group.

GROUP 1

Basic Formula: iimax

VARIATION I:	iimax
VARIATION II:	imaxi
VARIATION III:	maxii
VARIATION IV:	axiim
VARIATION V:	xiima

GROUP 2

Basic Formula: mmiax

VARIATION I:	mmiax
VARIATION II:	miaxm
VARIATION III:	iaxmm
VARIATION IV:	axmmi
VARIATION V:	xmmia

GROUP 3

Basic Formula: aaimx

VARIATION I:	aaimx
VARIATION II:	aimxa
VARIATION III:	imxaa
VARIATION IV:	mxaai
VARIATION V:	xaaim

GROUP 4

Basic Formula: xxami

VARIATION I:	xxami
VARIATION II:	xamix
VARIATION III:	amixx
VARIATION IV:	mixxa
VARIATION V:	ixxam

* Practice all fingerings on all stroke Formulas.

GROUP 1
Basic Formula: **iimax**
VARIATION I

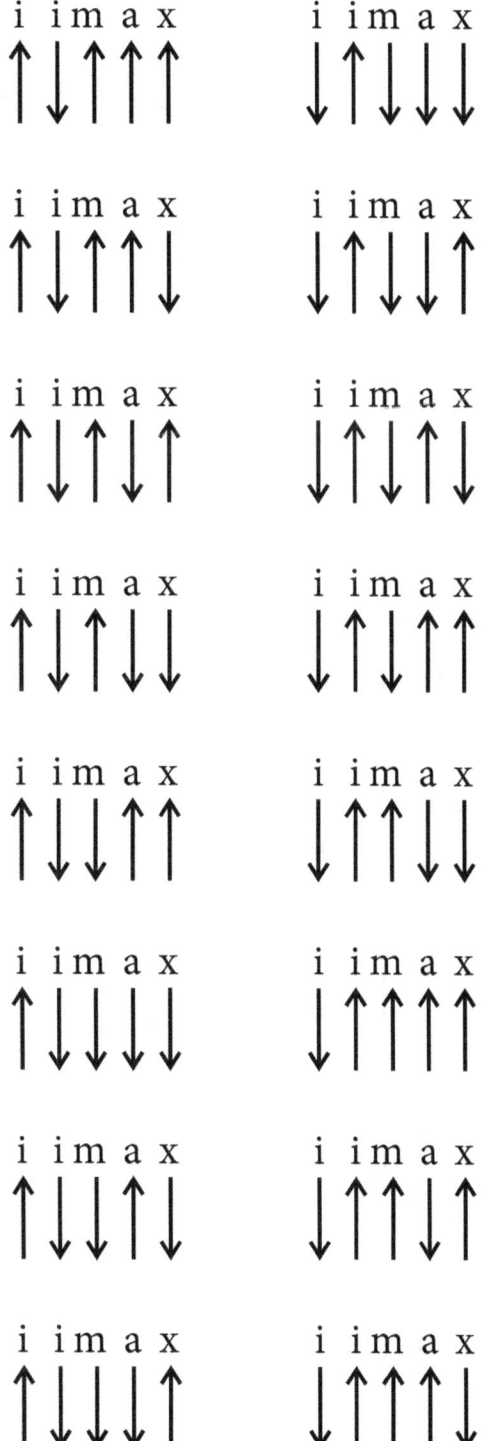

VARIATION II

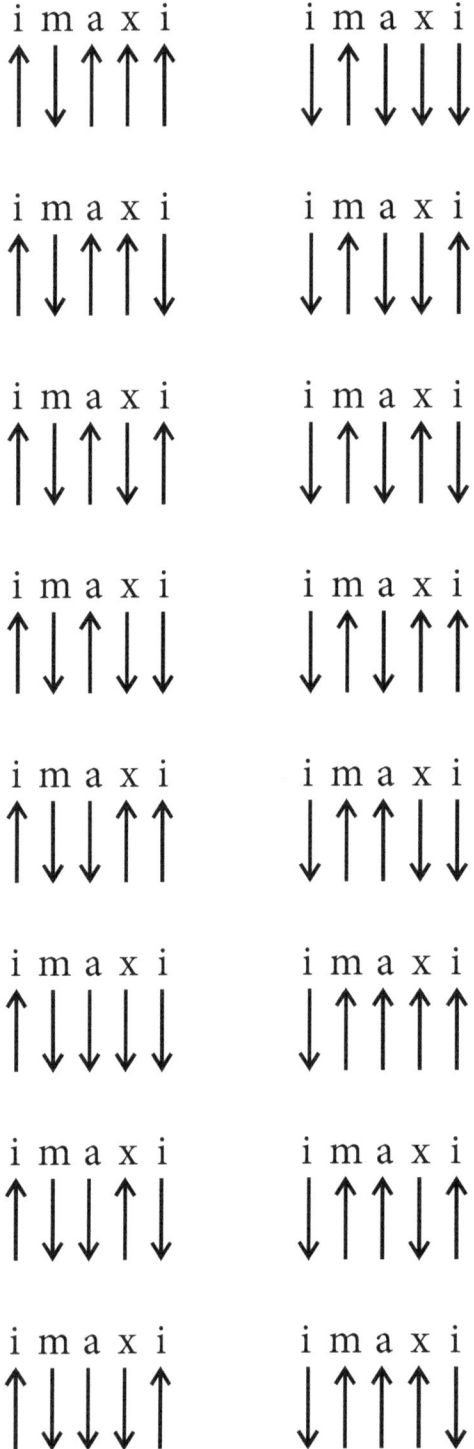

VARIATION III

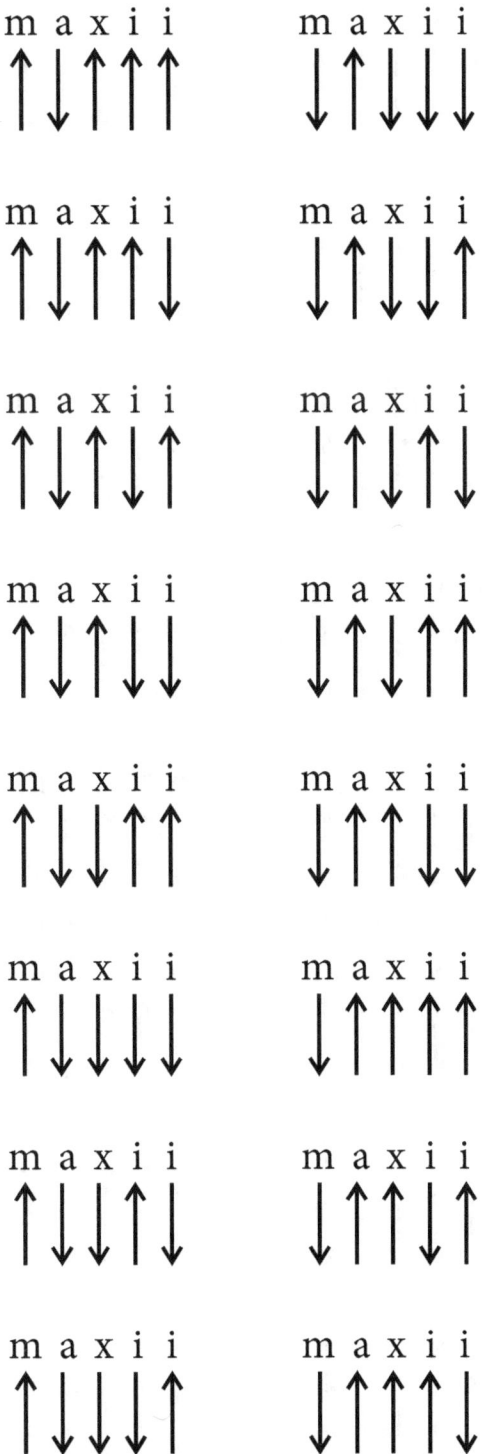

VARIATION IV

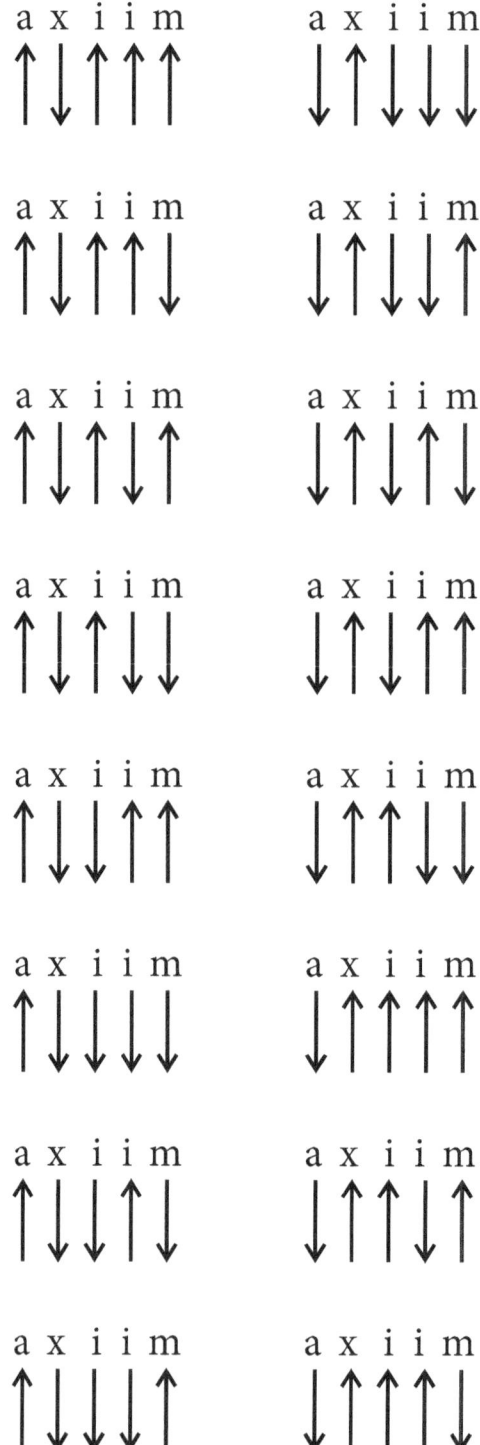

VARIATION V

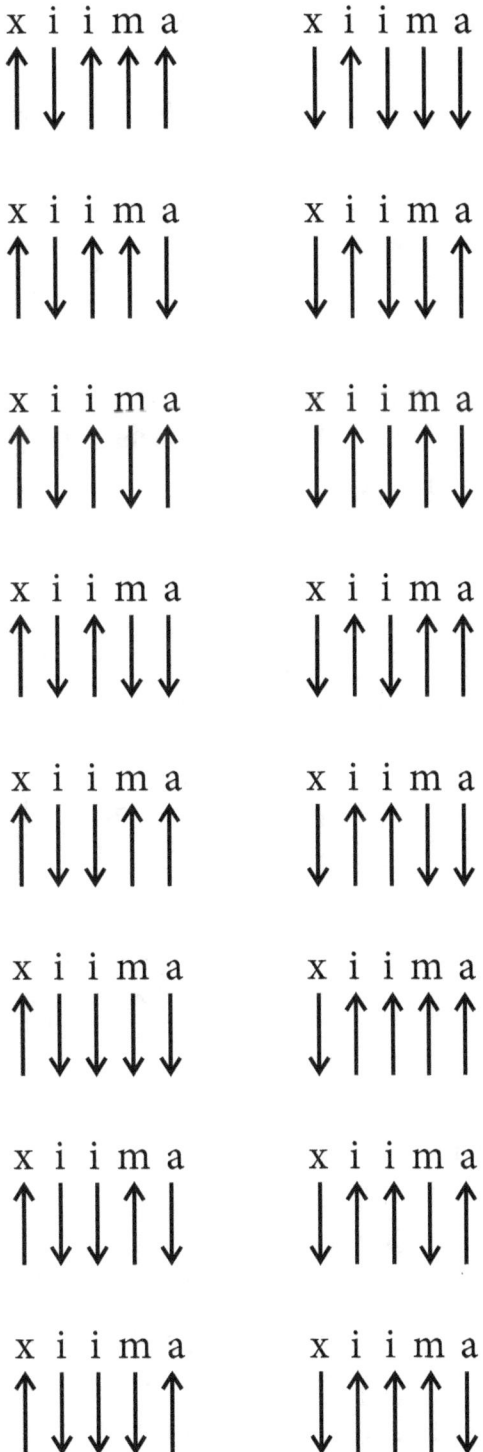

GROUP 2
Basic Formula: **mmiax**
VARIATION I

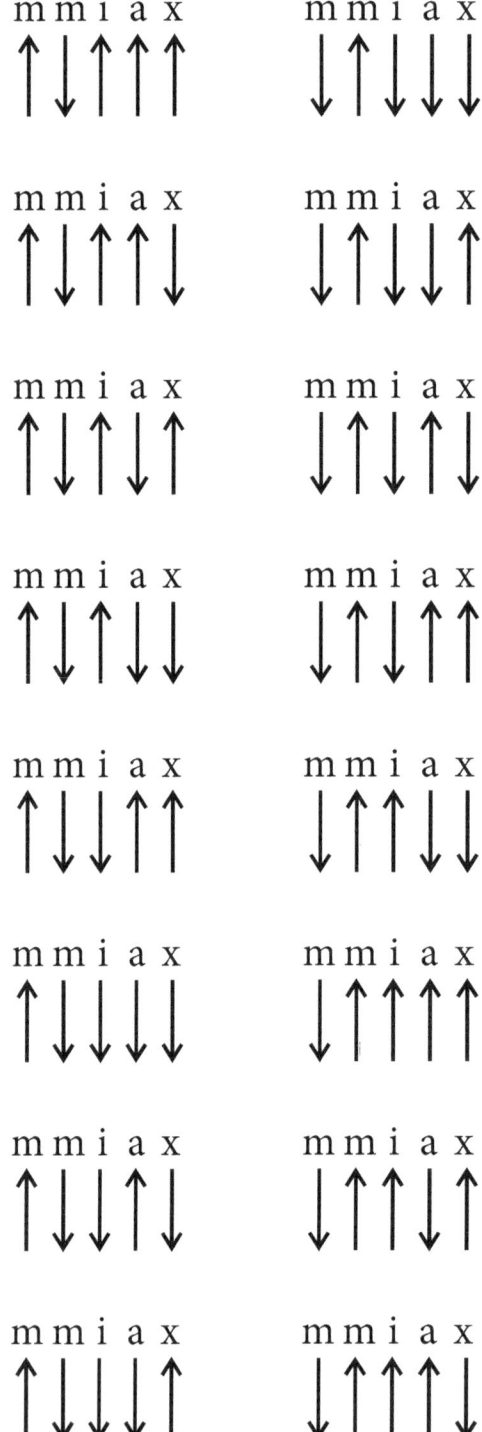

VARIATION II

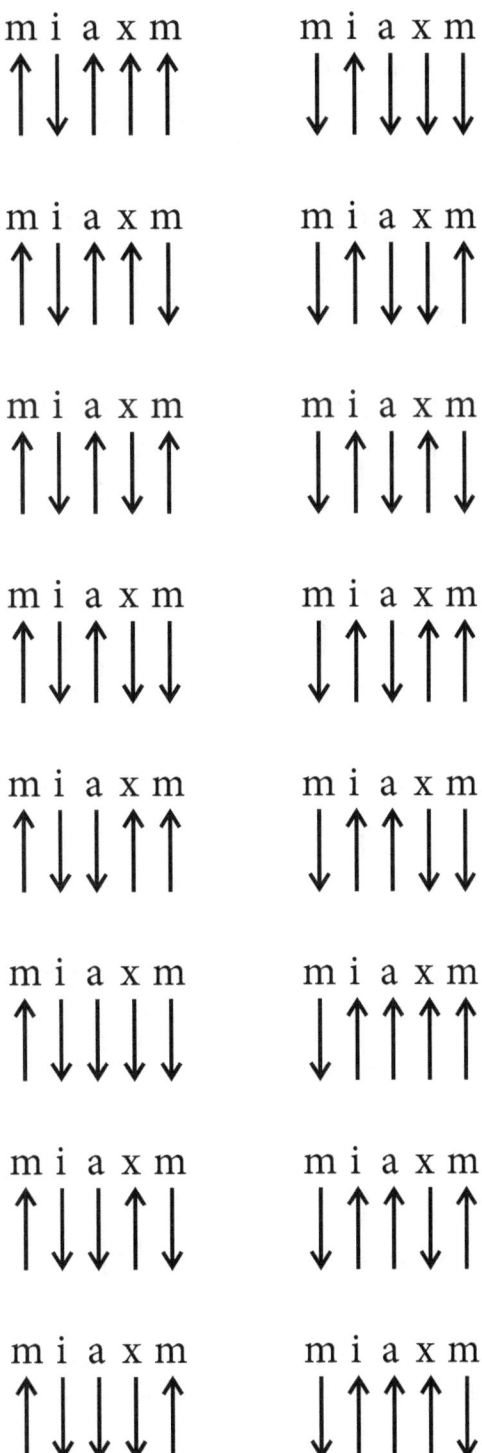

VARIATION III

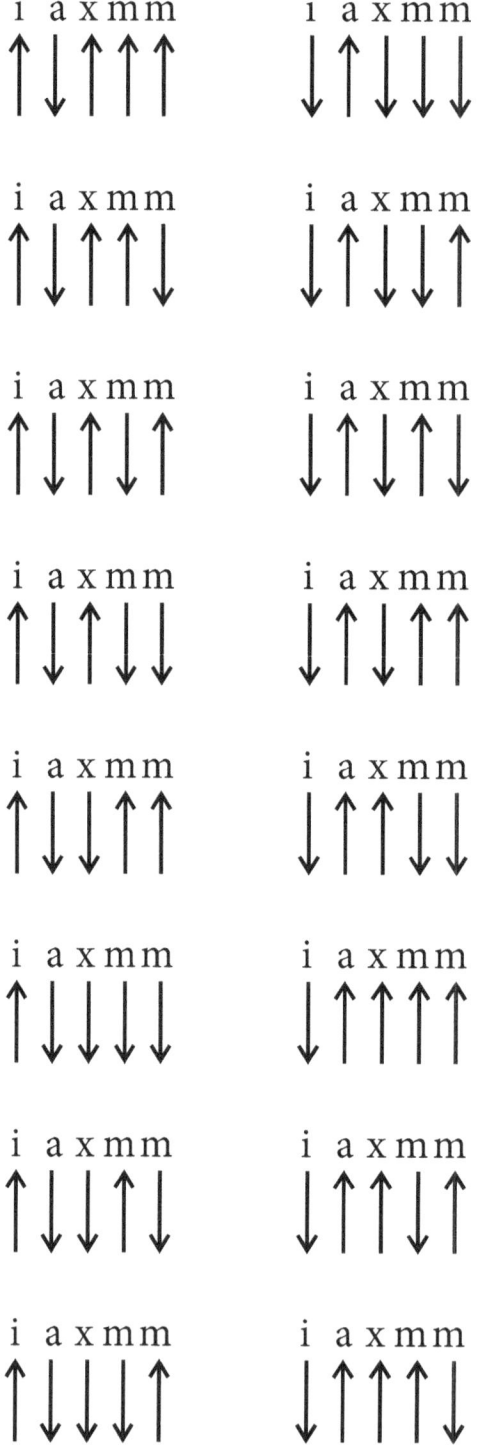

VARIATION IV

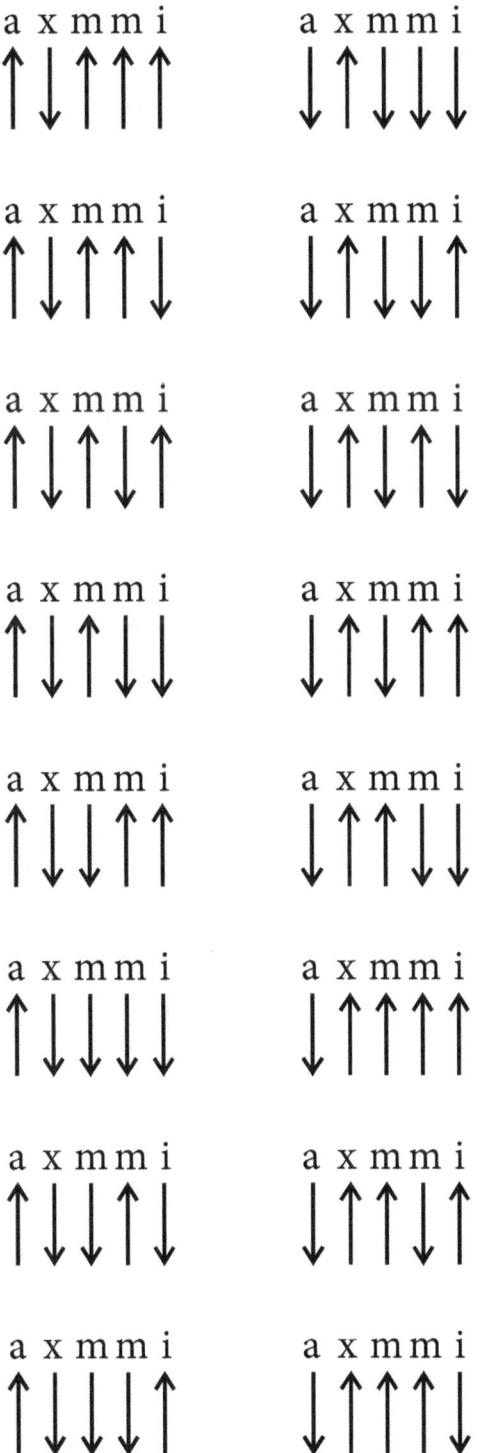

VARIATION V

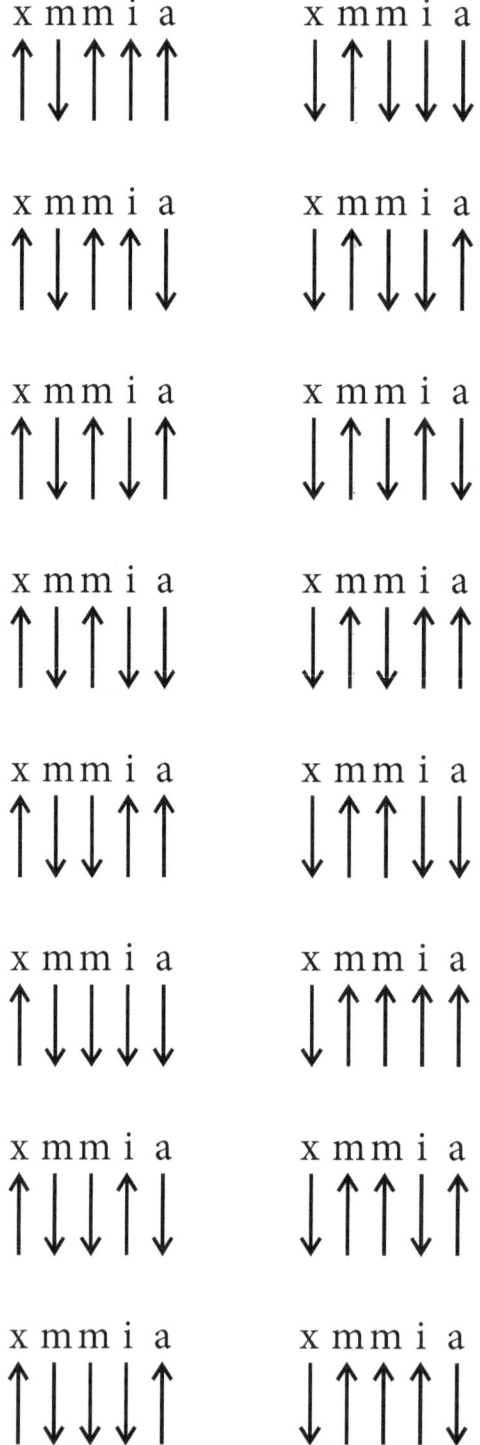

GROUP 3
Basic Formula: **aaimx**
VARIATION I

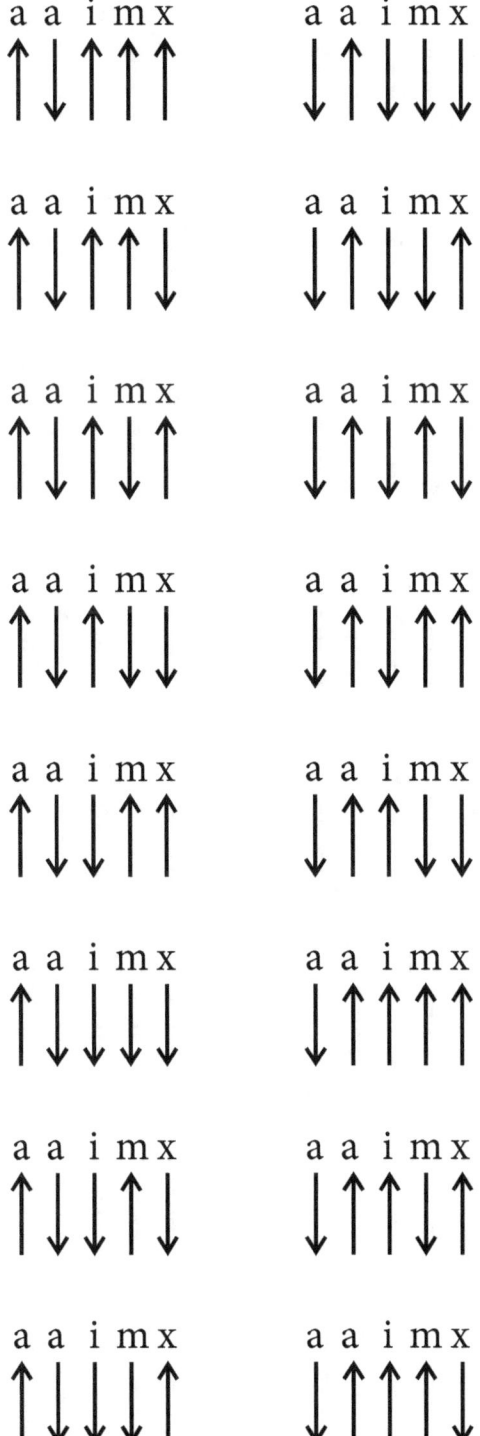

VARIATION II

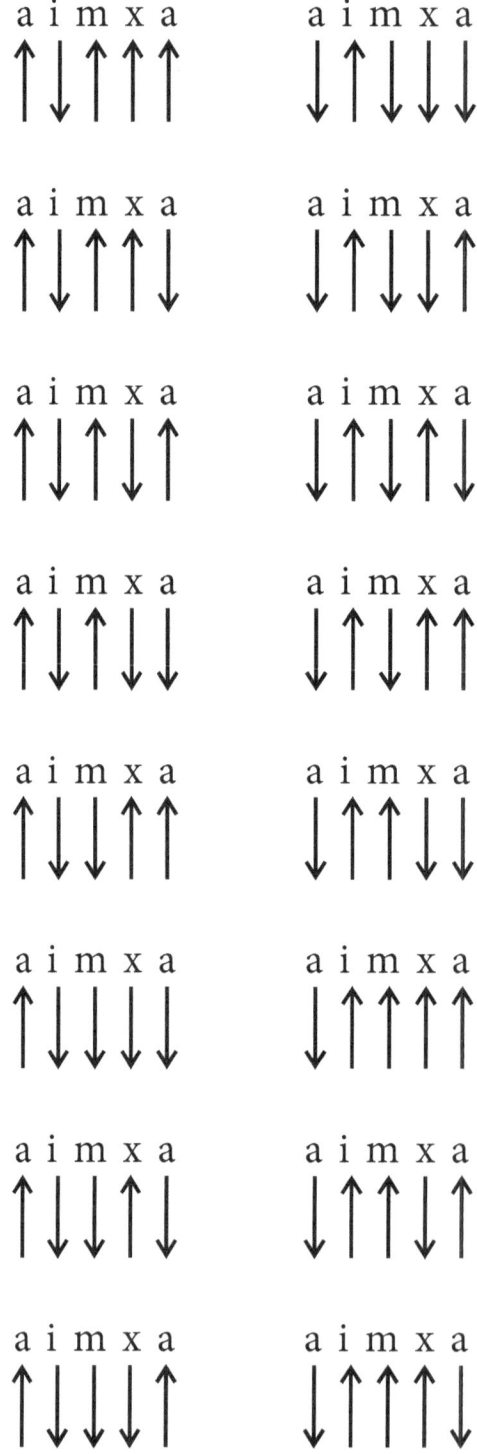

VARIATION III

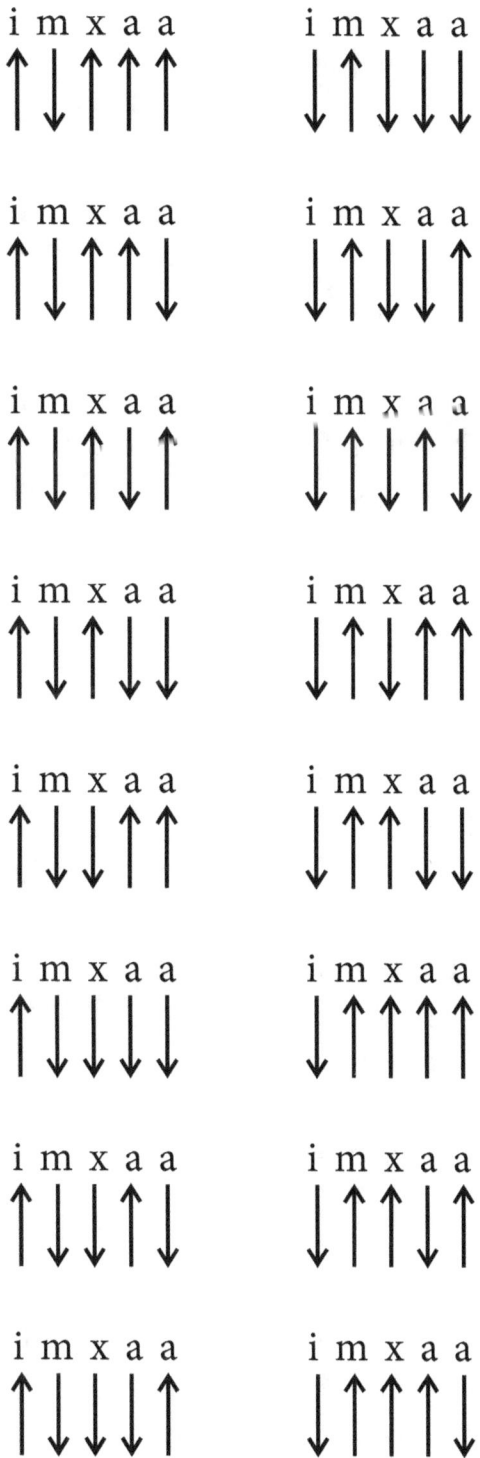

VARIATION IV

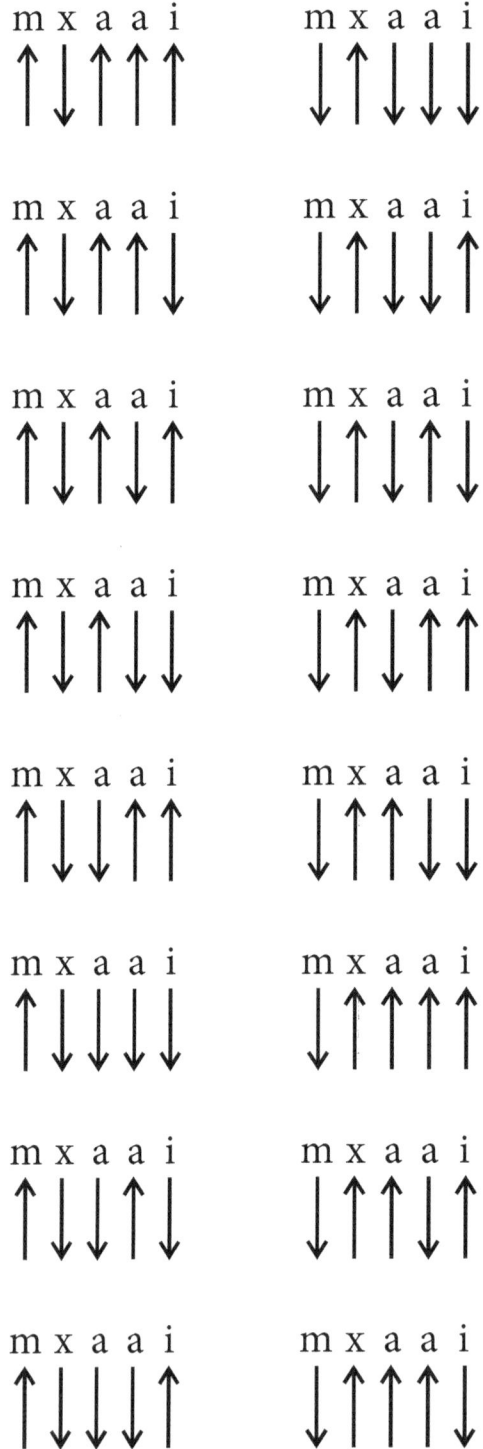

VARIATION V

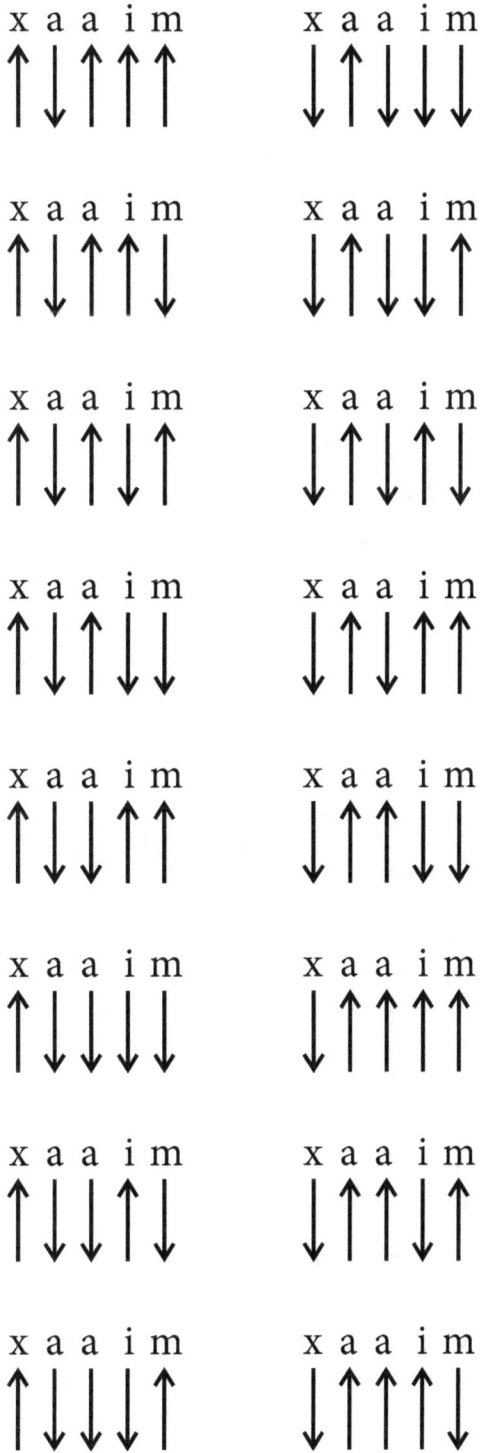

GROUP 4
Basic Formula: **xxami**
VARIATION I

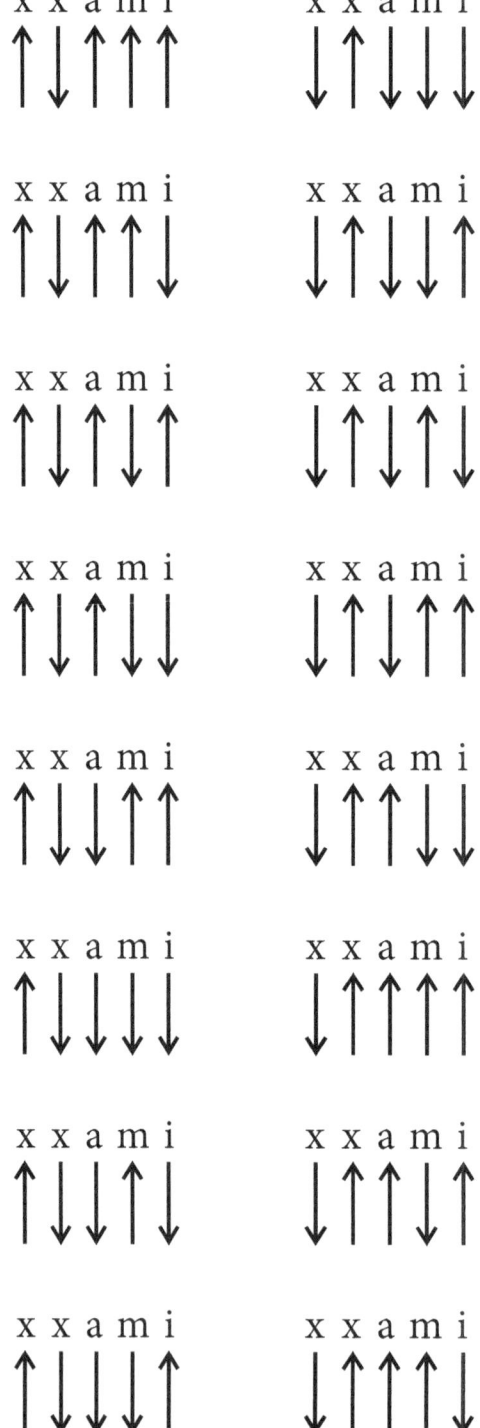

VARIATION II

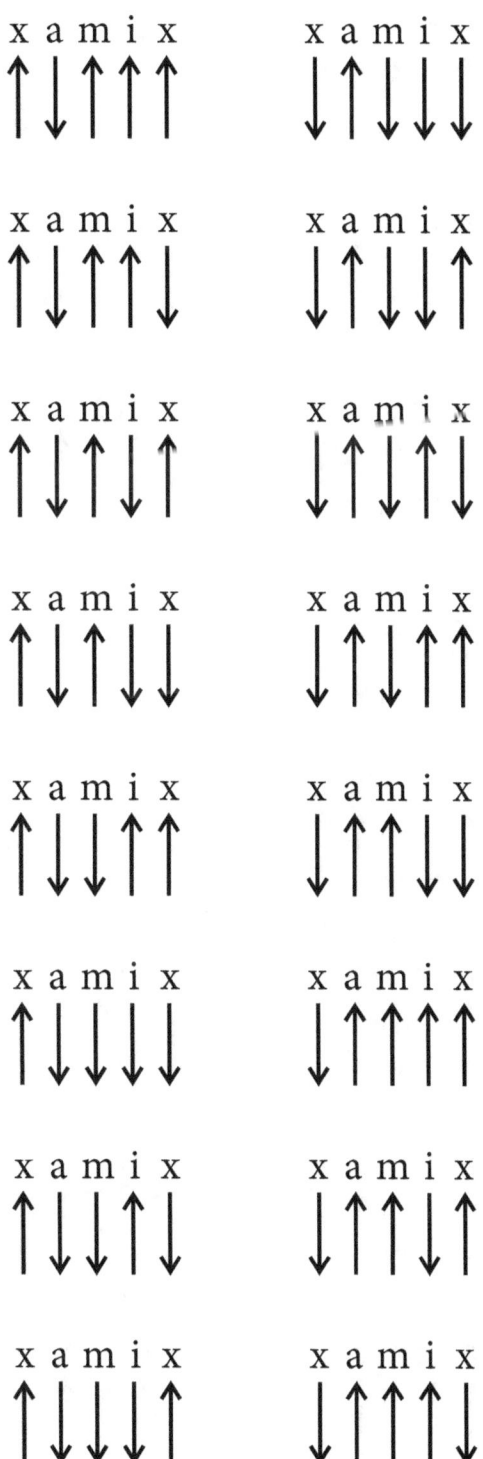

VARIATION III

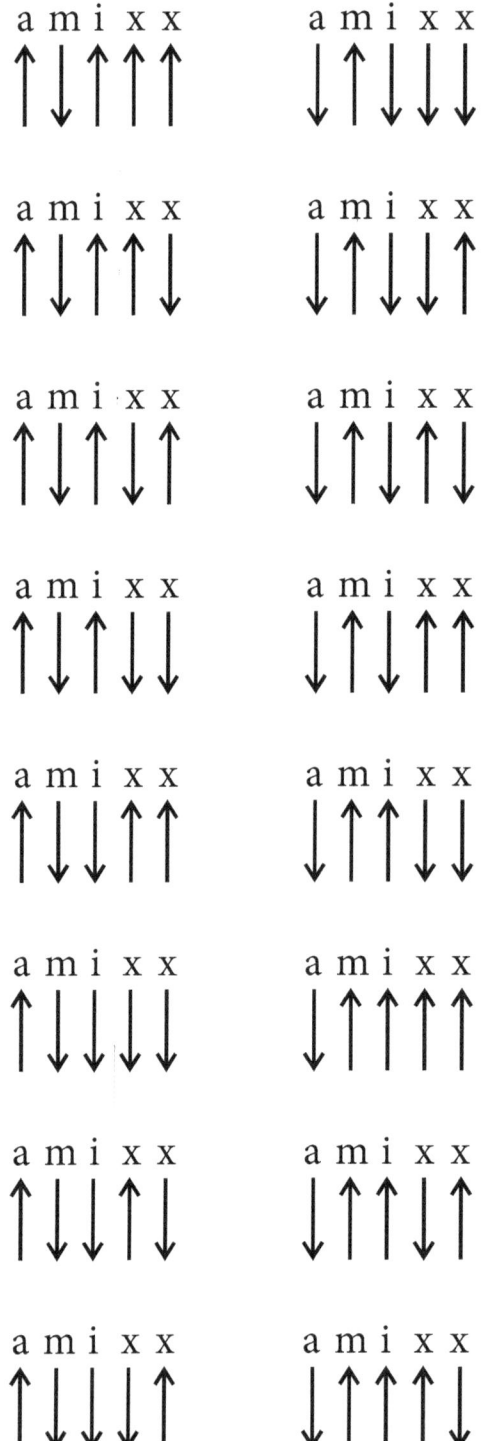

VARIATION IV

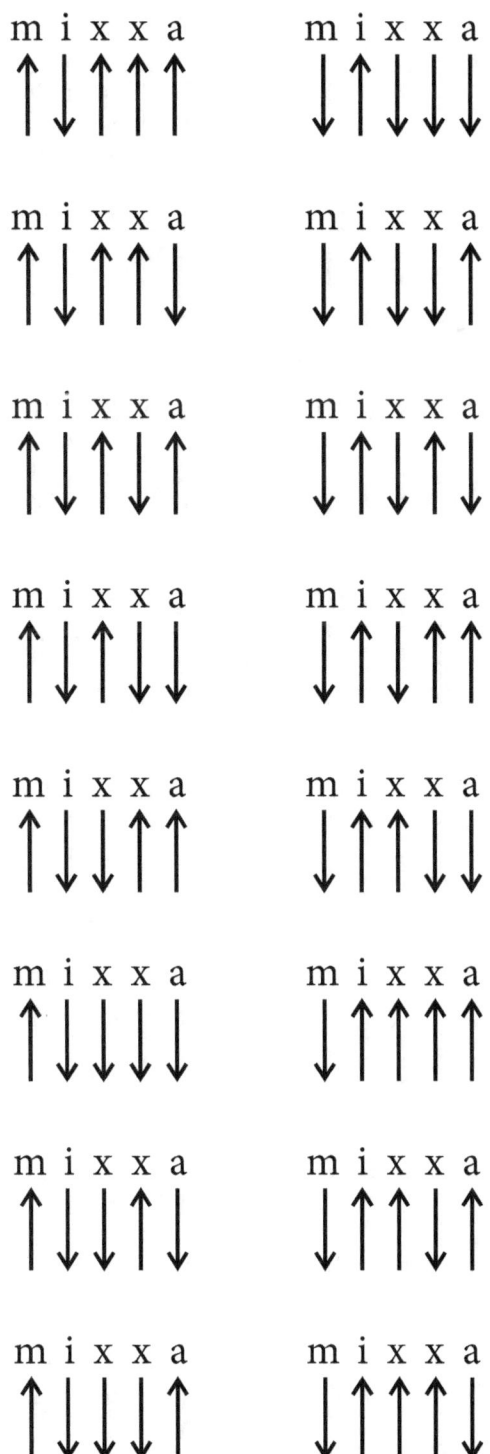

VARIATION V

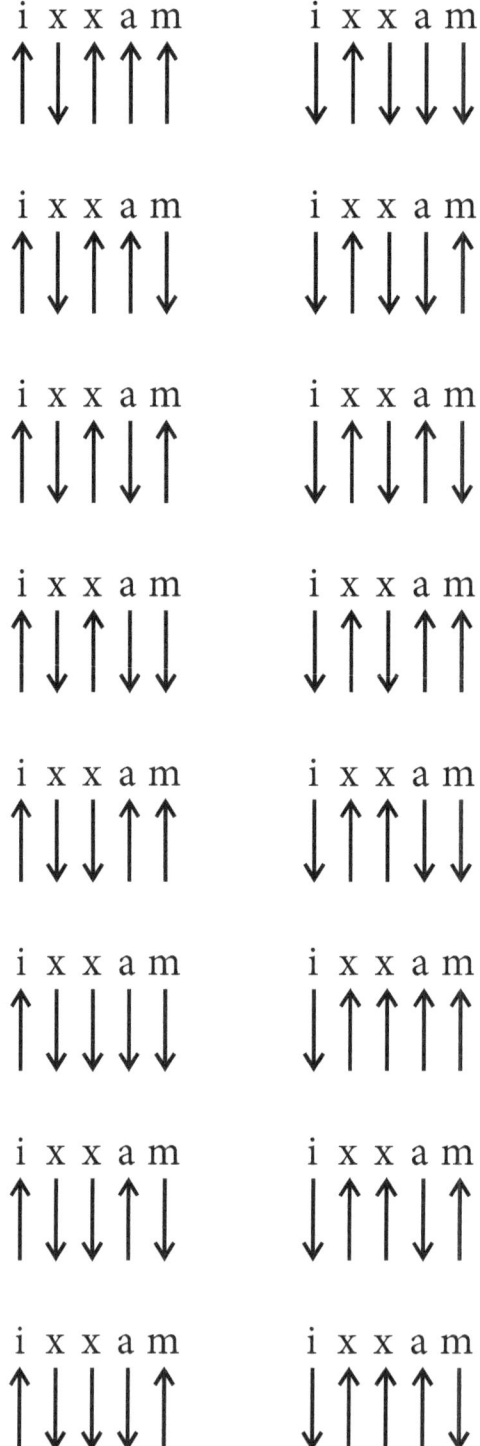

About the Author

Angelo started his studies in 1971, at University Of Athens School Of Medicine in obstetrics and gynecology. Along his medical training and about the same time, he began formal studies in classical guitar at National Conservatory of Athens, Greece.

After successfully completing his medical and music studies, he began his career working as an obstetrician at Kalamata County Hospital, where he witnessed the delivery of hundreds of newborns. Later on, he successfully founded a privately owned medical clinic catered to the needs of the local community.

About 25 years ago Angelo's passion for music was rekindled when a family friend living in Spain, vacationing in Kalamata, introduced him to the unique rhythms and sounds of Flamenco.

Certainly, did not take long for him to completely fall head-over-heels with the music traditions of southern Spain communities of Andalusia, Extremadura and Murcia.

Early on, as a beginner, he struggled trying to locate teaching material and sources to augment his limited at that time knowledge of Flamenco guitar techniques and styles. He frantically searched to find books and lessons explaining these special techniques used in Rasgueados, Pulgar (Alzapua), Golpe and Tremolo. Nothing was available, nothing was organized.

Not be able to locate any Flamenco teaching material, Angelo started in the most amateur, coarse way to generate his own specific technique based exercises needed to develop skills and dexterity.

Decades-long research and effort went into this book and accompanied series in order to educate you in the most efficient, convenient and systematic way.

Organized and presented in current form, this material is guaranteed to satisfy the most demanding and widely possible Classical and Flamenco guitar audience committed in learning the most intricate details of these highly specialized guitar techniques.

Having faith that his work, book series and wearable devices will serve you well, Angelo looks forward in meeting and working with each of you, now and in the near future.

www.ingramcontent.com/pod-product-compliance
Lightning Source LLC
Chambersburg PA
CBHW080529300426
44111CB00017B/2658